［改訂版］
CSR 経営要論

佐久間信夫・田中信弘 ［編著］

創 成 社

はしがき

　近年，CSR に関する多くの著書が出版されてきたが，現在もなお「CSR ブーム」は続いている。CSR が注目を集めるようになったのは，現代の経営環境の変化にもとづくものであるが，それに伴い CSR の概念・考え方も大きく変化を遂げている。従来の CSR の理解は，「CSR って，メセナやフィランソロピーのこと？」という風に，企業の社会貢献を中心に考えられていた傾向があった。しかし，現在の CSR はもっと多くの議論を含み，しかも本業のプロセスに組み込もうとする動きが重要になっている。本書は，まさに近年生じている CSR の変化を具体的に明らかにするために，2011年の著書の改訂版を出版する運びとなったものである。

　それでは，現在もなお CSR が注目を集めている要因は何であろうか。次のところにその共通理解があると思われる。

　現代企業の行動が利益以外の要因を同時に追求していかざるをえないのは，企業と社会の関係をめぐる変化に起因している。企業は顧客の創造を通して利益を創出していくことが重要な使命であるが，そのプロセスには，さまざまなステークホルダーへの配慮が前提として求められる。さらに，社会的責任を果たしている企業や倫理的な行動をとる企業を評価していこうとする市場の動きがあるため，現代企業は「企業市民」（corporate citizenship）として，社会の一員であろうとする姿勢がより一層要求されるようになったことである。

　また，企業が遵守すべきなのは法律だけでない。一般に社会規範の変化が法律に先行するため，企業は法令を遵守しながらも，さらに社会規範に配慮した行動をとらざるを得なくなっている。そういう意味では，企業を制御するための手段として，ハードロー（法律）のみならず，ソフトロー（国際機関や業界団体等の規範，証券取引所のルール等）による制度設計が重要視されるようになった。

CSR をめぐる問題は，国々の企業規制をめぐる議論と関わりを有し，各国の制度的環境に応じた対応が必要であるが，一方ではグローバルに通用するソフトな企業規制のあり方についての議論も重要性を増してきたのが近年の実情である。

　そして，CSR ブームが続いたこの時期に，CSR についての議論の体系化および精緻化はすすんできたのであろうか。編者の理解では，CSR の考え方は，2010年に発行された ISO26000（組織の社会的責任規格）や2011年に EU 欧州委員会が示した定義によって概ね収束してきたのではないかという印象がある。現在，とりわけグローバルに事業を展開する企業は，その路線に沿った対応を実践しようとしていると考えられる。このあたり，詳しくは第 1 − 3 章を参照されたい。

　本書は，「CSR」，「コーポレート・ガバナンス」，「企業倫理」，「環境経営」の 4 つのパートから構成されている。この議論の範囲については，まだまだ検討されるべき点もあろう。一つは，この 4 つの領域の相互関係をどうみたらよいかという点である。本書では，CSR の主体，対象，目的というものを一応整理した上で，関連領域としてのコーポレート・ガバナンス，企業倫理，環境経営との考え方の識別を試みている（第 1 章および第 2 章）。もう一つは，CSR が他の新しい考え方の登場と軌を一にしている動きをどう捉えたらよいのかという点である。2015年に国連が採択した SDGs（持続可能な開発目標）や ESG（環境・社会・ガバナンス）投資，さらには CSV（共通価値の創造）や BOP ビジネスというような新しい動向を踏まえながら，CSR の議論を把握していく必要があろう。CSR は，広範な問題領域を取り扱うものだが，本書では，そのような CSR に関連する新しい考え方を意識しながら取り込むように心がけている。

　以下，本書の構成と各章において取り上げた内容を簡潔に紹介しよう。

　第 1 部の CSR のパートでは，まず，CSR とは何かについて，関連領域の議論との関係を明らかにしていくことで，CSR の意味合いや議論の内容を検討し，現代における CSR の考え方を明らかにした。そして，欧州，アメリカ，日本，新興諸国における CSR の特徴について考察を行っている（第 1 章）。つ

ぎに，これまでの企業の社会的責任論の展開について，主にアメリカにおける議論の内容を振り返り，現代的な CSR 論として議論がより拡充してきている経緯を眺めている（第2章）。また，ソフトローとしての CSR 国際規格の作用が高まっている事情を明らかにし，企業とステークホルダーとのエンゲージメントの実際の事例考察を行っている。さらに，現代企業の実際の対社会関係に関して，企業の社会貢献を題材に，その日米の歴史や活動形態・分野を明らかにし，近年の動向を説明している（第4章）。

　第2部のコーポレート・ガバナンスのパートでは，まず，会社機関の側面からコーポレート・ガバナンスにアプローチを行っている。現状において，取締役会などの機関が十分に監視機能を発揮していない状況があり，その改善について日本の近年の動向を論じている（第5章）。つぎに，株式市場や機関投資家，会計監査法人などの外部監視主体によるコーポレート・ガバナンスの動向に注目し，ガバナンス・コード等の制度変化や機関投資家の行動変化などが近年の日本のコーポレート・ガバナンスを改善させてきた実情を明らかにしている（第6章）。さらに，近年の ESG 投資の誕生の経緯と発展を明らかにし，機関投資家がコーポレート・ガバナンスに及ぼす影響が強まるなかで，企業サイドの ESG 情報開示の重要性に注目し，検討している（第7章）。

　第3部の企業倫理のパートでは，まず，企業倫理の確立に向けて，企業倫理の制度化と呼ばれる一連の施策が求められることを示し，日本での整備状況を明らかにしている（第8章）。つぎにアメリカと日本におけるこれまでの企業倫理の取り組みを，それぞれの社会を背景に展開してきた状況について考察を行っている（第9章，第10章）。さらに，企業不祥事防止を目的とした法制度の制定や個別企業の内部体制構築を志向する「コンプライアンス・マネジメント」と，誠実さを組織に組み込む「インテグリティ・マネジメント」の必要性を指摘し，双方を追求していくことが企業経営に求められることを論じている（第11章，第12章）。

　第4部の環境経営のパートでは，まず，地球規模での環境問題についての歴史を紐解き，現在の新しい課題を明らかにし，これからの企業経営や課題を展

望している（第13章）。つぎに，環境経営を効率的・効果的に実践するには，環境経営の程度を数値で把握することが必要となるため，環境会計の成立基盤と環境監査の考え方について取り上げている（第14章）。さらに，環境問題を経営戦略に取り込む枠組みを考察し，競争優位の構築に結びつくプロセスを提示する視点として，ISO14001を活用した実際の企業事例を紹介している（第15章）。つづいて，気候変動をめぐる国際的な動きが企業や金融機関に生じているさまざまな要請に注目する。脱炭素経営を進めるさまざまなアクターの動向や排出量取引の多様化，ESG投資の潮流を取り上げ，それらが企業経営にどのような影響を与えるかについて考察を行っている（第16章）。最後に，環境保全と企業経営を両立させる環境ビジネスの概要を把握し，企業における環境対応の変化とその展開について紹介している（第17章）。

　以上，全17章から構成される本書が対象とするのは，大学生の基礎的な学習レベルを超える専門的内容を含んでおり，広範な読者層を想定している。実務家サイドの方々にとっても，実践的な課題解決に向けた取り組みを行なう上での手がかりを提供する面もあろうと思われる。

　最後に，本書の企画から完成まで，多くの方々のご協力をいただいた。とりわけ，創成社の西田徹氏には大変お世話になった。心より感謝申し上げたい。

　2019年6月

編　者

目　　次

はしがき

第1部　CSR

第1章　現代における CSR の理解 —————— 3

第1節　はじめに ……………………………………………………… 3

第2節　CSR とは何か ……………………………………………… 4

第3節　CSR が注目されるようになった背景 ………………… 9

第4節　CSR の国際的動向 ………………………………………… 13

第5節　おわりに …………………………………………………… 17

第2章　CSR の理論とその展開 ——————— 20

第1節　はじめに …………………………………………………… 20

第2節　CSR 論の生成と展開 …………………………………… 21

第3節　CSR をめぐる代表的なパースペクティブ ………… 27

第4節　CSR を理解するためのフレームワーク …………… 33

第5節　おわりに …………………………………………………… 36

第3章　ソフトローとしての CSR 国際規格の作用 ——— 39

第1節　はじめに …………………………………………………… 39

第2節　CSR をめぐるハードローとソフトローの動向 …… 40

第3節　CSR 国際規格の類型とそのエンフォースメント …… 42

第4節　ステークホルダー・エンゲージメントの事例考察 …… 46

第5節　おわりに …………………………………………………… 50

viii

第4章　企業の社会貢献 —————————————————— 53

第1節　はじめに ……………………………………………………… 53

第2節　企業の社会貢献の歴史 ……………………………………… 54

第3節　企業の社会貢献活動の推進力・制度 ……………………… 57

第4節　企業の社会貢献活動の状況 ………………………………… 62

第5節　おわりに ……………………………………………………… 67

第2部　コーポレート・ガバナンス

第5章　会社機関によるコーポレート・ガバナンス ——— 73

第1節　はじめに ……………………………………………………… 73

第2節　株式会社の機関の基本的機能と90年代までの日本企業の実態 …· 74

第3節　1990年代までの日本の会社機関の機能と2000年代以降の改革 …· 76

第4節　指名委員会等設置会社と監査等委員会設置会社 ………… 82

第5節　2015年以降の会社機関の変化 ……………………………… 85

第6節　おわりに ……………………………………………………… 92

第6章　外部監視によるコーポレート・ガバナンス ——— 94

第1節　はじめに ……………………………………………………… 94

第2節　市場の規律 …………………………………………………… 95

第3節　コーポレートガバナンス・コードの適用と企業の変化 ……… 97

第4節　スチュワードシップ・コードと機関投資家の行動の変化 …… 101

第5節　機関投資家の活動の強化 …………………………………… 105

第6節　金融庁による監査法人の監視の強化 ……………………… 107

第7節　監査法人による監査の厳格化の要請 ……………………… 109

第8節　おわりに ……………………………………………………… 112

第7章　新しい企業評価とESG投資 ———————————— 116

第1節　はじめに ……………………………………………………… 116

目　次　ix

第2節	ESG 投資の誕生とその概要	117
第3節	ESG 投資の展開	120
第4節	ESG 情報開示の必要性	123
第5節	企業は ESG 投資にどう向き合うか	125
第6節	おわりに	127

第3部　企業倫理

第8章　企業倫理の制度化 ———————————— 133

第1節	はじめに	133
第2節	アメリカの企業倫理の現状	134
第3節	1990年代までの日本の企業倫理	138
第4節	日本における企業倫理制度化の進展	145

第9章　アメリカにおける企業倫理 ———————— 150

第1節	はじめに	150
第2節	アメリカの社会的特質と企業	151
第3節	企業倫理を促す社会環境	156
第4節	アメリカ企業における倫理性の織り込み	161
第5節	おわりに	164

第10章　日本における企業倫理 ———————————— 169

第1節	はじめに	169
第2節	江戸時代の経営哲学	170
第3節	日本におけるステークホルダー志向の企業経営の確立	172
第4節	日本の長寿企業の企業倫理	176
第5節	1990年代以降の日本の企業倫理への取り組み	180
第6節	おわりに	184

x

第11章　コンプライアンス・マネジメント ─────── 190

第1節　はじめに ………………………………………………… 190
第2節　コンプライアンスの概念 ……………………………… 192
第3節　企業によるコンプライアンス違反の事例 …………… 194
第4節　コンプライアンス・マネジメントの制度 ………… 201
第5節　おわりに ………………………………………………… 206

第12章　インテグリティ・マネジメント ─────── 208

第1節　はじめに ………………………………………………… 208
第2節　コンプライアンス・アプローチとインテグリティ・アプローチ … 209
第3節　コンプライアンス・アプローチの限界 …………… 211
第4節　インテグリティ・アプローチを採用する企業の事例
　　　　─ジョンソン・エンド・ジョンソン社─ ………… 215
第5節　インテグリティ・マネジメント ……………………… 218
第6節　おわりに ………………………………………………… 220

第4部　環境経営

第13章　地球規模での課題と企業経営 ─────── 225

第1節　背景（環境問題，持続可能な開発に関するこれまでの動向）………… 225
第2節　新しい地球規模の課題及び視点 ……………………… 234
第3節　非営利団体，非政府機関，企業，政府の動き ……… 240
第4節　これからの企業経営と展望 …………………………… 251

第14章　環境会計と環境監査 ───────── 257

第1節　はじめに ………………………………………………… 257
第2節　環境会計の成立基盤 …………………………………… 258
第3節　環境会計の諸類型と諸手法 …………………………… 260
第4節　温室効果ガス（GHG）会計 …………………………… 262

目　次　xi

第5節　環境監査……………………………………………………… 273

第6節　おわりに……………………………………………………… 274

第15章　環境経営戦略 ——————————————————— 279

第1節　はじめに……………………………………………………… 279

第2節　経営戦略の枠組み…………………………………………… 281

第3節　環境問題への対応の変化—規制追随から経営戦略へ—………… 283

第4節　環境経営戦略の枠組みと競争優位………………………… 288

第5節　ISO14001を活用した経営戦略—宮城県の中小企業の事例—……… 293

第6節　おわりに……………………………………………………… 298

第16章　気候変動と環境経営 ——————————————————— 303

第1節　低炭素社会から脱炭素社会へ……………………………… 303

第2節　脱炭素経営への道のり……………………………………… 310

第3節　排出権の多様化……………………………………………… 315

第4節　ESG 投資の潮流と気候変動………………………………… 321

第17章　企業と環境ビジネス ——————————————————— 333

第1節　はじめに……………………………………………………… 333

第2節　環境ビジネスの定義と類型………………………………… 334

第3節　気候変動への企業の対応…………………………………… 338

第4節　企業における環境対応の変化と環境経営の展開………… 340

第5節　おわりに……………………………………………………… 345

索　引　347

《著者紹介》（執筆順）

田中　信弘（たなか・のぶひろ）　　　担当：第1～3章
　　杏林大学総合政策学部教授

村田　大学（むらた・だいがく）　　　担当：第4章，第10章
　　大原大学院大学会計研究科専任講師

佐久間信夫（さくま・のぶお）　　　　担当：第5，6，8章
　　創価大学名誉教授

野村佐智代（のむら・さちよ）　　　　担当：第7章
　　創価大学経営学部准教授

宮川　満（みやがわ・みつる）　　　　担当：第9章
　　立正大学経営学部教授

小山　嚴也（こやま・よしなり）　　　担当：第11章，第12章
　　関東学院大学経営学部教授

掛川三千代（かけがわ・みちよ）　　　担当：第13章
　　創価大学経済学部准教授

東　健太郎（あづま・けんたろう）　　担当：第14章
　　立命館大学経営学部教授

矢口　義教（やぐち・よしのり）　　　担当：第15章
　　東北学院大学経営学部教授

吉高　まり（よしたか・まり）　　　　担当：第16章
　　三菱 UFJ モルガンスタンレー証券株式会社
　　環境戦略アドバイザリー部チーフ環境・社会（ES）ストラテジスト

鶴田　佳史（つるた・よしふみ）　　　担当：第17章
　　大東文化大学社会学部准教授

第1部

CSR

第 1 章
現代における CSR の理解

第 1 節　はじめに

　本章では，企業が社会的責任を果たす要請が高まっている現代的状況をさまざまな角度から考察していくことにしたい。企業は「顧客の創造」を通して利益を創出していくことが重要な使命であるが，そのプロセスにはさまざまなステークホルダー（利害関係者）への配慮が前提として求められる。そういう意味では，現代企業は株主の利益追求のみに関心を集中させていくと，社会的な責任を果たすことができない可能性が出てくる。企業の長期的発展にとって必要な条件として，社会的責任への積極的なアプローチが求められているのである。

　今日，企業の社会的責任は，CSR（Corporate Social Responsibility）という名称で議論されるようになったが，その際，本章では次のような手順を踏むことでCSR の考え方を理解できるように努める。まず，現代における CSR の考え方を理解し，CSR が現代企業にとって以前にも増して重要な経営の関心事項となっている経緯と背景を明らかにする。また，CSR と隣接する学問領域との関係を整理し，CSR がそれら関連領域の議論に広く関係する内容をもつことも明らかにしておきたい。さらに，CSR をめぐる国際的な動向として，欧州，アメリカ，日本，新興諸国の状況を考察し，地域ごとの特性を確認しておきたい。

第2節 CSR とは何か

　21世紀になって，企業の社会的責任をめぐる議論は，CSR という用語が普及することで内容的にはより多くのことを包含する形で展開するようになった。CSR は，アメリカでは1990年代には学問の世界で用いられる用語となっていたが，わが国では2003年が「CSR 元年」とも呼ばれ，2004年頃から CSR の名称を付与した著書が数多く出版されるようになった[1]。しかしながら，この CSR が意味する問題領域が何であるかは必ずしも明瞭でなかった。

　CSR と聞くと，その一般的なイメージとして，企業の慈善活動や寄付活動，あるいは環境保護活動といったものを思い浮かべることはないであろうか？ 企業の自発的な活動が想定されるこの CSR のイメージは，実は修正される必要がある。世界の CSR をめぐる考え方は変化してきており，多くの国で経営活動を展開する多国籍企業は，法的責任を超える社会的責任を遂行する必要性を意識し，実践するようになった。また，本業に CSR 活動を組み込むことが重要視されるようになり，企業価値の向上に向けた取り組みとして CSR が位置づけられるようになっている。ここでは，CSR が現代企業の事業プロセスに入り込むようになった近年の変化を含めて，CSR の考え方を検討していこう。

　それでは，CSR の考え方はどのように変わってきたのか。近年の CSR は企業に課せられた責任や義務が拡大してきていることが特徴である。従来の CSR 活動は経営者や企業の自発性にもとづくものと理解されることが多かった。しかし，現代企業は社会からの要請を無視することはできず，それに対し前向きに取り組むことで社会からの期待に応えていく姿勢がますます求められるようになった。とりわけ，グローバルな活動を展開する巨大企業に対しては，市民社会やマスコミの関心が集まりやすく，自社の行動の正当性を社会に訴えていく必要性が増している。次節に述べるようないくつかの要因により，企業が社会の要請に対応していくことが重要視されるようになり，現代企業はさまざまなステークホルダーとの関係を適切に管理する必要性を意識するよう

第1章　現代におけるCSRの理解　5

になった。このような現代的なCSR動向を理解するには，今日のCSRが課題としている領域を具体的に示し，それに対する企業対応のあり方を考察することが必要であると考えられる。

　現代企業がCSRをめぐる新しいうねりへの対処を必要とするようになった背景には，さまざまな社会課題の解決を担う存在でもある，企業の役割への期待がある。企業は問題の発生源であるとみなされる場合もあるが，一方で，われわれは企業が有する資源と能力が非常に大きいものであることを知っており，社会に及ぼす影響の大きさを改めて意識する必要がある。一国の経済規模を上回る多国籍企業は世界で数多く，かりにそれら企業の力を社会課題の解決のために活用できると考えるとどうであろうか。今日において，貧困，疾病，失業，高齢化，気候温暖化，水資源の保全など，山積する社会課題に対し，政府や国際機関の対応能力は万全であるといいにくい。したがって，企業の役割をどのように引き出していくかという視点がもっと重要視されてもよいはずである。この考え方を推進していくための重要なコンセプトとして，CSRが脚光を浴びるようになったことを理解することが必要である。後にふれるが，2015年に国連が採択した持続開発目標であるSDGsの推進も，企業の力をどのように引き出すかのアプローチとして重要な意義があると考えられる。

　企業活動が社会に及ぼす影響を考える上では，まず，企業が社会に及ぼしているポジティブな作用を考える必要があろう。企業は製品やサービスの供給を通して，社会に便益をもたらしているが，加えて社会課題の解決に結びつくような製品・サービス供給を一層意識することは，企業の利益にも資していく可能性がある。今日，このような「企業価値に貢献するCSR」の考え方が重要性を増しているのである。一方で，本業と無関連のCSR活動は企業価値向上に直接的に結びつくかどうかは明らかでない。かつての日本企業はメセナ（文化芸術活動への支援）やフィランソロフィーといった社会貢献活動に注力した時期もあったが，今日のCSRは「戦略的CSR」ともいわれるような，本業に直結する経営活動を重視するようになっている。また，後に述べるような，CSRに関連する新しい考え方として，CSV（共通価値の創造），BOPビジネス，フェ

6

アトレードなどにみるように，社会課題への対応を意識した企業行動が近年高まりをみせていることも，企業が社会に及ぼすポジティブな作用を意識するものである。

　一方で，企業活動は時として社会にネガティブな影響をもたらす危惧も警戒されていよう。したがって，ネガティブな影響を減じるための対策として，「リスク対応としての CSR」を講じることが現代企業にとって重要な責務となっている。海外諸国で生産活動を行う企業や原材料として特定の鉱物を調達する企業は，現地での労働・人権面での対策を講じる必要が増しており，サプライチェーン（原材料・部品等の調達網）の末端で生じるリスクを点検する対応に力を入れている。たとえば国連の「ビジネスと人権に関する指導原則」[2] を基軸とした人権 CSR への対応も今日の重要な焦点となっている。

　以上のような今日的な CSR の動向を踏まえて，CSR の定義はどのように考えられているのか。図表1－1は，ISO26000の定義である。ISO26000は2010年に発行された組織の社会的責任（Social Responsibility：SR）に関する包括的な文書である。この策定にあたっては，CSR の内容について議論がマルチステークホルダープロセスのもとに長期に行われ，組織についての SR の考え方に関して一定の合意をみた。そこでは，企業を含めたさまざまな組織の事業活動が社会・環境に及ぼす影響に対して，透明かつ倫理的な行動を担う責任と捉えられる。また，EU（欧州連合）が2011年に発表した政策文書（Communication）において，CSR の定義は「企業の社会への影響に対する責任」とされ，企業が社会に及ぼすネガティブな影響を最小化するとともに，ポジティブな影響を最大

図表1－1　ISO26000による社会的責任（SR）の定義

組織の決定及び活動が社会及び環境に及ぼす影響に対して，次のような透明かつ倫理的な行動を通じて組織が担う責任： 　―健康及び社会の繁栄を含む持続可能な発展への貢献 　―ステークホルダーの期待への配慮 　―関連法令の遵守及び国際行動規範の尊重 　―組織全体に統合され，組織の関係の中で実践される行動

出所：ISO SR 国内委員会監修・日本規格協会編（2011）『ISO 26000: 社会的責任に関する手引』日本規格協会。

第1章　現代における CSR の理解　7

化することが現代企業の責務として期待されることが示された[3]。

　このような CSR の定義からみるに，かつて企業は利益創造活動に専念すべきとする「CSR 消極論」が唱えられた時期もあったが，現代においてはさまざまなステークホルダーの関心に配慮すべき「CSR 積極論」が大勢を占めるようになったと考えられる。また，CSR の考え方は世界の一部に適用されるのでなく，グローバルな活動を行う企業の対応が進み，世界的な動きとして捉えていくことが適当である。

　ここで，以上のような CSR の意味・内容は，本書が扱うコーポレート・ガバナンス，企業倫理，環境経営などの関連領域の議論とどのように区別することが可能なのであろうかを確認しておきたい。

　まず，企業の責任や健全性の確保という点では，「コーポレート・ガバナンス」の分野が CSR と関連をもつ。コーポレート・ガバナンスの用語は，わが国では1990年代になって一般に普及したが，その契機は企業の不祥事問題に対して，経営者および企業体への規律づけをいかにすべきかが問題意識とされるようになったことである。コーポレート・ガバナンスの目的は，経営の健全性と効率性の確保であり，その視点から経営者に対する監督・監視を志向するという捉え方が基本である。ただし，コーポレート・ガバナンスについては多様な捉え方があり，企業とステークホルダーとの関係という広義のコーポレート・ガバナンスの把握からは，企業とステークホルダーとの相互作用を重視する見方もある。このような視点に立つと，CSR の考え方に近くなる面があるといえる[4]。

　また，組織における倫理的土壌の形成が課題として意識されるようになって，「企業倫理」もまた現代企業にとっての重要課題事項として位置するようになった。企業倫理は，会社内部の組織風土を倫理の制度化施策等を通じて強化することに重要な目的があり，経営者がそのあり方を管理していくのが基本である。すなわち，企業が及ぼす危害の予防を前提に，法令の遵守と社会規範を踏まえた倫理的責任を遂行していくことに焦点があり，その対象は主として企業内の対応が中心となる場合が多い。

さらに，地球全体の視点から現代企業が環境問題に関わることが必要であることが認識されるようになって，「環境経営」を通じたサステナビリティ（持続可能性）の議論が身近なものになった。環境経営については，新規の法律への対応とともに，環境監査などのさまざまな外的規制への対応を含む一方で，企業による環境配慮活動も経営戦略上の重要事項の一つとなり，環境ビジネスの取り組みなども扱われている。したがって，多様な見方を含めて議論が行われている領域である。

最後に，以上のような検討から，「CSRとは何か」に関して，CSRの「主体」，「対象」，「目的」についての今日的特徴をまとめておこう。

第1に，CSRを推進する主体としては，企業および経営者によって行われる能動的・積極的な対応が重視されるようになっている点である。法的責任を超える行動を果たしていくことも求められ，そのような機会に対して，企業は積極的なアプローチをとることで競争上の優位を獲得していく。もちろん企業が置かれた事業環境に応じてCSR体制の規模・陣容はさまざまであるが，企業によるステークホルダーとの適切な関係管理がより重要になっているところにCSRの今日的特性があると考えられる。

第2は，CSRの対象であるが，企業内外のステークホルダーとの関係管理の具体的な対象として，労働・人権，社会，環境といった領域への対応があり，今日，企業が対応すべき範囲は広く拡大してきていることも特徴である。たとえば，労働面をとってみても，企業内の従業員への配慮のみならず，製造委託先企業の工場で働く作業員にまで企業による状況把握が求められている。また，企業外の地域社会をはじめとするさまざまなステークホルダーとのダイアローグ（対話）を行う機会を設けるなど，彼らの要望を探知し，その期待に応えていくことで社会との関係改善をはかることが企業の長期的発展に欠かせない要素の一つになりつつある。

第3は，CSRを推進する目的であるが，事業活動に貢献する活動であることがCSR活動に欠かせないポイントであることである。この点，日本のこれまでの企業による社会貢献活動には必ずしも事業活動に直結しないCSR活動

も見られたが，今日，先にあげた CSR の領域・事項を，企業活動の中に統合し，実践に結び付けていくことが CSR 活動の中心的テーマであると考えられるようになった。

　以上，現代企業における CSR の意味・内容を明らかにするとともに，CSR がいくつかの関連領域の議論に関係する内容をもつことを眺めた。

第3節　CSR が注目されるようになった背景

　CSR をめぐる議論は古くからあるが（詳しくは第2章を参照），なにゆえに今日になって注目を集めるようになったのであろうか。

　これまでの日本における CSR のブームといえる動きを振り返ると，1960～70年代には製造業が起こした公害問題が大きな社会的関心事となり，企業はその対処を社会から厳しく迫られた。また，1980年代後半のバブル経済期においては，資金的な余裕を背景にメセナやフィランソロフィー活動が盛んに行われた。しかし，1990年代のバブル崩壊後は，企業業績の低迷とともに CSR への関心が後退していった。このように，これまでの CSR に対する企業の関心の度合は，企業の財務業績の状況に応じて，その時代における社会情勢への対応を反映したところが大きかったように思われる。

　だが，近年の世界的な CSR の動きはこれまでと異なり，企業業績の度合によって投下資金量が変化する「流行現象」と異なる側面が見受けられるようになった。現在の CSR は，かつてのように社会への利益還元を行うであるとか，社会に向き合う際に要するコスト・代償とするような見方が後退し，CSR が本来の事業活動と結びつくことで，CSR 活動自体が企業価値の向上をもたらすものであるという考え方へ変化してきている。こうした変化が企業の CSR 活動に取り組む動機を強めており，本業と連動した CSR 活動のあり方が模索されるようになった。

　ここでは，CSR をめぐる議論の活発化を迎えた近年の経営環境の変化を眺めることで，CSR が注目されるようになった背景を考えていきたい。

第1に，グローバリゼーションが進展する中で，消費者・顧客，市民・コミュニティ，NGO（非政府組織）およびNPO（非営利組織）などのステークホルダーが台頭し，企業に対して影響力をもつようになった経緯が重要である。たとえば，1990年代にアメリカのナイキ社は，東南アジアにある製造工場（委託先企業）で行われていた児童労働を把握しておらず，NGOの人権団体からの指摘があってそうした事態を是正していく対応を必要とした。NGOによる情報提供がときにはマスコミを動かし，消費者の不買運動にまで発展していくリスクに対し，企業はどのように対応すべきかを学んだ。すなわち，企業はさまざまなステークホルダーとの関係を適切に管理する活動を重要視するようになった。取引先企業・下請企業に対しては，CSRをめぐる調達基準を遵守させることもグローバル企業の責務となり，それを実践するようになったのである。

このような企業外部からのさまざまな要求ないし告発への対応とともに，一方で企業側からのCSRに関する情報発信も重要視されるようになっている。ステークホルダーに対するアカウンタビリティ（説明責任）を果たす一環として，今日，大企業を中心にCSR報告書あるいはサステナビリティ・レポート等を公表するようになっている[5]。このような文書において，ステークホルダーとのダイアローグ（対話）を推進し，そして自社にとっての社会課題を特定したうえで，ステークホルダーとのエンゲージメントを展開する企業活動が注目されるようになった。例えば，グローバル企業が新興諸国においてNGOと協働して社会課題の解決を事業活動の展開の中で行うエンゲージメント活動もみられるようになった。このようなグローバルな潮流は，国際展開を行う日本企業にも当然のことながら及んでいる。

第2に，株式市場における機関投資家の保有が増大するなか，投資家の影響力も企業のCSR対応を強化する方向に導いている点があげられる。株式所有構造の変化を眺めると，年金基金などの運用を行う投資主体による保有が世界的に増大した。先進諸国においては，年金運用の受託者として機関投資家に対しての責任が法的に課され，年金基金等の運用にあたって，社会責任投資（Socially Responsible Investment: SRI）が重要視されるようになった。SRIとは，企業

活動を財務面のみならず，社会・環境面からも評価し，投資活動を行うことである。すなわち，社会に責任をもつ企業に対しての積極的な投資であり，それを評価するための投資判断基準およびスクリーニング（企業を選び出すプロセス）が重要となる。株式市場では，そのような CSR についての企業評価手法が確立していくことで，企業側としても CSR を意識した活動を重視し，実践するようになったのである。

　欧米では1990年代後半頃より，SRI の投資残高が大きく伸び，SRI による企業評価の手法が浸透してきた。このことは証券投資を行う際の基準の中に CSR の考え方が入り込んだことを意味する。機関投資家の投資活動は，世界中の企業（上場企業とともに未公開企業も含め）に向けられ，グローバルな事業活動を行う日本企業に対しても，株主としての権力・影響力が及んできているのが現状である。2006年には，国連が提唱する責任投資原則（Principle for Responsible Investment：PRI）が創設され，それによって ESG 投資という考え方が普及した。ESG 投資とは，環境（E），社会（S），ガバナンス（G）といった企業活動の側面に配慮した投資であり，近年，機関投資家の ESG 投資はますます活発化している。一方で，株式市場の動向以外にも，消費者の購買基準として，環境等を配慮した認証製品の供給なども製品市場の競争における重要な要素として位置するようになった。また，先に指摘したように，サプライチェーンにおける下請企業からの調達の基準を示す CSR 調達についての動きも重要である。このように，CSR がさまざまな市場での企業評価の中に入りつつある。

　第 3 に，CSR にかかわるガイドライン・基準がとりわけ2000年代以降，数多く策定され，そこで示された原則・規範が企業に対して影響力を増大させてきた点も重要である。ここではこれらを「CSR 国際規格」と総称し，第 3 章で詳細に論じる。例えば，2000年に創設された国連グローバル・コンパクトは，人権・労働・環境・腐敗防止の 4 つの領域に関わる10の原則を示し，世界の企業およびさまざまな組織によって任意にその遵守が誓われている。このような形式をもつ国連による活動は多面化しており，先に指摘した投資家にとって責任投資原則を示した PRI や国連ビジネスと人権に関する指導原則もまた

機関投資家や企業の情報開示を促すアプローチにより，世界の多くの組織の参加を奨励し，行動の実践を導くイニシアティブに発展した。また，それらの動きと並行して捉えられるのが，2015年に国連が採択したSDGs（Sustainable Development Goals，持続可能な開発目標）である。SDGsは今日の社会課題を網羅的に扱う17に及ぶ多面的な目標に対し，各国政府がコミットするなか，企業対応の推進が期待されており，2030年の目標に向けて遂行状況が毎年公表されている。企業はこのSDGsに対して積極的に対応を行うことで，競争優位を構築していく機会となる可能性がある。一方，消極的にしか対応しない場合は，企業にとって将来市場を失うリスクとなるかもしれない。これらCSR国際規格はソフトロー（法律ではないが，企業が従おうとする社会規範）であり，企業側の遵守を完全に確保できるものではないが，現代企業の行動規範として重要な意味をもつようになった。

　第4に，CSRに関連をもつ概念として，トリプル・ボトム・ライン，BOPビジネス，CSV，あるいは上述したSDGsなどの企業経営をめぐる新しい理論や政策が生み出され，それらがCSRの議論の裾野を拡大し，CSR自体の注目を促した点をあげる必要があろう。トリプル・ボトム・ラインとは，企業活動を経済面・社会面・環境面の3つの観点からバランスよく評価しようとする考え方であり，イギリスのコンサルティング会社サステナビリティ社のエルキントン（J. Elkington）による造語である。また，BOP（Base Of Pyramid）ビジネスは新興諸国における低所得層を対象とする国際的な事業活動であり，将来市場の獲得をにらみ，収益を確保しながら，貧困層の生活向上など社会的課題の解決に貢献するものである。さらに，CSVはポーター（M. E. Porter）とクラマー（M. R. Kramer）により提唱された共通価値の創造（Creating Shared Value：CSV）という概念である。そこでは，社会的価値と経済的価値は相反するものではなく，両立することによって企業はむしろ新たなビジネスチャンスをつかめると主唱されている。以上のような企業経営の目的を考える上でも重要な議論が，学問の世界や実際のビジネスの実践の面でも沸き起こってきたことも，CSRが世界的に注目を集める契機となったものと考えられる。

以上，ここでは，CSR が重視されてきた背景として，経営環境の変化を示す上記 4 つの要因をとりあげたが，先進諸国においては，政府の財政負担が増大し，政府の役割・能力が必ずしも期待できないでいる状況のなか，企業の役割に対して社会からの期待が高まっていったことも重要な背景である。一方で，株主・投資家や NGO 等の市民社会組織の台頭も顕著であり，企業に対して大きな影響を及ぼすようになったのである。

第 4 節　CSR の国際的動向

　ここでは，世界の主要な地域における CSR の動向を眺めておきたい。CSR をめぐる企業行動は，国々の歴史的特性をふまえた社会制度との関わりへの理解が欠かせず，ここでは詳細な検討は個々の研究に任せることとし，簡潔に国際的動向を眺めておきたい。

1．欧　州

　欧州の場合，CSR は EU における政策的な展開が重視され，とりわけ2000年代以降，EU の行政府である欧州委員会による CSR 政策の取組みが注目される。当初，欧州の CSR は若年層の失業問題を背景に，雇用対策を中心に据えるものであったが，その後，サステナビリティやイノベーションといった領域を包含する政策として推進されるようになった。

　特筆すべき欧州 CSR の特徴は，企業が社会的経済の担い手として重要な役割を期待されてきたことである。そして，企業の力を動員するために，政策が重要視される。たとえば，サステナビリティというコンセプトは将来世代のために重要なメッセージであることは論をまたないが，そのために企業はなにをすべきなのかかが問われる。企業としては，利益追求活動を行う中で，そのような意義あるメッセージを真正面から否定することはできず，サステナビリティという正論・原則に対して貢献していることを示す行動が社会からの正当性を獲得することにつながる。NGO のような市民社会組織の活動も発展して

おり，企業の行動は社会側の監視によって規律付けがなされている。

　その際，企業をモニターするための仕組みとして，企業の情報開示を促す政策手法が重視されている点も重要である。いくつかの国ではCSR情報の開示をめぐる法令が先駆的に導入された。イギリスでは1999年の年金法改正により年金の運用受託者の機関投資家に対し，投資先の選定にあたり，CSRや倫理面の考慮を行っている場合，その基準を公表することが求められた。デンマークでは2009年，上場企業を中心に年次報告書においてCSR情報の開示が義務化された。そのような流れを受けて，欧州企業はCSR報告を重視するようになり，自社にとって重要な開示内容を決定するマテリアリティの考え方や，ステークホルダー・エンゲージメントの取り組みを実践するようになった。

　また，2000年代以降，先に述べたように，国際機関や民間組織によるCSR国際規格の発行が相次ぎ，欧州諸国においては，このような国際的な企業行動規範の役割が重んじられるようになった。2011年に，欧州委員会が発表したCSRに関する政策文書の中では，欧州の大企業は国連グローバル・コンパクトをはじめ，いくつかの代表的なCSR国際規格にコミットすべき方針が示された。このように，EUは財政危機問題やイギリスの離脱問題を抱えながらも，政策的にCSRを推進していこうとする動きに変わりはない。このようなEUの動きは世界諸国に影響を及ぼすことになる。情報開示にはサプライチェーンの情報も求められるため，たとえば，アジアで事業を行う欧州企業や欧州で事業を行う外国企業にも開示の要請が義務付けられる。そのため，世界のグローバル企業は，各国の法制に個々に従う個別対応を志向するよりも，グローバルな標準ルールとなっていく可能性があるEUのルールに従う傾向が強まっているのが現状である。

２．アメリカ

　アメリカでは，従来から企業の地域貢献や経営者による寄付行為，社員のボランティア活動を中心とした社会貢献活動に比重を置いたCSRが展開されてきた。また，一般に市場競争が重視されるように，CSRに対して政府が主導

する役割が必ずしも大きいとはいえない。企業は地域社会において「良き企業市民」としての役割を意識するが，企業経営は株主を中心に据えた企業価値の向上を基本的姿勢としている。とりわけ大企業は分散化した株式所有構造のもと，株主の影響に対応していく姿勢が必要である。機関投資家の受託者責任を規定した ERISA 法（従業員退職所得保障法）などが背景ともなり，アメリカでのCSR の議論はコーポレート・ガバナンスの志向性を強く内包しているといえる。

　また，1970年代からは，企業倫理の概念が重視されるようになり，企業の不祥事がもたらす被害の予防に重点を置いたリスク・マネジメントが行われてきた。1991年には，企業に関係する「連邦量刑ガイドライン」が発効し，企業が不祥事を起こした場合，企業倫理プログラムを整備していた会社に対する免責認定（罰則を軽減するシステム）が適用されることで，1990年代には企業倫理の制度化が急進展し，コンプライアンスを意識した体制の整備が進展した。すなわち，アメリカでは，この連邦量刑ガイドラインの考え方にみるように，欧州におけるCSR の特徴と比較すると，コンプライアンスへの対応が先行してきた観がある。

　そして，平時においては企業活動を抑制するような法的規制が志向される傾向はあまりないが，重大な企業不祥事等の問題が発生したときには法律の介入が行われる。2002年に成立した企業改革法（Sarbanes-Oxley Act）なども，会計粉飾による巨大企業倒産を契機に，経営者に対しての処罰規定を盛り込むことで企業活動の健全性を確保しようとする試みであった。また，2008年の金融危機への対応措置も速やかに講じられ，2010年7月に成立した金融規制改革法（Dodd-Frank Wall Street Reform and Consumer Protection Act）における一連の措置の中では CSR に関係する事項として，紛争鉱物開示規則が法案化され，施行された。これに対し，日本企業を含め，世界の大企業が対応を迫られた。また，2010年には SEC（米証券取引委員会）による上場企業に対する気候変動情報を開示すべき指針なども示されており，株主保護の観点から主にリスク要因の開示が義務化される傾向がある。

3．日　本

　日本については，これまで CSR は企業の自発的な取り組みが中心となる傾向があり，法制度による企業規制はあまり目立たず，むしろ企業自身による取組みの方が先行した。たとえば，日本では大多数の企業がアニュアル・レポートや CSR 報告書を，法規制の要請がないにもかかわらず早期の段階で発行を開始した。国際展開を行う企業が CSR 面での対応を促進し，それが他社の行動に影響を及ぼしてきたものと考えられる。また，そのような情報開示の内容に対しては，さまざまな機関がそれを評価し，アワードを付与する動きも慣例化してきている。このように CSR 情報の開示については，自発的な企業対応の結果，環境，社会，ガバナンス面での開示とともに，実践活動が近年になって拡充してきている。

　また，日本企業には「三方よし」の考え方に代表されるように，長期的な事業を行う上でステークホルダーに対する配慮が伝統的に組み込まれた社会風土があり，そのことが今日の日本企業の CSR のあり方を規定しているともいえる。ハードローすなわち法律については，企業に求められる厳しい環境規制などもあるが，コーポレート・ガバナンスの法規制を含め，企業行動を抑制するような規制に対しては，概して消極的なスタンスを示してきた。すなわち，企業側の自発的な取組みを重視するスタンスが CSR デザインの基本にあり，日本企業の行動は同業他社の動きや外来文化の影響に対して適応しようとする態度が CSR への対応を形づくっているといえる。したがって，グローバルな展開を志向する日本企業においては，CSR に関わる国際動向に注視し，先導する動きを示しているのが現状である。

4．新興諸国の動き

　一方，新興諸国の動きとして，法律の制定という点で目立ったのは，インドである。インドでは，2013年の会社法改正において，一定条件に該当する企業は，CSR 活動への拠出義務（過去 3 年間の会計期間における純利益（net profits）の平均 2 ％）が講じられ，適切な拠出を行わなかった場合には，その理由を開示す

ることが必要である。また，新興諸国において，上場企業に対して非財務情報の開示を義務付ける証券取引所も増加している。南アフリカ共和国やブラジル，インド，香港，シンガポールなどの取引所が統合報告（Integrated Reporting）やCSR報告を義務付けている。

南アフリカ共和国のヨハネスブルグ証券取引所では，上場企業にCSR情報を含めた統合報告の作成を2010年よりいち早く義務付けた。シンガポール証券取引所では，2016年に「遵守か説明か」（comply or explain）の原則に基づいたサステナビリティ報告書の作成を義務付け，2018年より施行することを決めた。一方，ブラジルの証券取引所では，上場企業にCSR報告（サステナビリティ・レポート）作成の有無を報告させ，作成していない場合はその理由の開示を求めている。台湾では，CSR報告のための参照基準として有名なGRI（Global Reporting Initiative）の最新の基準に準拠したCSR報告を行うことも求めている。中国では，近年，環境を重視する法律を数多く発布しているように，国家主導のもと，政策としてCSRを推進する傾向を強めており，外資系企業を含め，中国政府の対応に留意していくことが必要な状況である。

以上のように，会社法や証券取引所規則，あるいは政府政策の推進によって，世界の多くの国々でCSRをめぐる施策が進められてきたのが，概ね2010年ころからの新興諸国を含めた傾向であると考えられる。

第5節　おわりに

本章では，CSRの意味・内容を確認するとともに，今日の企業がCSRに関心を増していかざるを得ない世界的な背景を明らかにしてきた。CSRの議論は，企業倫理，コーポレート・ガバナンス，環境経営などの隣接領域の議論に広く関係する内容をもつため，そうした領域を同時に眺めていくことも必要な視点となると考えられる。

また，CSRの推進にあたって，各国が置かれた状況に適合する形で取り組みが進められつつある現状を考察した。政府政策による主導体制もみられる欧

州，近年においてリスク・マネジメントの重視から法的対応が講じられたアメリカと比較すると，日本における CSR 活動はどちらかといえば企業主導による体制のもとに推進されてきている。このような各国のアプローチの違いについては，なお精緻な比較分析を行っていく意義は大きいといえ，国々の社会システムと CSR 体制の接続のあり方についてさらに理解を深めるスタンスが必要であろう。その際，ソフトローとして世界共通のルールとなってきた CSR 国際規格が各国企業における CSR 対応を規定してきている動きにも注目していく必要があり，その点は第 3 章で論じることにしたい。

【注】

（1）因みに，森本三男はすでに1994年の著書において CSR の用語を本文中に使用している。森本三男（1994）『企業社会責任の経営学的研究』白桃書房。

（2）同フレームワークの生成経緯について詳細は次を参照。Ruggie, J. G.(2013) *Just Business: Multinational Corporations and Human Rights*, W. W. Norton.（邦訳『正しいビジネス―世界が取り組む「多国籍企業と人権」の課題』岩波書店，2014年）

（3）European Commission（2011）*A renewed EU strategy* 2011-14 *for Corporate Social Responsibility.* を参照。重要なのは，2001年に発表された EU の定義と比して，CSR が企業の「自発性」に基づくものという文言が消えていることである。すなわち，CSR は企業が自発的に対応すべきことでないとの考え方が，様々な関係団体との議論を経て，EU 当局により示されたのである。

（4）経営者による自己統治をコーポレート・ガバナンスにおける重要な要素と考える論者として，平田光弘（2008）『経営者自己統治論―社会に信頼される企業の形成』中央経済社を参照。

（5）CSR 報告書の発行は，SRI（社会責任投資）の発展動向とも関係し，SRI 評価機関等による評価を受けることが CSR 報告書を発行する企業の主要な動機の一つとなっていた。

【参考文献】

國部克彦編（2017）『CSR の基礎—企業と社会の新しいあり方』中央経済社。

佐久間信夫編（2017）『コーポレート・ガバナンス改革の国際比較』ミネルヴァ書房。

田中信弘（2016）「CSR をめぐる理解《理論編》《実態編》」佐久間信夫編『よくわかる企業論（第2版）』ミネルヴァ書房。

谷本寛治（2006）『CSR—企業と社会を考える』NTT 出版。

藤井敏彦（2005）『ヨーロッパの CSR と日本の CSR—何が違い，何を学ぶのか。』日科技連出版社。

水口剛（2013）『責任ある投資—資金の流れで未来を変える』岩波書店。

第 2 章
CSR の理論とその展開

第 1 節　はじめに

　本章では，CSR が経営学および関連する学問分野でどのように捉えられて
きたのかについて，歴史的な展開を眺めることにしたい。CSR の議論は主と
してアメリカで起こり，大企業の発展とその社会的影響力の増大とともに議論
が進展してきた。すなわち，現実の企業経営との接点を持ちながら独自の議論
展開を遂げてきており，大学等の教育上のカリキュラムとしても次第に充実化
してきた。したがって，企業の社会的責任論がアメリカを中心に発展を遂げて
きた経緯を眺め，近年は CSR 論として世界的な議論に拡大してきた様相を理
解できるように努める。

　一方，前章で眺めたように，CSR の議論は地域ごとに趣を異にしていると
ころがあり，この点は各国の企業が置かれた制度的環境の違いによるところが
大きく，そのような側面に配慮していくことも必要であろう。企業が社会の中
でどのような存在であるのかについて，その役割が国々で異なる事情を考えて
いくことも重要と思われる。また，経営者の価値・規範などが企業行動に影響
を及ぼしており，CSR については，世界各国の多様な取り組み状況があると
考えられる。そういう意味では，今日，進展しつつある国際的な CSR 規格
化・標準化による各国への影響を見ていく必要があるであろう。このあたりは
第 3 章においても論じていきたい。

　とりあえず本章では，これまでの企業の社会的責任論の生成と展開を眺め

て，現代の CSR 論が登場に至る道筋を眺めていきたい。また，いくつかの理論的なパースペクティブを紹介しながら，学術研究の動向に基づいてその検討を行っていくことにする。

第2節　CSR 論の生成と展開

1．経営者の社会的責任から企業の社会的責任へ

　企業の社会的責任をめぐる議論は新しいものというわけでなく，古くからの商慣習のなかにおいても，円滑なビジネスを行うための必要条件として位置してきた。世界諸国において，程度の差こそあれ長期のビジネスを営む際には，経営者の倫理や責任の遂行が世間からの信頼を形づくる上で重要な要件となったことは想像できよう。アメリカにおいて企業社会責任の議論が活発化したのは，20世紀に大規模な株式会社が世界の中でも比較的早期に発達し，その影響力が社会の中で増大したことに関係している。

　アメリカにおいては，1898年に設立されたカリフォルニア大学バークレー校商学部において，講義名として「哲学研究：商業倫理の歴史と原理」の科目が設置されており，経営管理としての学問および実践の探求のなかで，ビジネスの倫理的志向の必要性をカリキュラムとして配備した[1]。また，その頃，カーネギー，ロックフェラーらの成功した企業家による慈善行為（多額の寄付）が行われたが，これなどは現代におけるフィランソロフィー活動（社会貢献活動）に該当するといえる。しかしながら，企業家個人の慈善的・寄付的行為は，企業が行うそれと区別する必要がある。企業が行う慈善・寄付行為は法的には長らく制限され，ようやく1953年になって，ニュージャージー州最高裁判所の判決によって，企業（A.P. スミス社）による大学への寄付行為が合法的なものとして容認されることになった。

　株式会社の大規模化が進行するなかでは，経営管理を担う経営者の役割が重要な存在となっていった。実業家のシェルドン（O. Sheldon）は，1924年の著書『経営管理の哲学』において「社会的責任」の用語を用いて，経営哲学の基本

的前提として，株主の利益の追求のみならず，企業が社会サービスを提供する責任を強調した。また，バーリとミーンズ（A.A. Berle & G.C. Means）は，1932年に著書『近代株式会社と私的財産』において，株式会社の巨大化とそこでの株式所有の分散化を背景に，所有と経営の分離が起こっていることを明らかにした。そこでは，所有者でない経営者が会社支配を行う「経営者支配」が一つの重要な類型として浮上してきたことが示され，大企業の複雑化した経営管理を担う主体として専門経営者の役割が重要視されるべきことを唱えた。とりわけ，民間企業の経営者といえども，公共的な使命を意識して，企業を取り巻く多様な構成員の期待に応える対応が必要であることを指摘し，企業の社会的責任が次第に大企業の経営者に意識されるべき関心事項となっていった。さらに，「CSRの父」とも称されるボーエン（H. Bowen）は，1953年に著書『ビジネスマンの社会的責任』において，ビジネスマンとして社会に期待される責任を遂行する義務を説き，「経営者は社会に対する受託者である」という考え方を示した。

　このように，経営者自身の責任を説く論調が強まる一方で，社会のなかでの企業の影響力の増大に対して警鐘を鳴らす見方も現れるようになった。すなわち，経営者による会社運営に対しては，ときとして経営者権力への監視・牽制を強化するメカニズムの必要性が唱えられるようになっていく。イールズ（R. Eeels）は，1960年の著書『現代ビジネスの意味』において，企業を含めた私的部門の統治の分析が公的部門における統治と同様に重要視されていくべきことを指摘し，その際，用語として「コーポレート・ガバナンス」をいち早く用いた。このように，企業への内的・外的コントロールの必要性が論じられるようになっていった。

　1960年代後半になると，外部から企業に向けて展開された社会運動が見られるようになった。イーストマン・コダック社における黒人雇用差別問題，ダウ・ケミカル社における武器製造問題などとともに，1969年から行われた「キャンペーンGM」では，公衆の利益をめぐる要求が株主提案権を行使する形で提起された。結果，提案した要求に対する賛成票を多く集めるには至らな

かったが，その後の取締役の選任のあり方等に大きな影響を及ぼすことになった。ステークホルダーによる企業への影響力の行使が企業の政策の変更を促した数多くの例から，企業が社会の意向をくみ取るなかで，その行動の正当性が担保されていくようになったのである。いわば，企業の統治をめぐる視点として，所有者支配や経営者支配といった一元的な統治の視点が拡大されて，さまざまなステークホルダーとの関わりをもつ社会的な制度としての企業のあり方が重要視されるようになっていった。このような見方の中に，企業の社会的責任論の現代的性格を見出だすことができると考えられる。

2．CSR をめぐる議論の発展と細分化

　1970年代には，アメリカにおいて「企業と社会」論（Business & Society: B&S）が学問分野としての発達を遂げる。環境問題，消費者運動，市民反戦運動などを契機として，企業の社会的責任問題が改めて論じられるようになった。1963年刊行のマクガイヤ（J. McGuire）の著書『企業と社会』に始まるといわれる「企業と社会」論は，アメリカを中心とした論者によって展開をみる。1971年には，アメリカ経営学会において「経営における社会的課題事項」（Social Issues in Management: SIM）の部会が設立され，アメリカの多くのビジネススクール（経営管理大学院）において，「企業と社会」論の科目が設置されるようになった。

　企業倫理論（Business Ethics）もまたこの時期に研究領域としての進展を見せた。企業倫理論の学問的起源は，哲学・倫理学をその基礎とする応用倫理学の一部として展開されたものと，経営学の一部としての「企業と社会」論を基礎とする社会科学からのアプローチがある。前者は，従来からの企業経営を支える原則や価値観を規範論的に見直し，現代社会に適合するビジネスのあり方を探ろうとする変革志向の議論が多い。一方，後者は，現状に対する客観的な観察や測定を重視していこうとする見方が多いといわれる[2]。

　このような企業倫理をめぐる2つのアプローチを統合しようとする一つの試みがエプスタイン（E. M. Epstein）によって行われている[3]。彼によれば，「経

営社会政策過程」というモデルを示して，以下の3つの要素をあげている。それは，意思決定の価値的基盤を提供する「企業倫理」，事実関係の結果として果たすべき「企業の社会的責任」，および企業の課題事項を予期して対応する「企業の社会的即応性」という3つからなり，それらの過程を意思決定の倫理化として捉えようとした。

　このうち，企業の社会的即応性について，アッカーマンとバウアー（R. W. Ackerman & R. A. Bauer）は，1976年の著書『企業の社会的即応性』の中で次のように述べている。企業は，財・サービスの提供というこれまでの役割を超えて，社会的業績（social performance）の向上のために，社会的課題事項に対して，事後的（reactive）でなく，先見的（anticipatory）かつ事前対応的（proactive）に行動すべきであるとしている。また，その場合の方法論的基礎についての考え方が，その後，フリーマン（R. E. Freeman）の1984年の著書『戦略経営論』などで推し進められていった。彼が提唱したのは，企業とステークホルダーとの関係性のうちに現代企業とその経営行動を理解しようとするステークホルダー・アプローチである。ステークホルダー・アプローチによれば，企業は多様なステークホルダーに配慮し，全体の利害を調整することが必要であるとする。したがって，企業とステークホルダーとの間には，相互依存的信頼関係が存在しなければならず，その形成と維持こそが企業の社会的責任にほかならないとされている。また，今日では，企業の社会的責任に関する議論とともに，企業の経済的適応責任のための議論が「企業と社会」論においても一層展開されることが必要であるとみなされるようになった。

　企業の社会的責任論は，以上のような「企業と社会」論や企業倫理論といった分野への細分化を経ながら，さまざまな消費者・市民運動の隆盛の中で，それに対する企業側の対応の進展が理論の展開を促すことになったといえる。一方で，1980年代には，企業の社会的業績を実証的に眺めようとする研究が数多く現れた。すなわち，企業社会責任を果たしている企業は，財務的業績もよいのかといった問題を含めて学術研究の関心の広がりを示した。この点は後で述べることにするが，財務論のサイドにおける問題関心も企業の社会的責任論と

第2章　CSRの理論とその展開　25

の関係を見出すようになったと考えられる。たとえば，1970年代には，ICCR（Interfaith Center on Corporate Responsibility）という複数の教会間の組織が推進したSRI（社会責任投資）の拡大なども見られ，企業の社会責任を評価する投資家による動きも，企業評価手法の発達を促すことになった。このような市場評価の分析視点からも，企業の社会性を捉えていこうとする関心が増大していった。

　1990年代になると，CSRという用語の使用が学問の世界で一般化していくが，一方でコーポレート・ガバナンスの議論が活発に行われるようになった。コーポレート・ガバナンスの焦点は，株主重視の考え方を強調していくことで経営者への規律を確認する意味をもつものであった。株主以外のさまざまなステークホルダーへの配慮を志向するCSRの議論は，企業経営の目標・優先順位をあいまいなものにさせてしまう面もあると考えられる。そこで改めて経営者に対し，株価による経営規律を意識させるために，「企業価値」（時価発行総額）の向上を経営の重要目標として設定し，そのための経営者への監視制度を設計していく必要性を訴える議論が起こったのである。

　また，地球環境全体の視点から，グローバリゼーションの進展とともに多様なアクターによる行動が起こり，サステナビリティやトリプル・ボトム・ラインの考え方が企業経営の中に入り込んでいった。このあたりの思考は欧州において目立った動きとなるが，トリプル・ボトム・ラインとは，英サステナビリティ社のエルキントン（J. Elkington）によって主唱され，企業活動を持続的発展の観点から，経済だけでなく，環境と社会の側面からも総合的に評価する考え方をいう。具体的には企業が行った人権配慮や社会貢献（社会的側面），資源節約や汚染対策（環境的側面）などについても評価していくべきことが提唱された。そして，そのことはその後，CSR報告の国際的基準となるGRI（Global Reporting Initiative）のサステナビリティ・ガイドライン（現在はスタンダードという名称）にも反映された。

　2000年代に入ると，開発支援をめぐる新しいアプローチとして，フェアトレードやBOPビジネスの考え方が提唱され，実践されるようになった。ま

た，経営戦略論の領域からも，戦略的 CSR と共通価値の創造（Creating Shared Value：CSV）の考え方が提唱された。

　まず，フェアトレードとは，開発途上国で作られた作物や製品を適正な価格で継続的に取引することで，生産業者の生活を支える仕組みである。先進国による開発援助活動だけでは開発途上国の持続可能な発展を促せないという限界も意識され，その代替案の一つとして，援助よりも市場アプローチによる貿易に活路を見出そうとしたのがフェアトレード運動である。国際フェアトレード認証ラベルは，その原料が生産されてから，輸入，加工，製造工程を経て「国際フェアトレード認証製品」として完成品となるまでの全過程で，国際フェアトレード・ラベル機構（Fairtrade International）が定めた国際フェアトレード基準が守られている事を証明するラベルである。コーヒーをはじめ，バナナ，紅茶，花，砂糖，手工芸品などの製品において実践されている。

　次に，BOP ビジネスは，プラハラード（P. K. Praharad）らにより提唱され，ビジネスの手法を通じて，世界の約 7 割にあたる低所得層の人たちの生活水準の向上に貢献しつつ，企業の発展にも資するビジネスをいう。

　一方，ポーター（M. E. Porter）とクラマー（M. R. Kramer）により唱えられた戦略的 CSR は，従来の CSR を受動的であると批判し，経営戦略論の立場から CSR を積極的に論じたものである。さらに，その上でポーターとクラマーは CSV の考え方を提唱し，社会のニーズや問題に取り組むことで社会的価値を創造し，その結果，経済的価値が創造されるというアプローチを唱えた。社会的価値と経済的価値はこれまで，企業のビジネス活動展開において相反する概念であると考えられてきた。しかし，CSV の概念によると，社会的価値と経済的価値は相反するものではなく，両立することによって企業はむしろ新たなビジネスチャンスをつかめると主唱する。そして，そのための方法として，①製品・サービスの見直し，②バリューチェーンの生産性の再確認，③操業地域（local cluster）における競争基盤の強化など，三つをあげている。このように，CSV は，社会のニーズや問題に取り組むことで社会的価値を創造し，その結果，経済的価値が創造されるというアプローチであり，自社事業の価値を再認

識することにもつながる考え方である。

　以上，近年の CSR の領域では，トリプル・ボトム・ライン，フェアトレード，BOP ビジネス，CSV といった新しい考え方が生まれている。それらは事業活動そのものに CSR の考え方を入れ込もうとし，さまざまなビジネスの手法によって社会問題を解決しようとする動機を含んだ考え方である。現代企業には社会から期待される役割が増しており，社会に対するポジティブな影響を最大化していくために，企業側が対応を講じた動きとして把握することができる。

　このように，CSR 論はさまざまな学問領域と関連を持ちながら発展を遂げてきた。企業と社会論，企業倫理論，コーポレート・ガバナンス論，さらに環境経営，開発経済学，そして経営戦略論などの多様な領域の動きも，現代における CSR をめぐる議論の活発化を促したのである。

第3節　CSR をめぐる代表的なパースペクティブ

1．CSR の積極論と消極論

　企業の社会的責任をめぐる理論的なパースペクティブはいくつかあるが，そのうちの一つは，CSR の積極論と消極論をめぐる議論である。今日，積極論に基づき CSR が論じられるようになったが，一方で，消極論の論拠を振り返ることも必要であると考えられる。それについての当初の議論は，「肯定」か「否定」の二分法的な議論として捉えられることが多かった。社会的責任の否定論によれば，経営者は株主の代理人であって，株主に対する経済的成果を最大にする責任があり，他の責任を優先すべきではないとしている。この肯定と否定という二者択一の考え方は，やがて CSR の「積極論」と「消極論」として議論が交わされるようになったが，今日では経営学サイドにおいては，CSR 積極論を支持する見方が多数派となったといえる。

　まず，CSR 消極論をみていく。事業活動に直接関係しない慈善事業や寄付を行うことは株主の利益に反する行為であるとする。現代大企業は，所有と経

営が分離した状況にあり，専門経営者は株主から経営を任された受託者である。したがって，社会的責任というのは，あくまで利益をあげて株主への配当を確保していくことが企業活動の前提として重要である。消極論の代表的論者とされるフリードマン（M. Friedman）は，利益の創出を通じた企業による納税こそが社会への貢献であることを強調した[4]。もちろん闇雲に利益を追求する企業を想定したのではなく，法律や社会規範を遵守した上での利益創造活動であることを前提した。すなわち，企業ごとの個別の慈善活動は，国民全体に広く行き渡るものでなく，政府が財政を通して行う諸活動のほうに公平性を見出す見解として位置づけられる。しかしながら，フリードマンのこのような主張には，1970年代以降のCSR実践の現実を反映していないとする批判がある。また，事実と実証に即した上で，CSR積極論の非現実性を説く展開も多くは見られなかった。

　こうした議論に対して，CSR積極論を唱える論者が数多く出現するようになった。とりわけ現代の企業活動の遂行の上では積極論に与する立場がより重要視されるようになっている。デイビスとブルームストロム（K. Davis & R. L. Blomstrom）は，著書『企業と社会』（1975年版）において，現代企業がなぜ積極的に社会的責任を果たさなければならないかを理論的な見地から説明している。彼らの「権力・責任均衡の原理」によれば，企業の富と権力が社会のなかで大きくなることで，それに伴って企業の責任もまた増大していると主張する。すなわち，社会からの正当性を獲得することで企業の行動は受容されていくのである。したがって，権力をもつが，責任を負わない者はやがてその権力を失っていくとしており，権力と責任は長期的に均衡状態に向かう傾向があるとしている。

　このようなCSRについての理論的見方を通して，現代企業のCSRに対する積極的立場が認められるようになっていった。また当然のことながら，企業の経済的責任の追求を否定するものでなく，経済的責任と社会に対する貢献も同時に行うべきとするように考えられるようになった。

2．CSRの統合モデル

　以上のようなCSR積極論・消極論の議論の成果を踏まえて，より具体的な形で議論を統合していく考え方がいくつか現れるようになった。ここでは，CSRについての代表的モデルとして取り上げられることが多いキャロル（A.B. Carroll）の「CSRピラミッド」（The Pyramid of Corporate Social Responsibility）を参考にしてみよう（図表2-1参照）[5]。

　キャロルは，「経済的責任」（economic responsibilities），「法的責任」（legal responsibilities），「倫理的責任」（ethical responsibilities），「社会貢献的責任」（philanthropic responsibilities）の4つをCSRの構成要素として捉えている。そして，それぞれの構成要素間の関係として，経済的責任を土台に，次に法的責任があり，さらに倫理的責任を位置づけ，その上に社会貢献的責任がピラミッドの最上部を形成するようなものとして位置づけた。

図表2-1　キャロルの社会的責任ピラミッド

出所：Archie B. Canoll (1991) "The Pyramid of Corporate Social Responsibility: Toward the Moral Management of Organizational Stakeholders" *Business Horizons*, Vol. 34, No.4, p.42.

　まず，経済的責任は，企業の利益責任であり，他のすべての責任の基礎として優先されねばならないものとした。企業は，製品／サービスを提供していくことで売上や利益を獲得するが，市場競争のなかで優位を保てないと，長期にわたる製品・サービスの供給はできない。顧客から見ると，有用な製品・サービスの継続的な購入を可能にさせる企業に対して信頼を強めていくことにな

る。その意味で，企業は経済的責任を果たすことでゴーイング・コンサーン（継続事業体）となり，社会での基礎的な責任を築くことになる。

　法的責任もまた企業が社会的制度として成り立つために果たすべき最低限の責任と規定した。法的責任については，たとえばわが国における企業活動を行う上での基本的な法的枠組みとして，株式会社に対する会社法や上場企業に課される金融商品取引法などがあげられる。さらにいえば，現代社会は企業行動に対してさまざまな規制を求めている。たとえば，消費者保護基本法，製造物責任法，各種の労働関連法規，環境関連法規，独占禁止法や下請法，公益通報者保護法などがあり，企業は法的な約束事を遵守しながら，適正な企業活動を行うことが求められる。

　次に，倫理的責任であるが，法的に規定されていないが，社会が期待している価値や規範を取り込もうとする責任である。今日，業界団体の自主規制ルールや各種機関が制定するソフトローに自主的に従うことで，社会からの支持を取り付けていくことも必要であり，広義のコンプライアンスの立場に立つと，法令を超えた社会規範に対応する必要性が増しているといえる。また，個別企業によって作成された経営理念や倫理の制度化施策などにも企業行動は事実上拘束されると考えられる。

　最後に，社会貢献的責任であるが，良き企業市民（Corporate Citizenship）として地域や社会への貢献に関与しようとするものであり，この責任は企業の自発性に基づくもので，この責任を果たさなくても必ずしも「非倫理的」であるとはみなされないものである。

　このようなCSRの意味内容の枠組みは，実務家にとっても理解しやすいもので，多くの支持を得た。また，キャロルによれば，CSR論の段階を，①「企業の社会的責任」の段階，②「企業の社会的即応性」の段階，③「企業の社会業績」の段階を表し，進化の過程として捉えている。そして，①では企業は経済的責任と法的責任を，事後的に果たしていく段階として示し，つぎに②では社会からの要求に対応するのでなく，事前的・予防的に行動していく段階と捉え，③ではステークホルダーとの関係改善や社会的課題の解決を志向するとい

う社会業績を達成していくことで社会からの期待に応えていく段階として把握している。

3．CSRをめぐる実証研究

　先にふれたように，フリードマンは経済学者の立場から社会的責任について消極論を唱えたが，これを契機に1970年代から80年代にかけて，CSRの効果を検証する研究が経営学の分野で活発に行われるようになった。

　数多くの実証研究を眺めると，企業の社会業績（CSP）と財務業績（CFP）との関係には，正の相関があることを指摘する結果が比較的多く見られる[6]。すなわち，企業の社会的責任を遂行している会社は，財務業績も良いと考えられる。谷本によれば，このいわゆる「CSP－CFP」の関係についての理解の仕方は2つあるとしている[7]。ひとつは，財務業績が良いと，CSR活動を熱心に行うことができるとするものであり，これを「スラック資源理論」と呼ぶ。すなわち，会社に余裕があるからCSR活動に熱心に取り組むとする考えである。もう一つは，CSR活動を通じてステークホルダーに対する配慮を普段から行っていくことで，企業の財務業績が高まるとするもので，これを「良い経営理論」と呼んでいる。このようなCSPとCFPの間の因果関係を探る研究も行われるようになったが，CSRを評価する市場の考え方が成熟化していくと，後者の「良い経営理論」の妥当性が高まることになるという。

　企業のCSP，すなわち社会業績・社会性を測定・評価する試みとしては，近年，企業のCSR活動を評価することから独自に企業ランキングを公表しているものがある。米フォーチュン誌の「最も賞賛される企業」（Most Admired Companies），東洋経済新報社の「CSR企業ランキング」，日本経済新聞社の「環境経営度調査」などがこれまで長く行われてきたものとして有名であるが，このような企業ランキングの作成に際しては，時代環境に見合う適切な評価軸・指標を選ぶことが求められる。企業評価論の領域では，企業財務業績などの定量的要因とともに，非財務情報の定性的要因についての測定と評価に関わる手法を蓄積してきている。以下では，日本の主要な研究を紹介しよう。

岡本大輔は，CSR 活動の取り組みの成果はすぐには表れない性質があることを考慮し，長期の調査期間の観測の必要性を訴え，その立場から日本企業のCSP と CFP についての見方を検証した[8]。それによれば，高業績で社会性も高い企業（50社）は，10年後（1994年と2004年を比べて）も高い業績を維持した。一方，高業績だが社会性が低い企業（56社）は，10年後に業績が悪化した例が多かったとしている。ここから，社会性は高業績企業の十分条件とはいえないが，少なくとも必要条件ではあると結論づけている。すなわち，社会性は長期的に自社の経済性に対してプラスの貢献となることを確認している。その後，岡本は2015年に発表した論文で，2014年のデータを加え，20年後の検証を行っている。それによれば，社会性は高業績維持のために必要であること，また業績の悪い企業が業績回復をしていく時に社会性が高い企業のほうが回復しやすい傾向があることを確認しており，おおむね10年後と20年後の分析結果が同じで，そこから企業経営において社会性は必要であり，その超長期的性格を導いている[9]。

また，首藤恵・竹原均は，財務論の立場から，CSR 活動の経済効果をコーポレート・ガバナンスの枠組みを用いて分析している[10]。2006年実施のアンケート調査（データが完備された日本企業206社）の回答を用いて，CFP との関係を分析した結果，①CSR 活動に関心の高い企業は，成長性や株式市場の評価の面で優良なパフォーマンスを示していること，②内部ガバナンス体制（会社機関設計，内部規律）の強化は進んでいるけれども，CFP との関連は明確ではないこと，③外部ガバナンス（非財務情報開示，ステークホルダー・コミュニケーション）との関連については，非財務情報開示に積極的な企業，消費者および地域とのコミュニケーションを重視している企業の市場評価は安定していることなどを明らかにした。他方，④社会貢献と収益性および成長性との間にはトレード・オフが見出されたとしている。後に，彼らは，2016年に発表した論文で，CSP はリスク指標には概ね負の関係が検出されたとしており，CSP がリスク軽減と関連することを指摘している。また，CSP と CFP には一様な結果が得られなかったが，雇用関係については CSP との正の関係を見出したとしてい

第 2 章　CSR の理論とその展開　33

る ⁽¹¹⁾。このように，企業の CSP がリスク軽減や収益性などの CFP と関連することを示唆する結果を得ている。

このような CSR に関する実証研究は数多く行われているが，それらを広く眺めると企業社会業績と企業財務業績との間には，正の相関関係があるとする研究結果が比較的多いが，この「CSP－CFP」の関係を理解する上での研究上の問題点として一般的にいえることは，企業財務業績に与える CSR の貢献がどの程度であるのかがわかりにくいところである。企業財務業績の変動は，当然のことながら経済全体の市場環境や企業の経営戦略によるものが大きいと思われ，CSR の貢献部分を特定することが困難な場合が少なくない。だが実証研究の結果からみれば，CSR の方針を積極的に打ち出し，情報開示やステークホルダーとのコミュニケーションを活発に行っている企業のほうが財務業績も芳しいということが一般にいえそうである。

第 4 節　CSR を理解するためのフレームワーク

1．事業活動における CSR マネジメントのあり方

ここでは，これまで検討してきた CSR をめぐる理論展開をふまえ，経営実践においてどのような課題があるかについて検討していくことにしたい。CSR 論の検討からまずいえることは，CSR に対する現代企業の積極的・能動的な関与が求められていることが明らかにされてきたことである。この CSR 積極論の主張に対しては，本業と連動した CSR 活動が必要とされ，そのあり方を模索する状況はなお続いている。すなわち，CSR の事業活動への組み込み方をどうすべきなのかという，CSR マネジメントのあり方が課題として位置している。この点については，2 つのアプローチが想定され，一つは製品の技術改良等による本業を通じた「直接的アプローチ」，もう一つは本業を支援するマーケティング関連活動を通じた「間接的アプローチ」があると考えられる。

まず，直接的アプローチとして，たとえば自社の製品そのものに環境負荷を低減するような機能を強化していくような取り組みがあげられる。白物家電製

品の節電機能の向上やハイブリッドカーなどの環境対応機能の強化である。それらの取り組みは，製品開発を通じた事業活動の中に CSR を直接取り込もうとする動きである。この対応については，熟慮すれば，CSR を意識した製品戦略の一環にすぎず，そもそも CSR というよりも，むしろ通常の製品開発の実行の問題として捉えられるべきかもしれない。だが，事業活動そのものに CSR の考え方が入り込むようになったことの証左であるともいえよう。

　一方，間接的アプローチであるが，たとえば，社会的コーズ（主張）の領域に対してのマーケティング関連活動を志向するものがある。社会的コーズとは，地域社会の健康や安全，教育，雇用，環境などに対して，企業が社会的責任を果たすために行う取り組みであり，たとえば，エイズ撲滅や乳がんの早期発見，飲酒運転撲滅，識字教育，職業訓練などに，企業が関与している活動を指す。コトラーとリー（P. Kotler & N. Lee）は，企業の社会的責任を果たすための「企業の社会的取り組み」として 6 つの活動をあげている[12]。

　このうち，マーケティング関連活動として，「コーズ・プロモーション」（社会的コーズに対して意識や関心を高める活動），「コーズ・リレイテッド・マーケティング」（売上の数パーセントを特定のコーズに対して寄付すること），「ソーシャル・マーケティング」（公共，公衆の健康，環境，社会福祉を改善しようとするキャンペーンの開発や実行を支援すること）を指摘し，数多くの企業の事例を紹介している。今日，社会的コーズへの支援・関与を求められる企業がそれらに対して戦略的アプローチを志向することで，事業の成功と CSR を両立する方法が模索されているのだといえる。

　このように，経営の実践活動の中で CSR を戦略的に取り込んで，一般公衆からのグッドウィルの獲得を目指すことが現代企業の長期発展に求められており，そのあり方は CSR マネジメントをめぐる大きな課題として位置し続けていくものと思われる。

2．CSR の収斂化とエンフォースメントのあり方

　本章では，CSR 論が主としてアメリカにおいて発展してきた経緯をいくつ

第2章 CSRの理論とその展開 35

かの理論的パースペクティブを紹介しながら眺めてきたが，各国間のCSRの相違を踏まえた考察も必要である。企業は国々の制度的環境に応じた特質をもち，アメリカ，欧州，日本，その他の諸国におけるCSRの固有的性格が，グローバル化の進展のなかで，どのように変化していくかも問題意識として重要である。その際，どの程度世界的にCSRの収斂化が進展していくかも意識する必要があろう。

この収斂化問題を考えていく上で，考慮すべきことは，各種機関が策定しているCSRをめぐる国際的な原則・ガイドライン（以下，CSR国際規格と呼ぶ）による影響である。詳しくは第3章において眺めるが，21世紀に入り，国際機関をはじめとする多様な主体が，数多くのCSR国際規格を発行してきた。近年は，数多くの規格間の内容面での整合性が確保されるようになり，企業行動の国際的規範として影響力を高める形で作用している。すなわち，グローバル企業は，各国の法律に対し，個々に対応するよりもむしろ国際的に通用する規範を尊重しようとする動きを強めており，そういう意味では世界企業のCSR対応はソフトローの影響という点から収斂化が進んでいるとみなすことが適当である。

そして，CSR国際規格はソフトローであるため，そのエンフォースメント（企業に遵守させる仕組み）は，どのような形式がとられるべきなのか，その仕組みをどのように考えるかが重要なテーマとなる。すなわち，CSR国際規格に対する企業の実行が問われるわけであるが，これに対しては，2つのアプローチを考慮する必要があり，ひとつはそれをどう企業の中で内部化し，浸透させていくかのプロセスについての「内部アプローチ」，もうひとつは，企業の責任を外部から追及する「外部アプローチ」がある。

外部アプローチについては，第1章でふれたように，株式市場をはじめとするさまざまな市場からの作用が企業に対して向けられており，外的作用が現代企業を規律づけることも確かである。たとえば，今日，企業が公表するCSR報告書の内容に対しても，外部機関によるモニタリングが進んでいる。開示情報の量と質に対して，スコアリングを行う動きも進展し，また第三者による保

36

証結果を掲げる企業も増えている。機関投資家の ESG 投資の拡大とともにこのような外部からの規律づけがますます影響力を持っていくはずである。

　また同時に，内部アプローチによる企業の能動的な対応も重視されていく必要があるであろう。企業の自主的な対応を促すアプローチも CSR のエンフォースメントを考えていく上で重要な位置にあると思われる。ここでは，内部化のアプローチの展開事例として，2010年に公表された国際標準化機構（ISO）による社会責任規格 ISO26000 の考え方を示しておこう。ISO26000 は，これまでの ISO14001 や ISO9000 と異なり，第三者認証を伴うマネジメント規格とならず，「ガイドライン規格」として発行された。その際，このガイドライン規格の信頼性は何によって保証されることになるのかが重要であり，そこでは，さまざまなステークホルダーとのコミュニケーションを志向するステークホルダー・エンゲージメントが重視されている。ステークホルダー・エンゲージメントは，企業側の自主的な態度を尊重するものであり，企業行動の結果は事後的に評価されていくことになる。すなわち，第三者によって認証を受ければよかったこれまでの規格と異なり，個々の組織がどのように社会的責任を果たしていくかを検討し，実践していくという自主的対応の必要性が高まってきている。その際，企業によるさまざまなステークホルダーとの関係構築能力が問われていくことはいうまでもない。

　このように CSR の規格化・標準化がさまざまな形式を通して進展するなかで，企業内外のアプローチによって，CSR 活動の内容が徐々に向上していくのだと考えられる。

第5節　おわりに

　本章では，CSR 論の流れを，20世紀初頭の大企業の出現にさかのぼり，その展開を跡付けて検討してきた。経営者の個人的な責任から，社会的な制度としての企業の責任がその権力の増大とともに発生していった経緯を説明した。また，そのような企業の社会的責任論についての議論が，今日，CSR 論とし

てより広い内容を含んだ形で行われるようになった。そして，現代企業が
CSR 活動に対して積極的なアプローチを志向していくべき論拠として，たと
えば企業の社会業績と財務業績との間に正の相関関係があることが実証研究の
結果からもある程度支持されることが示された。

　また今後の CSR 論の課題として，まず，事業活動を直接的・間接的に支援
する CSR のあり方を検討していく上でのアプローチを示そうと試みた。一
方，世界各国における多様な CSR 対策を前提すると，CSR についてのエン
フォースメントがどの程度企業側に課されていくべきかについての議論もまた
残された課題であろうと思われる。その場合，CSR のエンフォースメントは，
外的強制のみならず，企業の自主的対応を促すようなソフトなアプローチもま
た必要とされているように思われる。このあたりを第 3 章において明らかにし
ていく。

【注】

（1）エプスタイン，E.M.（2003）「経営学教育における企業倫理の領域：過去・現在・未
　　来」中村瑞穂編『企業倫理と企業統治―国際比較―』文眞堂を参照。
（2）岡本大輔・梅津光弘（2006）『企業評価＋企業倫理』慶應義塾大学出版会，第 5 章を
　　参照。
（3）エプスタイン，E.M.（1996）『企業倫理と経営社会政策過程』文眞堂を参照。
（4）田中信弘・木村有里編（2012）『ストーリーで学ぶマネジメント』文眞堂，1 〜 6
　　ページ（文載晧稿）を参照。
（5）Carroll, A. B.（1996）*Business & Society: Ethics and Stakeholder Management*, 3rd
　　ed., International Thomson. Carroll, A. B. & Buchholtz A. K.（2003）*Business & Soci-
　　ety: Ethics and Stakeholder Management*, 5th ed., South Western. を参照。
（6）例えば，実証研究の結果を紹介した著書として，岡本大輔・梅津光弘（2006）『企業
　　評価＋企業倫理』慶應義塾大学出版会，34~35ページ，岡本大輔（2014）「CSP-CFP 関
　　係再考―トップ・企業全体の CSR 取り組み状況」『三田商学研究』第56巻第 6 号を参照。
（7）谷本寛治（2006）『CSR ―企業と社会を考える』NTT 出版，101~103ページ。
（8）岡本大輔（2007）「企業の社会性と CSP―CFP 関係 ―ニューラルネットワークを用

いて」『三田商学研究』第50巻第3号を参照。

（9）2014年に発表した岡本の論文では，経営者や企業全体のCSR活動への取り組み具合として，CSR担当役員の有無や，CSR担当部署の規模に注目し，CSPとの関係を2004〜2011年にわたるデータを用いて分析した。それによれば，CSRへの人員投入を伴う積極的な取り組みは，短期的にはコストアップになりCFPにマイナスの影響を及ぼすものの，長期的に見れば，プラスに働くことを実証的に検証した。岡本（2014），前掲論文を参照。

（10）首藤恵・竹原均（2007）「企業の社会的責任とコーポレート・ガバナンス—非財務情報開示とステークホルダー・コミュニケーション」『早稲田大学ファイナンス総合研究所ワーキングペーパー』を参照。

（11）Suto, M. and H. Takehara（2016）"The link between corporate social performance and financial performance: Empirical evidence from Japanese firms," *International Journal of Corporate Strategy and Social Responsibility*, 1（1）.

（12）P. Kotler & N. Lee（2005）*Corporate Social Responsibility: Doing the Most Good for Your Company and Your Cause*, Wiley & Sons.（恩蔵直人監訳『社会的責任のマーケティング』東洋経済新報社，2007年）を参照。

【参考文献】

エプスタイン，E. M.（1996）『企業倫理と経営社会政策過程』文眞堂。

岡本大輔・梅津光弘（2006）『企業評価＋企業倫理』慶應義塾大学出版会。

田中信弘（2016）「CSRをめぐる理解《理論編》《実態編》」佐久間信夫編『よくわかる企業論（第2版）』ミネルヴァ書房。

谷本寛治（2006）『CSR—企業と社会を考える』NTT出版。

プラハラード，C.K.（2005）『ネクスト・マーケット—「貧困層」を「顧客」に変える次世代ビジネス戦略』英治出版。

Porter, M.E., Kramer, M.R.（2011）"Creating shared value", *Harvard Business Review*, vol.89.（邦訳「共通価値の戦略」『DIAMONDハーバード・ビジネス・レビュー』2011年6月号，ダイヤモンド社）

Porter, M. E., Kramer, Mark. R.（2006）"Strategy and Society: The Link Between Competitive Advantage and Corporate Social Responsibility," *Harvard Business Review*, vol.84.（邦訳「競争優位のCSR戦略」『DIAMONDハーバード・ビジネス・レビュー』2008年1月号，ダイヤモンド社）

第3章
ソフトローとしての CSR 国際規格の作用

第1節　はじめに

　近年における CSR の議論の拡がりは，現代企業に CSR をめぐる新しいうねりへの対処を必要とさせるようになった。その背景の一つとして，CSR をめぐる国際的な原則・ガイドラインである「CSR 国際規格」が数多く創設された影響がある。それらが企業行動の規範として作用し，企業の実践活動を促すとともに，その活動状況はさまざまなステークホルダーによってモニターされるようになった。ソフトローとしての CSR 国際規格は，法的拘束力を持たないが，現代企業はこれらを尊重していく必要性を意識しているものと考えられる。ここで，ソフトローとは「裁判所等の国家機関によるエンフォースメントが保証されていないにもかかわらず，企業や私人の行動を事実上拘束している規範」[1] として捉えておきたい。

　このような CSR 国際規格が企業経営にもたらす影響を考える上では，企業の情報開示を促した作用を具体的に考察することが必要である。今日，多くの大企業が CSR 報告書（サステナビリティ・レポート，環境報告書を含む）を発行し，内容面での工夫を施している [2]。CSR をめぐる情報開示を促進させたドライビング・フォースとして，国によっては法律による規定があるが，CSR 報告を行う上で数多くの企業が準拠しているのがさまざまな CSR 国際規格である。例えば，GRI（Global Reporting Initiative）のサステナビリティ・スタンダード（当初はガイドラインという名称）の創設により，企業がそれを自主的に活用す

40

る動きが拡がり，CSR 報告の上での世界的なフレームワークとなった。

　本章では，ハードローとソフトローにより要請される CSR の情報開示についての世界の趨勢を踏まえ，とりわけソフトローとしての CSR 国際規格の作用に注目する。ハードローのエンフォースメントは法の執行により担保されるが，ソフトローの場合はエンフォースメントの確保に工夫を要する。エンフォースメントとは，一般に法執行を意味し，法律などを実際に守らせるようにすることを指す。ここでは CSR 国際規格によるルール・規範の実効性の確保を意味するものとして用いたい。エンフォースメントの具体的な形式として重視されているのが情報開示による規律であり，その機能を考察する上で企業とステークホルダーのエンゲージメント活動に注目し，その現状と課題を明らかにしていく。

第 2 節　CSR をめぐるハードローとソフトローの動向

　近年，ハードローおよびソフトローにより CSR 情報の開示が促され，上場企業を中心に開示内容が拡充している。ハードローによる開示規制は欧州諸国において多く見られ，デンマークやイギリス，フランス[3] などで CSR 情報の法定開示が先行した。デンマークでは，2008年に改正された財務諸表法によって，2009年から大企業に対して，CSR の実践状況を毎年公表することが義務づけられた。公表すべき主要な項目は，① CSR に関する方針，②企業活動における CSR 方針の実践状況，③ CSR 実践に対する自己評価である。またイギリスでは，2006年会社法により「取締役報告書」（Director's Report）の作成を義務付け，取締役報告書の記載事項のうち，「事業報告」（Business Review）において，環境や社会に関する非財務情報の開示が要請された。さらに2013年には事業報告の内容を強化した「戦略報告書」（Strategic Report）を作成する報告枠組みが導入され，その中で，小規模企業を除き，戦略，ビジネスモデル，主要なリスク，環境，社会，従業員，コミュニティ，人権，ガバナンス等に関する重要情報を開示することが求められている。

EUでは，先行している加盟国の動向を注視しつつ，2014年9月には非財務情報の開示を義務付ける指令（Directive）[4][5] が採択された。それにより，上場企業等[6] は社会面，従業員に関連する事項，人権の尊重，環境，腐敗防止に関する方針，実績，主要なリスクについての開示が義務付けられた。それらの事項に関する年次の報告を行わない場合はその理由を説明する必要がある。同指令に基づく該当企業の年次報告は2018年度から始まっている。また，同指令ではあわせて，取締役会構成員の年齢，性別，学歴，職歴などに関するダイバーシティ方針に関する記述が義務付けられた。

一方，アメリカにおけるハードローの動向として特筆できるのは，日本企業にも電機・電子産業をはじめ重大な影響を与えた紛争鉱物開示規制である。2010年7月に成立した金融規制改革法（ドッド・フランク法）の第1502条において，アメリカに上場している企業で，コンゴ民主共和国（DRC）及び周辺国産の紛争鉱物を必要とする者に対し，その使用についてSEC（米証券取引委員会）へ報告することが義務づけられた。同条項の目的は，1996年以来国内紛争が絶えないコンゴ民主共和国の武装集団の資金源を絶つことであるとされる[7]。金融規制改革法に根拠を持つ開示規制が，グローバル企業のサプライチェーンにおけるいわばCSR調達を精査させるところとなった。コンフリクト・フリーである原材料調達の証明に際して，開示のための作業手順として，デュー・ディリジェンスの考え方もCSRの世界に入り込んでいった。

次に，ソフトローについては，概ね2000年代以降，数多くのCSR国際規格が創設され，企業に対する影響を強める形で作用するようになった。たとえば，国連グローバル・コンパクト，OECD多国籍企業ガイドライン，ISO26000など，それぞれのエンフォースメントの形式は異なるが，多くのCSR国際規格は企業のCSR活動の実践についての情報開示を求めるものである。また近年は，CSR国際規格間での連携も進み，内容面での整合性も図られたこともあり[8]，世界のグローバル企業がCSR国際規格を尊重し，その活用に取り組むようになった[9]。EUでは一定規模以上の企業に対して，上記3つのCSR国際規格のうち少なくとも一つにコミットしていく方向性が政策

として示され，企業の対応状況をモニターしていくことが欧州委員会により表明されている[10]。

　また，コーポレート・ガバナンスの領域において，近年，多くの国々で，コーポレートガバナンス・コードやスチュワードシップ・コードを策定する動きが起こった。これらガバナンス・コードは，一律に企業を規制する形式でなく，定められた原則に対して，「コンプライ・オア・エクスプレイン」（原則を実施するか，実施しない場合には，その理由を説明するか）の手法が採用されている。日本のスチュワードシップ・コードにおいては，投資先企業の状況の的確な把握にあたって，経営戦略および ESG（環境・社会・ガバナンス）を含む諸課題について，「建設的な対話」（エンゲージメント）を通じた中長期的な投資リターンの拡大を図る責任が強調されている。

　さらに，会計の領域からは，財務情報に加えて，（CSR 情報を含めた）非財務情報を統合して開示する「統合報告」をめぐる開示フレームワークに関する議論として，IIRC（International Integrated Reporting Council）による国際統合報告フレームワークがあり，統合報告に対する企業サイドの取り組みも活発化している。

　以上，ハードローとソフトローにより，企業に要請される CSR 情報の開示が拡充しているのが近年の状況である。また，そのような情報開示の要請に対しては，積極的な対応を行なう先端企業もあるが，一方で全体としてみると開示内容が形式化しているともいわれ，その点からは CSR 情報を促す開示フレームワークの有効性を詳細に検討する作業が求められている。ここでは，ソフトローとしての CSR 国際規格に注目し，数多くの規格を全体的に眺めながら，個々の具体的な規格の実情にもふれつつ，企業経営に及ぼしている作用を明らかにしていこう。

第 3 節　CSR 国際規格の類型とそのエンフォースメント

　2000年以降，数多くの CSR 国際規格が登場してきたが，それらを全体とし

第3章　ソフトローとしての CSR 国際規格の作用　43

図表 3-1　主要な CSR 国際規格とその類型

エンフォースメント類型	CSR 国際規格	概要
認証型規格	ISO14000シリーズ	基本となる ISO14001は「環境マネジメントシステム」の国際規格。認定機関による認証を取得することが必要（1996年発行，2015年改訂）。
	SA8000	米国の NGO である SAI（Social Accountability International）による労働 CSR についての認証規格（1997年に策定）。独立の認証機関が SA8000に示された基準を評価する仕組みを備える。
	フェアトレード認証ラベル	国際フェアトレード機構（Fairtrade International：FI）による認証。FI は1997年に各国にあるフェアトレード・ラベル運動組織がまとまり設立された。
	RSPO 認証	世界自然保護基金（WWF）を含む関係団体が中心となり2004年に「持続可能なパーム油のための円卓会議」（Roundtable on Sustainable Palm Oil: RSPO）が設立され，認証制度を通じて，環境や社会に配慮して生産されたパーム油の調達を企業に対し誘導する規格。
社名公表型規格	国連グローバルコンパクト	国連事務総長であったコフィー・アナンによる提唱。「人権・労働・環境・腐敗防止」の10原則に対し，CEO 署名による自主的な参加（2000年発行）。
	OECD 多国籍企業行動指針	多国籍企業に対するガイドライン。違反企業の申し立て機能があり，参加国は窓口（NCP）を設置し，解決に努める（1976年発行，2000年，2011年改訂）。
	CDP	2000年にイギリスの機関投資家を中心とする NGO により発足。2003年以降，グローバル企業に対し，気候変動等に関するアンケート状の送付を開始。未提出企業は，社名が公表される。
	国連 PRI	2006年，国連が提唱し，機関投資家の意思決定プロセスに ESG 課題を反映させるべきとした原則。責任投資原則（Principles for Responsible Investment：PRI）は 6 つの原則からなり，35の行動が示されている。
ガイドライン型規格	ISO26000	ISO（国際標準化機構）による組織の社会的責任（SR）に関するガイドライン。世界99か国の参加による討議を経て，2010年に発行した。
	GRIスタンダード	CSR 報告に関する国際的なガイドライン。1997年，セリーズ（CERES）が国連環境計画等の協力を得て活動開始。2013年には第 4 版（G 4 ）を発行。
	AA1000シリーズ	英国 Accountability による支援ツール。ステークホルダー・エンゲージメントを基本とした規格。AA1000AS は CSR 報告の保証基準。
	国連ビジネスと人権の指導原則	国連事務総長特別代表のジョン・ラギー氏が策定し，2011年に国連人権理事会により決議された原則。「保護，尊重，救済」の枠組みであり，企業の人権尊重責任が規定される。

出所：筆者作成。

44

て眺める視座として，どのようなエンフォースメントの仕組みを有するかという観点から，それぞれの形式を三つに分類しよう[11]。

第一の「認証型規格」は，審査機関による第三者認証が行われるもので，環境マネジメントシステムの認証規格として有名な ISO14001，労働分野の CSR 認証規格である SA8000，国際フェトレード機構 (Fairtrade International) による国際フェアトレード認証ラベル，食品や日用品の原料として使用されるパーム油の RSPO 認証などがあげられる。今日，非常に多くの認証規格が創設されているのが現状であり，認証の方式はさまざまである。企業の立場からは，認証を得ることで公正な企業行動を志向する姿勢を示すものとして認証規格の活用が重視されるようになった。

第二の「社名公表型規格」は，国連グローバル・コンパクトや国連責任投資原則 (UN Principle for Responsible Investment：以下，PRI)，OECD 多国籍企業ガイドラインのように，社名公表 (name & shame) によるエンフォースメントの仕組みが内在されているものである。国連グローバル・コンパクトや PRI は，参加企業に対して毎年の報告書の提出義務を課しており，提出がない場合，企業名が公表される措置が講じられる[12]。OECD 多国籍企業ガイドラインは，OECD 加盟国等の参加国において窓口 (National Contact Point：NCP) が設置され，ガイドラインに反した行動をとる企業を窓口に提訴することができる[13]。政府機関等により構成される NCP は，斡旋を主導する責務を有し，提訴された企業が講じた対応は NCP が公表するステートメントに記載されることになる。また後述する CDP も，質問状に対する未回答企業は社名が公表されるというサンクションがあり，この類型に属するものである。

第三の「ガイドライン型規格」は，とくにエンフォースメントは課されず，自主的に活用する企業の姿勢に依拠する規格である。CSR 報告を行う上での国際的なフレームワークとして多くの企業が準拠ないし参照しているのが GRI のサステナビリティ・スタンダードや ISO26000，AA1000シリーズなどである。これらの規格は第三者認証等を要しないガイドラインであり，今日，参照企業数の増加とともに CSR 活動および CSR 報告書を作成する上での世界の標

準になっている。ガイドライン型規格が意図するのは，各社の活動状況についての情報開示がさまざまなステークホルダーによって監視されるという前提に立つものであり，モニターの担い手としてその役割が期待されるものである。国連が2011年に創設したビジネスと人権に関する指導原則もまた企業が自主的に活用を図るガイドラインであるが，国別行動計画（NAP）が策定される動きがあり，企業に対して同原則の適用が推奨されているのが近年の状況である。

　以上の類型から，認証型規格については，審査機関による公正な評価体制に基づく結果を取引先企業や消費者が判断する際に用いられる。一方，社名公表型規格とガイドライン型規格は，企業の対応状況についての社名公表や企業の活動状況についての情報開示をさまざまなステークホルダーがモニターし，それを評価していく必要がある。そういう意味では，どのようなステークホルダーが企業の情報開示を精査して活用する主体であるのかが重要である。この面での具体的なステークホルダーとしてあげるべきは，次の2つであろう。一つは，ESG 情報を投資評価に組み込んでいる機関投資家，もう一つは，人権や環境の領域における不適切な企業行動を監視する NGO であり，今日，彼らが企業行動をモニターする上で重要な役割を担う存在となっている。そして，当然のことながら，開示情報の受け手としての彼らの能力（キャパシティ）が企業への監視効力を決めることになる。

　このように，ソフトローとしての CSR 国際規格は法的拘束力を持たないが，そのエンフォースメントにおいて重要な役割を果たすのは，企業を取り巻くステークホルダーによる監視である。とりわけ，企業側の情報開示内容をめぐり，企業とステークホルダーの間で展開されるようになったステークホルダー・エンゲージメントの実態や課題を具体的に眺めることが重要課題となると考えられる。したがって，ステークホルダー・エンゲージメントの機能を，具体的事例を分析することから評価することが必要である。そのような作業を経ることで，個々の CSR 国際規格の有効性が判断されることになるであろう。

第4節　ステークホルダー・エンゲージメントの事例考察

　ここでは，まずステークホルダー・エンゲージメントの意味を明らかにした上で，具体的な事例考察を行う。ステークホルダー・エンゲージメントとは，ステークホルダーの関心事項を理解し，企業活動や意思決定に反映する取り組みを意味する。エンゲージメントは，企業とステークホルダーの双方向の関係管理として理解されており，ステークホルダー側によるエンゲージメント活動としては，株主やNGOなどが企業に要望を伝えて改善を期待する活動があげられる。一方，企業側によるエンゲージメント活動は，ステークホルダーに自社の活動を理解してもらう取組みであり，ステークホルダー・ダイアログ（対話）はその一つの形態である。ISO26000では，ステークホルダー・エンゲージメントが組織の社会的責任（SR）の取組みの中心であると捉えている。

　このような企業とステークホルダーとの最適な関係構築のためのエンゲージメントの考え方は，次のように変化してきている。すなわち，企業とステークホルダーが双方向のコミュニケーションを通じて相互理解を促進する段階から，それを超えて解決すべき課題（エンゲージメント・アジェンダ）を設定した上で企業価値向上に向けた課題解決について議論し，緊密な関係を維持しながら結果を出していくものとして捉えられるようになった。

　また，エンゲージメント活動を行うには，課題解決のための行動を実践し，その結果をCSR報告書等で開示していく責務が発生していることである。そして，開示された情報をモニターするステークホルダーとして，株主・投資家やNGOのモニターとしての役割が期待され，実際にエンゲージメント活動が展開されている。

　まず，株主・投資家に対しては，財務情報を中心とする一連の法定開示の要請があるが，一方でIR活動において株主の要望を把握し，その対策を講じていくことが企業価値を向上させる意味でも重要である。その際，長期的な企業評価を行う上では，CSR情報を含む非財務情報の分析が重要視されるように

なり，現在，その面での開示フレームワークの構築も進められている。つぎに，NGO の活動として，今日，環境や人権の領域での活動の進展がみられるが，企業活動の監視を通じて，さまざまなタイプのエンゲージメントを実践している。ここでは，それらの具体的な事例を紹介したい。

1．企業と投資家のエンゲージメント

　機関投資家に関係する CSR 国際規格として，国連の PRI を取り上げよう。PRI は2006年，コフィー・アナン前国連事務総長が金融業界に対して提唱したイニシアチブで，機関投資家の意思決定プロセスに ESG 課題を組み込むことを要請するものである。したがって，PRI の対象は機関投資家であり，PRI への署名による参加のもと，PRI 原則に対する活動報告が要請されている。かりに報告義務を怠ると，PRI より除名され，機関名が公表される仕組みを採用している。

　このように，報告を主体とする形式により，法的拘束力を有しないイニシアチブでありながら，参加する機関投資家の数は増加し，2018年には世界で2000社を超えた。日本では2015年9月に年金積立金管理運用独立行政法人（GPIF）が署名したこともあり，年金基金や運用会社の署名参加が近年増加した。ESG 投資という用語の定着は，この PRI によって主導されたところが大きく，機関投資家はガバナンスとともに，環境や社会についての投資評価の推進を意識するようになり，PRI は世界の機関投資家が準拠すべき中心的な行動規範となった。

図表 3-2　国連 PRI の 6 原則

私たちは，
1　投資分析と意志決定のプロセスに ESG の課題を組み込みます。
2　活動的な（株式）所有者になり，（株式の）所有方針と（株式の）所有慣習に ESG 問題を組み入れます。
3　投資対象の主体に対して ESG の課題について適切な開示を求めます。
4　資産運用業界において本原則が受け入れられ，実行に移されるように働きかけを行います。
5　本原則を実行する際の効果を高めるために，協働します。
6　本原則の実行に関する活動状況や進捗状況に関して報告します。

出所：PRI 日本語版。

PRI の近年の行動を紹介しておくと，CDP との連携による機関投資家の集団的（collective）エンゲージメントの展開事例がある（2010-13年）。CDP は2000年にイギリスの機関投資家を中心とする NGO により創設され，2003年より世界のグローバル企業に対し，気候変動等に関するアンケートの送付を始め，次第にその回答状況が注目されるようになったイニシアチブである。CDP は，PRI のエンゲージメント・プラットフォーム（Engagement Platform）と呼ばれるスキームを活用し，数多くの機関投資家の賛同を得る形で集団的エンゲージメントを展開させた。具体的には，PRI 事務局が CDP スコアの低い（開示が消極的）企業に対するエンゲージメントを展開し，それら企業の CDP 質問表回答率の改善を促したのである。このような事例からは，今日の機関投資家が集団的エンゲージメントを重視し，それを活用する姿勢が理解できよう[14]。

以上の CDP の事例は，企業の環境情報開示を促すものであるが，今日，労働関係の企業対応を促すスキームとして国連ビジネスと人権に関する指導原則もまた法的拘束力のないソフトローでありながら，とりわけグローバル企業が対応を迫られる重要なイニシアチブとなった。この指導原則をめぐっては，2017年3月に機関投資家が「企業人権ベンチマーク」（Corporate Human Rights Benchmark：CHRB）のパイロット版を公表しており，今後，サプライチェーンまで含めた企業の人権課題への取り組みを促進させる必要性が強まっていくことが予想される。このように，機関投資家の投資評価の中に「人権」という要素が入り込んできていることをここでは強調しておきたい。

2．企業と NGO のエンゲージメント

企業と NGO のエンゲージメントの事例として，近年，展開された多国籍企業ネスレと国際環境保護団体グリーンピースのパーム油（チョコレートの原材料）の仕入れをめぐる対応を取り上げよう[15]。

ネスレの人気商品「キットカット」の主原料として使われるパーム油の調達先企業が再三にわたり，インドネシアの熱帯雨林を破壊し，アブラヤシ農園を開発し，批判を受けている業者だった。2010年，ネスレの環境活動を批判のターゲッ

第3章　ソフトローとしてのCSR国際規格の作用　49

トとしたグリーンピースは，熱帯雨林の保護と絶滅危惧種オランウータン等の希少動物の保護のために，ソーシャルメディアを使った世界的な抗議活動を展開する。彼らが製作した動画（キットカットを取り出して食べた会社員が中身にオランウータンの指があることに気づく）はYouTubeで広く拡散され，消費者のネスレに対する反感が起こった。

　ネスレ側の当初の対応は，YouTubeに対し，著作権の侵害を理由に動画を削除させる抑圧的なコミュニケーション戦術だった。この対応はますます社会からのネスレへの反感を高める結果となって，対応のあり方を修正せざるを得ないことに気づくようになった。すなわち，オープンな姿勢でこの問題の解決に取り組む方法を検討し，問題の根源を是正していくエンゲージメント活動を展開するように方向転換を行ったのである。具体的には，問題のある業者との取引を止め，さらに「森林伐採ゼロ」の原則を公表し，同社の取り組みのモニタリング役として，NGOのフォレスト・トラストと提携した。そして，2013年9月までに調達するすべてのパーム油をRSPO（持続可能なパーム油のための円卓会議）の認証のものに変更する方針を掲げた。グリーンピースはこのようなネスレの対応姿勢に対し，同社が掲げた原則と持続可能なパーム油調達の努力を高く評価した。

　この抗議キャンペーンがわずか10週間という短い期間で終息できたことは，ネスレの過去の行動の失敗経験からの学習でもある。過去に乳幼児用粉ミルクの危険性を指摘したグリーンピースの抗議キャンペーンが10年にわたるものとなっていたからである。また，ユニリーバ，クラフト，バーガーキングなど世界的な企業もパーム油の調達方針を転換し，ついに2011年には，問題を起こしたインドネシアのパーム油生産部門の企業が，森林破壊をこれ以上行わない新しい方針を発表した。

　NGOには，活動方法をめぐりいくつかのタイプがある。グリーンピースは，政府や企業から資金援助を受けず，世界中にある各支部と約300万人の個人サポーターと協力しながら，独立したキャンペーン活動を展開する。すなわち，グリーンピースは問題を世間に露出させ，社会の関心をそこに仕向けようとするアクティビスト型の戦術をとるNGOである。一方，社会課題をめぐり，企業や政府

50

とともに具体的な解決策を手がけるコラボレーション型の NGO もある。いずれにせよ，企業側としては，それら NGO とのエンゲージメントを有効に行い，さまざまな問題の解決を志向し，事業活動に役立てる姿勢が求められるのである。

第5節　おわりに

　本章では，CSR 情報開示に関するハードローとソフトローの世界動向を眺め，とりわけソフトローとしての CSR 国際規格を全体として把握するための類型を提示した。そして，主として情報開示を促す CSR 国際規格に注目し，企業とステークホルダーの間で展開されているステークホルダー・エンゲージメントの機能を検討した。具体的には，ステークホルダーとして，株主・投資家と NGO に注目し，具体的な事例を紹介し，考察を行った。

　ソフトローによる情報開示規制の意義については次のように考えられる。情報開示によるエンフォースメントの要請は，企業行動を直接的にコントロールするものではないが，適正な企業行動に導く可能性を示唆している。その際，重要なのは，企業により開示された情報がさまざまなステークホルダーによっていかに活用されるかが問われることである。本章では，株主・投資家と NGO というステークホルダーを検討したが，さまざまなステークホルダー間の連携を含めた社会の側の作用が企業情報開示の意義や有効性を問う上での要であり，社会の側のモニタリング能力の向上がこれからの企業と社会の関係を考えていく上での重要課題である。本章において，CSR 報告およびエンゲージメント活動の重要性を問うた意義はこのようなところに視点があることを強調しておきたい。

【注】

（1）中山信弘・藤田友敬編（2008）『ソフトローの基礎理論』有斐閣を参照。

（2）KPMG の2017年の調査によれば，世界大手4,900社のサステナビリティ報告書発行率は，前回2015年の73% から75% に上昇した。『KPMG による CSR 報告書調査2017』（日

本語版）を参照。

（３）フランスでは，2001年の新経済規制法で上場会社における取締役会の年次報告での環境・社会情報の記載が義務付けられた。また2010年のグルネル２法で，従業員500人以上の企業（規模等に応じて段階的に適用）にCSR情報開示を要求している。

（４）EUの指令は，加盟国がおおむね２年以内に指令の内容が反映される形で各国が法制化を行わなければならない。同指令については，CSRをめぐる議論がマルチステークホルダー・フォーラムにおいて長く行われ，このような形式が採用されることになった。このあたりの経緯については，田中信弘（2016）「EUにおける在欧日系ビジネス協議会（JBCE）のロビー活動〜CSR委員会の活動を中心に」『杏林社会科学研究』第31巻４号を参照。

（５）EU法は第１次法と第２次法に分類される。第１次法はEUを基礎付ける条約であり，第２次法は条約に法的根拠をもち，そこから派生する法であり，適用範囲と法的拘束力の強弱によって，規則（regulation），指令（directive），決定（decision）の３種類があり，さらに法的拘束力をもたない勧告（recommendation）と意見（opinion）がある。

（６）従業員500人以上のPIEs（Public Interest Entities：上場企業や銀行，保険会社，事業や規模の特性上，公益と深い関わりがある企業など，社会への影響力が大きい事業体）に適用される。EU域内の約6000社が対象とされる。

（７）報告に関する具体的な手続き等を定める規則はSECが策定することとされていたが，2012年８月にSECの公開会議にて過半数（賛成３：反対２）で採択された。

（８）たとえば，国連ビジネスと人権の指導原則は，多くのCSR国際規格との間で覚書（MoU）が締結されている。

（９）グローバル企業としては，多様な各国法制に個別対応するよりも望ましいともいえる。

（10）欧州委員会による2011-14年のアクションプランについては，European Commission（2011）*A renewed EU strategy 2011-14 for Corporate Social Responsibility.* を参照。

（11）３つの類型については，田中信弘（2015）「三方よしのためのCSR報告」水尾順一・田中宏司編『三方よしに学ぶ，人に好かれる会社』サンライズ出版などに示した。

（12）一方で，企業の取り組み状況を積極的に評価する仕組みである「国連グローバル・コンパクト・リード企業」を認定基準に基づき，公表する仕組みを近年導入している。

（13）多国籍企業の操業国（host country）において，NCPがない場合，本国（home country）のNCPに訴えることができる点がOECD多国籍企業ガイドラインの一つの特徴である。

（14）PRIとCDPについての検討は，田中信弘（2017）「ソフトローとしてのCSR国際規

格の有効性に関する分析フレームワーク試論—CDP によるエンフォースメントとエンゲージメントの検討」『日本経営倫理学会誌』第24号を参照。

(15) スティーブン・D. ラパポート（2012）『リッスン・ファースト！—ソーシャルリスニングの教科書』翔泳社, 196〜198ページ。

【参考文献】

越智信仁（2015）『持続可能性とイノベーションの統合報告—非財務情報開示のダイナミクスと信頼性』日本評論社。

佐久間信夫編（2016）『よくわかる企業論（第2版）』ミネルヴァ書房。

田中信弘（2017）「ソフトローとしての CSR 国際規格の有効性に関する分析フレームワーク試論—CDP によるエンフォースメントとエンゲージメントの検討」『日本経営倫理学会誌』第24号。

田中信弘（2017）「外部監視とコーポレート・ガバナンス（イギリス）」佐久間信夫編『コーポレート・ガバナンス改革の国際比較』ミネルヴァ書房。

田中信弘（2016）「EU における在欧日系ビジネス協議会（JBCE）のロビー活動〜 CSR 委員会の活動を中心に」『杏林社会科学研究』第31巻4号。

田中信弘（2015）「三方よしのための CSR 報告」水尾順一・田中宏司編『三方よしに学ぶ, 人に好かれる会社』サンライズ出版。

中山信弘・藤田友敬編（2008）『ソフトローの基礎理論』有斐閣。

ヘンリクス, A.・リチャードソン, J. 編（2007）『トリプルボトムライン—3つの決算は統合できるか？』創成社。

ボーゲル, D.（2010）『企業の社会的責任（CSR）の徹底研究—利益の追求と美徳のバランス　その事例による検証』一灯舎。

ラギー, J.（2014）『正しいビジネス—世界が取り組む「多国籍企業と人権」の課題』岩波書店。

Rasche, A., Morsing, M., Moon, J. (2017) *Corporate Social Responsibility: Strategy, Communication, Governance*, Cambridge University Press.

第 **4** 章

企業の社会貢献

第1節　はじめに

　企業は，最初は資本家によって利潤追求の手段として設立されるが，その後規模が拡大し，様々なステークホルダーと密な関係を築いていくにつれて，社会的な存在としての性格を強めていく。企業は成長するにつれて社会との良好な関係を築かなければその存続すら難しくなり，一方でその影響力の増大ゆえに社会からの期待や監視の目も強くなっていく。

　また，所有の面でも，経済発展が進んで社会が豊かになり，人々の所得や資産が増えるにつれて，多数の市民の資産を運用する機関投資家が，企業の主な所有主体となる。この過程で，企業の経済主体としての成長は個人的利潤追求よりも社会的責任としての性格を強くしていく。これと同時に，所有者に対する責任の観点からも企業はその活動において幅広いステークホルダーに対する影響に配慮せざるを得なくなる。

　このような過程を経て成長した今日の企業は，大企業を中心に社会を形成し，またその形成に責任を負う「企業市民（corporate citizenship）」としての性格を強めている。利潤追求や法令等遵守，社会常識に反しない行動などが重要であることは言うまでもないが，これらに加えて寄付などの社会貢献事業に取り組むこともまた市民としての責任の1つである。実際に，その市民としての責任を果たそうと，市民としての最も高次な責任である社会貢献活動に積極的に取り組む企業は少なくない。本章では，企業の社会貢献について，検討する。

第2節　企業の社会貢献の歴史

1．アメリカにおける企業の社会貢献の歴史

　社会貢献活動は宗教上奨励されていることも多く，世界各地で古くから行われてきた。しかしながら，丹下（1994）は，個人ではなく，企業による社会貢献活動が初めて本格的に展開されるようになったのはアメリカにおいてであるとする。本項では，丹下（1994）に依拠して，アメリカにおける企業の社会貢献活動の歴史を確認する[1]。

　アメリカにおける社会貢献活動の起源は，17世紀初頭の植民地開拓の頃にさかのぼる。未開の地であったアメリカで移民たちがコミュニティーを形成し，開拓・植民を進めていくためには，互助の精神をもつとともに，これを実践することが求められた。

　その後，大陸横断鉄道の開通や技術革新，工業化の進展などにより，生産力の向上，巨大市場の形成，物流・貯蔵技術の向上などが進み，大企業の誕生などがみられた19世紀になると，富の追求と密接な関係をもつ個人主義が台頭するようになる。そして，個人主義の過度の強調による社会秩序の崩壊を抑制する上でも，社会貢献活動は重要な意味を帯びるようになった。経済発展とともに，社会貢献活動の中心的主体も商人や大農園主から自らの資材を投じて生産活動を行う企業家へと移行していった。

　そして，これらの企業家による社会貢献活動の性格は，従来の博愛的な「慈善あるいは施し（charity）」とは異なり，社会に貢献するものであるか否かを重視するものであった。言い換えれば，企業家の社会貢献活動は，社会に貢献しうる者への支援という性格が強く，無差別に行う博愛的活動とは性格が大きく異なるものであった。能力や意欲のない者への施しはむしろ社会にとって不利益であり，お金の無駄遣いとまでみなされていた。このような思想からは，自らの境遇やその変革が個人の責任に帰するところが大きいとする個人主義の影響が伺える。

第4章　企業の社会貢献　55

　19世紀末には，企業による慈善団体への資金援助もみられるようになるが，当時のアメリカには，企業による社会貢献活動の普及を妨げていた制約要因が存在した。まず，アメリカでは，1936年まで，企業が行う寄付には税額控除が認められていなかった。また，企業の寄付は，社会の発展へとつながり，周りめぐって企業の利益にもつながるとの見解も存在したが，一方で，企業の利益は株主に分配あるいは再投資されるべきものであり，企業の利益から拠出される企業寄付は望ましくないとの見方も長らく強かった。この背景には，大企業の出現に伴う所有と経営の分離の進展の中で，専門経営者が企業寄付を行うことが，所有者，すなわち他人のお金を勝手に寄付に回すという性格を帯びるようになってきたこともあった。

　20世紀以降，アメリカを中心に世界各地で企業は大規模化が進み，その社会的影響力もますます増大している。企業寄付の税額控除は1936年に認められ，そして1953年には企業寄付の正当性も最高裁判決で法的に認められたことを受け，アメリカでは企業寄付が普及するようになる。冷戦の終結を受け，アメリカを中心としたグローバル化が進む中で，多国籍企業の活動規模はさらに拡大し，中には売上額が国家のGDPを上回るまでに成長を遂げた企業もある。1993年にアメリカで経済が国の安全保障に直結するとの観点からアメリカ合衆国国家経済会議（National Economic Council）が設立されるなど，今日の企業は人間社会の要であり，このことを無視して企業経営は長期的なものとはなりえない。企業の社会に対して負う責任の概念も進化し，企業市民の考え方の下，今日企業はそのほかの市民同様，市民として社会に責任を負う主体と認識されている。大企業を中心に企業自身もその社会的責任の大なることを自覚し，積極的に社会貢献活動に取り組むケースがもはや一般的となっている。

2．日本における企業の社会貢献の歴史

　日本で会社制度が本格的に普及するようになったのは明治（1868年～）以降であり，「株式会社」を社名に付した会社が普及するのも1890年（明治23年）の旧商法の制定以降である[2]。だが，日本には明治以前から，個人企業という

形で多くの企業が存在し，そしてこれらの企業は経営理念として社会（世間）への貢献を掲げ，またこれを実践してきた。なお，「社会（society）」とは，自立した個人や責任を持った個人によって形成され，明治以降日本に紹介された概念であり，それ以前に日本で古くからあった「世間」には地縁や血縁などの既存のもの，所与のものといった意味合いがある[3]。

　江戸時代に現在の滋賀県にあたる近江を拠点に活躍した近江商人は，今日「三方よし」として知られる哲学をもって商いを展開していた。「三方よし」とは「売り手よし」,「買い手よし」,「世間よし」のことを指し，これら3つの主体，今日でいうところのステークホルダーの利益に配慮して商いを行うことを指す。また，身分制度の下で商人の社会的地位が低い中で，商人は自らの社会的正当性を確保すべく努める必要があった。このような中で，江戸時代の商家の間では，自己中心的な利益の追求が厳しく戒められると同時に，社会貢献を義務とする家訓が拡がっていた。

　このような社会的背景と経営理念を持つ江戸時代の商人たちは，積極的に社会貢献活動を行っていた。以下は，近江商人の例である[4]。豪商中井家の中井正治右衛門武成は，琵琶湖から唯一流出する瀬田川に架かる瀬田唐橋の架け替え事業への寄付をはじめ，生涯で計79件，計8,678両もの寄付を行っている。また，幕末の江戸城無血開城の立役者として知られる勝海舟がその社会貢献への姿勢を讃嘆した商人に，株式会社ツカモトコーポレーションの創業者一族（2代目）である塚本定次・正之兄弟がいる。塚本兄弟は，治山治水事業に多額の寄付を行い，山梨県にはその功績を讃え「塚本山」と命名された山もある。

　このように日本企業は古くからステークホルダーとの共存共栄を図ってきたわけであるが，今日の企業には世間という狭い範囲ではなく，地球環境や人権問題などより幅広い分野・領域ならびに社会全体へと開かれた社会貢献活動が求められている。このような今日の意味での社会貢献が広まったのは，日米貿易摩擦の問題が深刻化した1980年代後半以降であるといわれる[5]。貿易摩擦の深刻化を受けて，日本企業はアメリカ現地での生産活動に積極的に取り組むようになったが，当時のアメリカでの日本に対する批判は強かった。このよう

な中で，在米日本企業は，アメリカ社会で受け入れてもらうための手段として
社会貢献活動に注目するようになり，日本へも導入されるようになったとい
う。

　1990年には，日本経済団体連合会（以下，経団連，当時は経済団体連合会）が，
1％（ワンパーセント）クラブを設立している[6]。1％クラブは，経常利益あ
るいは可処分所得の1％以上を社会貢献活動に拠出することを活動の趣旨と
した団体である。海外で行われている利益や所得の1～3％程度を拠出する，
いわゆる「パーセントクラブ」の取り組みを日本に導入する形で発足した。
1990年の発足時に176社であった法人会員数は，2016年8月時点で227社にまで
増え，個人会員も854人に上る。1％クラブは，企業の社会貢献活動に関する
調査や情報発信，被災地支援などを行っている。

第3節　企業の社会貢献活動の推進力・制度

1．ステークホルダーからの圧力

　企業は社会の中で活動を展開する社会的存在であり，それゆえに企業は社会
の変化に適切に対応しなければ，存続していくことは困難である。1990年代以
降，アメリカを中心としたグローバル化が進む中で，株主利益重視，経営効率
重視といった企業経営が世界中で浸透していった。しかしながら，その一方
で，地球環境問題やグローバルに事業を展開する多国籍企業の経営倫理・社会
的責任など，国家を超えて全人類が協力して取り組まなければ解決が困難な問
題がますます深刻化している。さらに，2000年代にアメリカにおいて大規模な
企業不祥事が相次いだことで，そのステークホルダーに対する悪影響の大きさ
から，経済主体としての側面ばかりを重視する経営方針に対する疑念が世界各
地へと広がっている。このような中で，近年，社会的課題との調和の中で経済
成長を図ろうとする持続可能な成長が，世界の経済活動方針の主流となってき
ている。

　このような動きは，企業の社会貢献活動に対しても影響を及ぼしている。

2015年には、「持続可能な開発目標」（Sustainable Development Goals：SDGs）が、150人超が参加した国際連合（以下，国連）のサミットにおいて全会一致で採択された。これは，2030年までの達成を目指した全17の目標で構成され，全ての人，国，ステークホルダーがその達成に向けて取り組むことが掲げられている。そこでは，社会，経済，環境というテーマはそれぞれ不可分なものであり，これらの課題に対しては，統合的に取り組むべきであることが掲げられている(7)。

SDGsの採択を受けて，企業はこれを意識した活動を展開し始めている。経団連は，毎年同会員企業および1％クラブ会員企業を対象に，社会貢献活動状況を調査し，結果を公表している。2017年度の調査（調査対象企業：1,380社）によれば，2016年度時点で（回答企業数343社，回答率24.9％）既に，73％の企業が社会貢献活動を推進していく上で，「SDGsの考え方を取り入れている，あるいは取り入れる予定」と回答している（図表4−1）。

もっとも，SDGsは経済活動と社会貢献活動を別個にとらえるものではない

図表4−1　社会貢献活動の推進におけるSDGsの考え方の取入れ状況（複数回答）

（左：社数，右：構成比　※分母…355社）

取り入れている・取り入れる予定	259社	73%
取り入れていない	91社	26%
未回答	5社	1 %

	実施している		実施する予定	
既存の社会貢献活動プログラムをSDGsの視点で整理・見直し	95社	27%	103社	29%
中長期的な活動方針への反映	91社	26%	84社	24%
ビジネスとしてSDGsの扱いを重視	77社	22%	69社	19%
社会的インパクトの観点を重視	72社	20%	48社	14%
SDGsに関連する新規プログラムの実施・検討	42社	12%	69社	19%
その他	19社	5 %	2 社	1 %

出所：日本経済団体連合会・1％クラブ（2017）『2016年度　社会貢献活動実績調査結果』
　　　http://www.keidanren.or.jp/policy/2017/091_honbun.pdf#page=24, 2018年4月30日アクセス，
　　　25ページ。

ため，それゆえに企業は従来の社会貢献活動に加えて，その事業活動において
も社会的意義を考慮しなければならない。このような中で，会社全体としては
事業活動に直結した，「環境」，「労務」，「生産者責任」，「技術革新」といった
分野を重視し，その一方で社会貢献活動においては事業活動に直結しないが従
来積極的に取り組んできた「教育の質」や「健康・福祉」といった分野を重視
することで，より効率的にSDGsの達成を目指そうとする動きがみられる[8]。
したがって，社会貢献活動は，SDGsへの取り組みにおいて重要な役割を担う
ようになってきている。

　また，SDGsと同様に，企業に対して，社会との調和を保ちながら利潤を追
求するよう要求する動きは，企業の所有者である株主の側からも盛んになって
きている。20世紀後半に企業の主な所有者が個人投資家から機関投資家へと移
行し，今日の機関投資家の影響力は，証券市場での取引やコーポレート・ガバ
ナンスなどの様々な面で強力である。年金積立金管理運用独立行政法人 (GPIF)
をはじめ，機関投資家は人々から拠出された資産を運用して利益を上げるが，
その資産の多くは一般の市民から託されたものである。したがって，機関投資
家は，資産運用面で利益を上げなければならないと同時に，企業経営が市民が
生活する社会を脅かすものとならないよう監視しなければならない。

　このような中で，近年機関投資家の投資活動の主流となりつつあるのが，
ESG投資である。ESGとは，環境 (Environment)，社会 (Social)，企業統治
(Governance) の頭文字からとられたものである。ESG投資は，2006年に国連が
公表した「責任投資原則 (Principles for Responsible Investment, 略称PRI)」の中で
その取り組みが謳われ，その後のリーマンショックの反省もあり，世界中の機
関投資家の間で拡大が進んでいる。世界のESG投資残高は，2016年時点で22
兆8,900億ドルと2014年比で25％も増加し，世界の運用資産の３割にも上る[9]。

　ESG投資の活況は，企業の社会貢献活動にも影響を及ぼしている。日本で
は安定株主工作の一環から株主優待制度を導入する企業が少なくないが，この
株主優待制度に社会貢献型の株主優待制度が広がってきている[10]。株主優待
制度では，株主本人へ自社製品や金券を配布する例が多いが，これらに代わっ

60

て公益法人など第三者への寄付を選択できる事例が増えてきている。たとえ
ば，ヤマハ発動機は地域特産品やJリーグの観戦チケットなどのほかに，日本
盲導犬協会への寄付も選択肢としている。また，メニコンではトキの保護基金
への寄付，日本ペイントホールディングスでは幼稚園・保育園への子供用卓球
台の購入費用の寄付が選べる。さらに，バンダイナムコホールディングスは被
災地への寄付を選択肢としているが，この場合株主からの寄付と同額を同社か
らも寄付するという，株主と企業とのマッチング・ギフト⁽¹¹⁾とも呼べるよう
な取り組みを実施している。2018年1月時点で，株主優待制度導入企業は1,441
社（上場企業の4割弱）に上るが，寄付をする社会貢献型の株主優待制度の導入
企業も126社あり，2017年度比で約2割増加している。

2．企業の社会貢献活動の推進体制

　企業は，自社内に社会貢献活動を推進するための仕組みを整備することで，
より効率的かつ合理的にこれを遂行することが可能となる。日本企業において
も，社会貢献活動の推進に向けた各種制度の導入が進められてきた（図表4-
2，図表4-3）。2003〜2005年に制度の導入件数が，2000〜2002年の95件から
281件へと3倍に増加している。この背景には，2003年が，相次ぐ企業不祥事
を背景に財界がCSRへの取り組みの積極化を表明し，そのための取り組みを
本格化し始めた「日本のCSR元年」といわれた年であったことも要因として
あると考えられる。

第 4 章　企業の社会貢献　61

図表 4 - 2　経団連加盟企業・1 ％クラブ会員企業における社会貢献活動推進のための制度導入年（回答数：424社，回答率：31.0％）

	年度								合計	割合
	−90	91-93	94-96	97-99	00-02	03-05	06-07	不明		
基本方針の明文化	18	27	13	29	36	86	55	0	264	63
専門部署 / 専任担当者の設置	26	31	16	17	16	77	66	87	336	79
事業所毎の担当者の設置	4	5	5	10	11	12	18	24	89	21
社内横断的推進組織の設置	9	11	6	8	11	66	53	0	164	39
外部専門家がいる組織の設置	3	1	0	2	1	4	2	0	13	3
予算制度の導入	23	16	10	9	13	27	28	69	195	46
金額換算ルールの設定	4	5	6	2	7	9	7	0	40	9
その他	1	3	1	0	0	0	17	0	22	5
導入件数	88	99	57	77	95	281	246	180	1,123	

(注)　単位：「割合」は％，「導入件数」は件，残りは全て社数。
出所：日本経済団体連合会社会貢献推進委員会・1 ％クラブ（2008）『「2007年度社会貢献活動実績調査結果」要約』
　　　http://www.keidanren.or.jp/japanese/policy/2008/098/youyaku.pdf, 2018年 6 月 2 日アクセス，11ページに「割合」のデータを加筆など若干修正

図表 4 - 3　経団連加盟企業・1 ％クラブ会員企業における社会貢献活動推進のための制度導入状況（2014年度）

(左：社数，右：構成比)

	導入企業		以前より導入している		14年度に導入した		未導入企業		うちかつてあったが廃止した		未回答	
社会貢献に関する基本的な方針の明文化	281	74%	268	71%	13	3%	90	24%	2	1%	7	2%
専門部署または社会貢献担当者の設置	258	68%	250	66%	8	2%	113	30%	1	0%	7	2%
社会貢献担当役員の任命	208	55%	201	53%	7	2%	163	43%	3	1%	7	2%
予算制度の導入	191	51%	187	49%	4	1%	178	47%	2	1%	9	2%
社内横断的推進組織の設置	168	44%	160	42%	8	2%	202	53%	6	2%	8	2%
事業所毎の社会貢献担当者の設置	149	39%	144	38%	5	1%	220	58%	1	0%	8	2%
金額換算ルールの設定	74	20%	70	19%	4	1%	294	78%	3	1%	10	3%
外部専門家の入った組織の設置	32	8%	29	8%	3	1%	337	89%	1	0%	9	2%
その他	22	6%	16	4%	6	2%	0	0%	1	0%		

(注)　「構成比（％）」は，「項目別回答企業数／調査回答企業数（378社）」
出所：日本経済団体連合会・1 ％クラブ（2015）『2014年度　社会貢献活動実績調査結果』
　　　http://www.keidanren.or.jp/policy/2015/089_honbun.pdf, 2018年 4 月30日アクセス，II-1 ページ。

　社会貢献活動を行うに当たっては，まずそのための基本方針を明文化し，社内外に表明することが大切である。だが，より重要なことは，社会貢献活動の

ために十分な経営資源を割いているかどうかである。たとえば，社会貢献活動を担当する部署が設置されても，そこに十分な人員や設備，予算等が割り当てられていなければその部署が有効に機能することは困難である。また，その他部署との連携や従業員の研修制度などの実施に必要なルールや権限割当てといった円滑に機能させるための仕組みの整備も重要である。

　図表4-2と図表4-3から企業では社会貢献活動推進のための制度がかなり浸透している状況が伺える。しかしながら，重要なことは制度の設置ではなく，その制度が組み合わさり，社会貢献推進のための1つのシステムとして有効に機能しているかである。たとえば，社会貢献推進に必要な経営資源の質・量は，企業規模や社会貢献活動の程度，その他業務との関連等の要因により変化するものである。したがって，社会貢献活動推進制度の整備においては，制度設置という狭い視野ではなく，全体として機能しているかという広い視野が欠かせないことは言うまでもないことであろう。

第4節　企業の社会貢献活動の状況

1．企業の社会貢献活動の推移と現状

　日本企業の社会貢献活動の支出額は，増減を繰り返しながらも，長期的スパンで見れば増加してきた（図表4-4）。先述した経団連の2017年度の調査では，社会貢献活動支出額は合計2,049億円に上る。なお，図表4-4には示されていないが，合計額の過去最高額は東日本大震災が発生した2011年度の2,460億円である。一方，1社当たりの平均支出額でも2011年度は5億7,100万円と高額であったものの，東京オリンピックやSDGsへの対応などを背景に，2016年度が5億9700万円（前年度比10.6%増）と過去最高を記録した[12]。

図表4-4　経団連加盟企業・1％クラブ会員企業における社会貢献活動支出額の推移

(単位：億円)

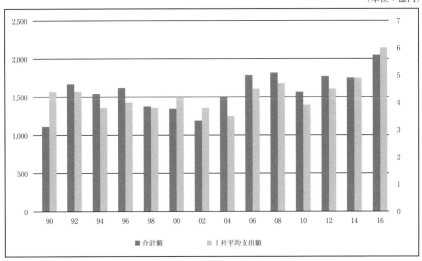

(注) 左軸は合計額，右軸は1社平均支出額
出所：日本経済団体連合会・1％クラブ（2017）『2016年度　社会貢献活動実績調査結果』
　　　http://www.keidanren.or.jp/policy/2017/091_honbun.pdf#page=24, 2018年4月30日アクセス，
　　　2ページ。

2．寄　付

　経団連は，これまで企業の社会貢献活動の形態を，主に①寄付と②自主プログラムに大別してきた。寄付は，企業の社会貢献活動の主要な方法の1つである。現金や現物の寄付のほかに，会社が保有する施設を市民に開放したり，またイベントやボランティアなどに従業員を派遣したりすることも含まれる。宗教団体，学校などの教育関連組織，基金，病院，芸術・文化団体などへの寄付のほか，自然災害の発生時には被災地への災害支援としても行われる。

　先述した経団連の社会貢献活動状況の調査によれば，2016年度時点で計1,497億円，1社平均で4億3,600万円もの金額の寄付が行われた[13]。自主プログラムは計430億円にとどまっている[14]。寄付と自主プログラムとは別に災害被災地支援の調査項目があるが，これには寄付と自主プログラムの両方が含まれる。しかしながら，災害被災地支援の金額は計105億円にとどまることから，

企業が実践する社会貢献活動の主な形態は寄付であることが伺える。

　計1,497億円に上る寄付の金額の内訳は，以下の通りである[15]。金銭寄付は1,081億円（1社平均3億1,500万円）であり，全体の7割超を占めていた。現物寄付は84億4,300万円（同2,500万円），施設開放は48億8,800万円（同1,400万円），従業員派遣は105億400万円（同3,100万円），その他が177億3,900万円（同5,200万円）であった。2007年度時点で86%に上った金銭寄付の比率が低下する一方で，その他の比率が1.5%から11.9%へと10%も増加したことから，分類が難しい寄付が増えていること，すなわち寄付の方法が多様化していることが伺える。

　また，金銭寄付を実施する企業の割合は98%であり，ほぼすべての企業がこれを実施している[16]。一方，現物寄付は48.4%，施設開放は39.7%，従業員派遣は51.3%，その他が22.2%である。金額ベースと同様その他の比率は，2007年度の11.4%から10%増加しているものの，金銭寄付は2007年度も98%であった。このことから，金銭寄付に加えて，多様な寄付活動を展開する企業が増えてきている状況が伺える。

　旭硝子は，毎年45名程の大学院生に奨学金を給付しているほか，2012年以降は東日本大震災で被災した高校生への支援活動も行っている[17]。また，日本の科学技術の振興や学問の発展には研究費の獲得が大きな課題の1つであるが，栗田工業や宇部興産など，研究助成活動を行う企業も少なくない。また，現物支援の事例としては，コマツは，対人地雷除去機を開発し，対人地雷の被害に苦しむカンボジアとアンゴラへ，対人地雷除去機とその他の建機を無償貸与している。加えて，対人地雷除去が完了した跡地に，道路や池，学校などを建設している。

　寄付には，マッチング・ギフトと呼ばれる方法もある。マッチング・ギフトとは，従業員の寄付（あるいはボランティア活動）に企業が寄付を上乗せして提供する仕組みである[18]。企業が上乗せする寄付の額は，従業員の寄付と同額，もしくは一定の比率に基づく額である。「従業員と企業の善意を組み合わせる」という意味から，このように呼ばれている。従業員のボランティア活動先に対する，金銭や自社の製品・サービスの寄付などもこれに該当する。従業員

が社会貢献活動先を選ぶことにより，企業の寄付先の多様性を確保できることに加えて，企業の支援による従業員のモチベーションの向上，寄付の規模の拡大など企業，従業員，そして寄付先の三方にとってメリットがある仕組みとなっている。

日本ユニシスは，2015年度に，15団体へ481万円をマッチング・ギフトで寄付している。また，アズビルや東洋ゴム工業，三菱電機，住友化学，いすゞ自動車，ノバルティス ファーマ，三井化学，三菱食品，ブリヂストンなどマッチング・ギフトを行う企業は少なくない。企業が上乗せする金額は同額が多いように見受けられるが，あいおいニッセイ同和損害保険は，1口100円の募金制度を導入し，その参加人数に月額100円を乗じた金額（100人の場合：100人×100円）を寄付している[19]。

3．自主プログラム

自主プログラムは，各社が独自に実施する，あるいはNPO等との協働により実施する社会貢献プログラムである[20]。地域清掃活動，学校などを対象に行われる自社施設の見学プログラム，スポーツ教室などは，自主プログラムの典型的な事例である[21]。先述した経団連の社会貢献活動状況調査によれば，自主プログラムの実施企業数は215社と全体の62.7％に上る[22]。先述したように，寄付の実施企業はほぼ100％である。したがって，経団連加盟企業のほぼ全てが寄付活動を展開しており，そして過半数の企業が寄付に加えて何らかの社会貢献プログラムを展開している状況にある。

ANAホールディングスは，「ANA航空教室」を開催し，パイロットやキャビンアテンダント，整備士といったANAグループの仕事を子供に紹介している。ソニーは，自社のエンジニアやスタッフが講師をする科学技術の学習支援活動を展開し，自社の製品・サービスを利用して工作や実験の場を提供している。また，凸版印刷は，事業所のある地域の小学生を対象に，職場体験や工場見学の場を提供している。このほかに，自社の経営資源を活用した事例が多くみられる中で，花王は，「社会起業塾イニシアティブ」という社会的企業家育

成プログラムを実施し，専門家や起業家による助言の場などを設けている。

なお，芸術・文化を支援する企業の社会貢献活動は，企業メセナという別の呼び名がある。メセナ（mécénat）とは，「芸術文化支援を意味するフランス語[23]」である。1990年には，企業メセナ協議会が発足し，以後今日まで日本企業における企業メセナの推進のための取り組みを展開してきた。企業によるコンクールや演奏会，展覧会といったイベントの開催，イベント会場，美術館，博物館といった施設の運営，芸術・文化支援を目的とした人材派遣（ヒト），会場提供（モノ），助成金（カネ），ワークショップ開催（情報）などは企業メセナ活動に該当する。

4．従業員の社会貢献活動支援制度

企業では，社会貢献活動に意欲のある従業員を支援する仕組みを整える取り組みも広く行われている（図表4-5）。よく知られた例としては，ボランティアへの参加を理由とした従業員の休暇を認めるボランティア休暇制度がある。先述した経団連の社会貢献活動状況調査によれば，従業員の社会貢献活動を支援する企業は2014年度時点で回答企業の84%に上り，2002年度の61%から20%増加している。支援の主な理由は，①地域社会発展への貢献（89%），②企業イメージの向上（50%），③従業員の会社への誇りの保持（43%）であり，他方支援しない理由は「ボランティアは個人の選択で行うべきもの」が55%と最も高かった[24]。

図表4-5　経団連加盟企業・1％クラブ会員企業における従業員の社会貢献活動の支援状況

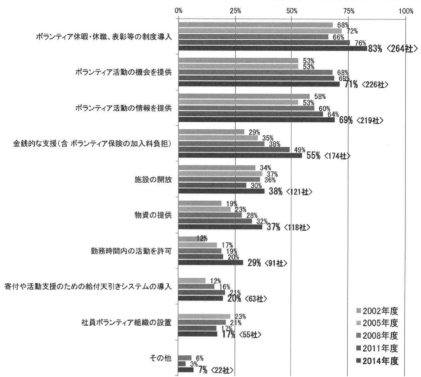

出所：日本経済団体連合会・1％クラブ（2015）『2014年度　社会貢献活動実績調査結果』http://www.keidanren.or.jp/policy/2015/089_honbun.pdf，2018年4月30日アクセス，II-3ページ。

第5節　おわりに

　本章では，企業の社会貢献について検討した。企業がその社会的存在としての性格を強めるにつれて，社会貢献活動にも取り組むようになっていく。社会貢献活動とは，単なる博愛主義的な活動ではなく，社会への貢献という成果が問われる活動である。SDGsやESG投資など，企業にCSRの遂行がますます強く求められるようになっている今日，企業は財務業績と非財務業績の向上を

両立させるうえでより効率的な方法をとるよう促されている。社会貢献活動に取り組む際，自社製品・サービスなどを活用できるプログラムを開発したり，社会貢献活動を資金調達のための戦略的手段として位置づけたりなど，利潤追求と社会貢献のシナジー効果の発揮が求められている。

　もっとも，社会貢献活動は，企業市民としての最も高次の責任であり，犯罪行為や人権侵害の防止に努めることを差し置いて社会貢献に取り組むことは本末転倒である。すなわち，社会貢献活動に取り組む企業が，その影で粉飾決算，劣悪な労働環境や過労死などの人権侵害，品質偽装などに取り組んでいれば，その社会貢献活動に意味はほとんどなくなってしまう。事業活動と社会貢献との境が一層あいまいになる今日，企業には，株主，従業員，消費者の生活を豊かにすることもまた重要な社会貢献であるとの認識があらためて強く求められているといえよう。

【注】

（1）本項の内容は，以下を参照のこと。丹下博文（1994）『検証・社会貢献志向の潮流―フィランソロピーの新しい方向性を探る―』同文舘出版，4～21ページ。ただし，本項最終段落の内容は，税控除や最高裁判決の記述を除いて，筆者によるものである。

（2）吉村典久（2010）「第5章　日本の会社統治の過去」加護野忠男・砂川伸幸・吉村典久『コーポレート・ガバナンスの経営学―会社統治の新しいパラダイム』有斐閣，121ページ。

（3）「世間」と「社会」の違いについては，以下を参照のこと。三戸公（1987）『恥を捨てた日本人』未來社，21～23ページ。谷本寛治（2014）『日本企業のCSR経営』千倉書房，32～33ページ。

（4）以下を参照のこと。末永國紀（2014）『近江商人と三方よし―現代ビジネスに生きる知恵』モラロジー研究所，279～301ページ。

（5）丹下，前掲書，4ページ。

（6）1％クラブについては，以下の「1％クラブ紹介パンフレット」を参照のこと。1％［ワンパーセント］クラブ事務局「1％［ワンパーセント］クラブ」http://www.keidanren.or.jp/1 p-club/files/pamphlet.pdf，2018年6月2日アクセス。

第 4 章　企業の社会貢献　69

（ 7 ）外務省ウェブサイト「SDGs について」https://www.mofa.go.jp/mofaj/gaiko/oda/ files/000270935.pdf, 2018年 6 月 2 日アクセス。

（ 8 ）日本経済団体連合会・ 1 ％クラブ（2017）『2016年度　社会貢献活動実績調査結果』 http://www.keidanren.or.jp/policy/2017/091_honbun.pdf#page=24, 2018年 4 月30日アクセス, 25～26ページ。

（ 9 ）『日本経済新聞』2017年10月18日付朝刊, 1 面。

（10）社会貢献型の株主優待制度については，以下を参照のこと。『朝日新聞』2018年 5 月 6 日付朝刊, 2 面。

（11）マッチング・ギフトについては，本章第 4 節 2 .で説明をしているので，そちらを参照されたい。

（12）日本経済団体連合会・ 1 ％クラブ（2017）前掲資料, 2 ページ。

（13）同上資料, 15ページ。

（14）同上資料, 16ページ。

（15）同上資料, 15ページ。

（16）同上資料, 16ページ。

（17）本節以下における日本企業の実践事例は，特に別の注のない限り以下を参照のこと。 日本経済団体連合会・ 1 ％クラブ（2016）『社会貢献活動実績調査結果　事例調査（2015 年度）』。資料は，以下より入手可能。経団連ウェブサイト「2015年度　社会貢献活動実績調査結果」http://www.keidanren.or.jp/policy/2016/092.html, 2018年 6 月 1 日アクセス。

（18）横山恵子（2008）「マッチング・ギフト」日本経営倫理学会編『経営倫理用語辞典』 白桃書房, 249ページ。

（19）あいおいニッセイ同和損害保険の事例については，同社のウェブサイトも参照した。 「ニュースリリース」2015年 9 月29日付, https://www.aioinissaydowa.co.jp/corporate/ about/news/news_dtl.aspx?news_id=2015092900260&cate_id=02, 2018年 6 月 1 日アクセス。

（20）日本経済団体連合会・ 1 ％クラブ（2017）前掲資料, 1 ページ。

（21）日本経団連社会貢献推進委員会編著（2008）『CSR 時代の社会貢献活動─企業の現場から─』日本経団連出版, 53ページ。

（22）日本経済団体連合会・ 1 ％クラブ（2017）前掲資料, 16ページ。

（23）企業メセナ協議会編（2003）『メセナマネジメント』ダイヤモンド社, 245ページ。

（24）日本経済団体連合会・ 1 ％クラブ（2015）『2014年度　社会貢献活動実績調査結果』 http://www.keidanren.or.jp/policy/2015/089_honbun.pdf, 2018年 4 月30日アクセス, II- 3 ～ II- 5 ページ。

【参考文献】

加護野忠男・砂川伸幸・吉村典久（2010）『コーポレート・ガバナンスの経営学―会社統治の新しいパラダイム』有斐閣。

企業メセナ協議会編（2003）『メセナマネジメント』ダイヤモンド社。

末永國紀（2014）『近江商人と三方よし―現代ビジネスに生きる知恵』モラロジー研究所。

谷本寛治（2014）『日本企業のCSR経営』千倉書房。

丹下博文（1994）『検証・社会貢献志向の潮流―フィランソロピーの新しい方向性を探る―』同文舘出版。

日本経済団体連合会・1％クラブ（2017）『2016年度　社会貢献活動実績調査結果』http://www.keidanren.or.jp/policy/2017/091_honbun.pdf#page=24, 2018年4月30日アクセス。

日本経済団体連合会・1％クラブ（2016）『社会貢献活動実績調査結果　事例調査（2015年度）』。

日本経済団体連合会・1％クラブ（2015）『2014年度　社会貢献活動実績調査結果』http://www.keidanren.or.jp/policy/2015/089_honbun.pdf, 2018年4月30日アクセス。

日本経団連社会貢献推進委員会編著（2008）『CSR時代の社会貢献活動―企業の現場から―』日本経団連出版。

三戸公（1987）『恥を捨てた日本人』未來社。

横山恵子（2008）「マッチング・ギフト」日本経営倫理学会編『経営倫理用語辞典』白桃書房。

第 2 部

コーポレート・ガバナンス

第 5 章
会社機関によるコーポレート・ガバナンス

第1節　はじめに

　株式会社には，株主総会や取締役会などの機関が設置されており，これらの機関は，株主の利益を守るという視点から経営者や会社の業務を監視することになっている。しかし，現実には，これらの機関は十分に機能しておらず，多くの国において改善への取り組みが行われている。会社機関の機能を改善し，経営監視を強化しようとするこの取組みは企業統治（コーポレート・ガバナンス）改革と呼ばれ，欧米先進国だけでなく，日本やアジア新興国においても喫緊の重要課題となっている。企業統治改革は企業不祥事の防止や経営効率の改善という視点から行われるのが一般的であるが，近年はステークホルダー重視という視点からも行われるようになってきている。

　会社機関は国ごとに法律によって規定されているため，国ごとにその構造や機能が異なるが，本章では日本の会社機関を取り上げ，まずその基本的な機能について説明する。次に，コーポレート・ガバナンスの側面から，とくに1990年代まで，これらの機関にどのような問題があったのかについて検討する。さらに2015年からのコーポレート・ガバナンス改革によって，それがどのように改善されてきているのかをみていくことにする。

第2節　株式会社の機関の基本的機能と90年代までの日本企業の実態

　2018年現在，日本の大規模な株式会社には監査役設置会社，指名委員会等設置会社，監査等委員会設置会社の３つのタイプがある。３つのタイプは会社機関が異なるが，ここではまず監査役設置会社の機関を見ていくことにしよう。

　監査役設置会社には株主総会，取締役会，監査役，代表取締役などの機関が法律で設置を義務づけられている。一般にこれらの会社機関は法律の規定と実態が異なることが多く，コーポレート・ガバナンスはその乖離を埋めることを１つの課題としているが，ここではまず法律の規定について概観していくことにする。

　株主総会は，株式会社の最高機関であり，法令または定款に定められた事項に関しての決定権が認められている。それは主として，定款の変更や解散・合併といった会社の基本的事項，配当などの株主の利益にかかわる事項および取締役や監査役の選任・解任などである。

　監査役は株主総会で選任され，会社の業務監査および会計監査を任務とする。取締役会は株主総会で選任された取締役によって構成され，株主に代わって会社の業務が適正に運営されるように監督することを任務としている。取締役会は意思決定機関であり，業務執行は行わない。業務執行にあたるのは取締役会によって選任される代表取締役をはじめとする少数の役員である。法律は取締役会を株主の利益を保護するための受託機関として位置づけ，また意思決定と業務執行の機関を区別し，取締役会に意思決定の役割を，代表取締役以下の役員に業務執行を任せているのである。

　しかし，日本企業においては，取締役会のメンバーはそのほとんどが業務執行担当者によって占められており，意思決定と業務執行の分離が行われてこなかった。業務執行を兼務する取締役は社内取締役（内部取締役）とよばれるのに対して，その会社の業務執行を行わない取締役は社外取締役（外部取締役）とよ

ばれるが，これまでの日本の大規模株式会社では，取締役のほとんど全員が社内取締役であることから，取締役会と業務執行担当者が一体化しており，取締役会はその期待された機能を果してこなかった。本来，取締役会は受託機関として，株主に代わって業務執行担当者の業務執行を監視する責任を課せられていたのであるが，取締役会メンバーのほとんど全てが業務執行担当を兼務していたため，監視機能がはたらかなかったのである。社外取締役を選任すること，そしてその数を増やしていくことは，長年に渡って日本企業の重要な課題となってきた。

図表5-1 監査役設置会社のトップマネジメント組織

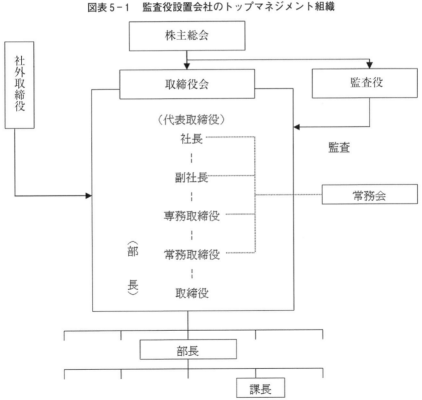

出所：筆者作成。

代表取締役は，対外的に会社を代表し，取締役会の決めた基本方針に従って業務執行にあたる。しかし後に述べるように，わが国においては通常，代表取締役である社長の権限がきわめて強く，現実の企業運営は取締役会が株主のために代表取締役らの仕事を監視するという，法律の想定した状況といちじるしく異なっている。

次に監査役設置会社におけるそれぞれの会社機関が，これまで，とくに1990年代まで，実際にどのように運営されてきたのかをみていくことにしよう。これらの機関は2000年代以降の企業統治改革によって変化した部分もあるので，まず1990年代までの日本の会社機関について述べ，さらに2000年代以降の改善の動向についても検討することにしよう。

第3節　1990年代までの日本の会社機関の機能と2000年代以降の改革

1．株主総会

日本の株主総会に関してこれまで問題にされてきたのは，まず第1に総会開催日の集中である。わが国においては上場企業が特定の日時に一斉に株主総会を開催するのが慣行となっている。たとえば，1996年は6月27日午前に2,241社が総会を開催した。これは6月中に総会を開く企業の88％に相当する[1]。株主総会の一斉開催はいわゆる総会屋対策を名目に行なわれていたのであるが，これによって複数の会社の株式を保有する個人株主も総会から排除されることになるのである。

日本の株主総会の第2の問題点は，総会の時間がきわめて短いことである。欧米では，1年に1度の株主総会を株主と会社の貴重なコミュニケーションの機会ととらえ，経営者が十分時間をかけて経営状況を説明している。これに対し日本では，90年代まで大部分の総会が30分程度で終了し，質問もまったくないのが普通であった。株主総会はほとんどの株主にとって発言することもなく，経営者の提案を無条件に承認するための機関となってしまっていた。

第5章　会社機関によるコーポレート・ガバナンス　77

　第3の問題は，株主総会の非民主的運営であり，これが1990年代までの日本の株主総会の最も大きな問題であった。問題を抱えた企業の株主総会においてしばしばみられるように，総会に社員株主やOB株主を多数出席させ，一部の出席者の質問の要求を，「異議なし」，「議事進行」，の斉唱でかきけして強引に議事運営を行ってきた。1992年には，50名以上の多数の社員株主を出席させた会社も18.6％にのぼった[2]。株主総会運営の非民主性は欧米との対比において際立っており，早急に是正されなければならない問題であった。

　日本の株主総会を著しく形骸化させていたこれらの問題はいずれも過去数十年間にわたって是正が叫ばれてきたものであるが，1990年代後半から徐々に改善の動きがみられるようになった。すなわち，1999年頃を境に総会開催日の集中度の若干の低下，総会の所要時間の長期化，個人株主の発言の機会の増加など株主総会運営にやや改善のきざしが現れた。特筆すべきは，株主総会を株主に開かれたものにしようとする努力が大企業経営者の間に次第に浸透してゆき，個人株主の質問に丁寧に回答し，そのため所要時間の長くなる企業が増加したことである。個人株主を重視しようとする姿勢が強まったのは，株式相互持合い解消の進展により，安定株主が減少したため，経営者が個人株主を安定株主として取り込もうとしたからである。

　総会の平均所要時間は1996年以降増加を続け，2006年から2009年までは50分台で推移しており，90年代初めに比べて20分程度長くなっている。また，2時間を超える会社も2001年には44社，2006年は88社に増加した[3]。この時期，2時間を超える会社では電力会社9社に対する原発反対運動を行っている株主のように，「運動型株主」による発言で長時間化したものがほとんどであった。株主提案は2001年には過去最高の18件にのぼったものの，2005年は23件，2006年は19件とほぼ横ばい状態が続いた。当時の株主提案は「運動型株主」を中心に行われていた。「運動型株主」としては労働運動型株主（東日本旅客鉄道），株主オンブズマン（三井住友銀行），住民運動株主（旭化成）などの例をあげることができる。

　また，株式相互所有解消の流れが加速するなかで，経営者は個人株主を重視

する姿勢を強めており，以前のように個人株主の発言を封じ込めようとする態度は変わっていった。経営者は個人株主の質問に可能な限り丁寧に回答しようと努めるようになった。個人株主を増加させるためにIR活動や株主総会後に株主懇談会を実施する企業が増えたほか，株主総会で映像用機器を用いて総会のビジュアル化を図る企業も増えた。また，社員株主の出席数を減らし，「異議なし」などの発言を減らす企業の数も増えた。株主総会を改善していこうとする動向は90年代末から着実に進んだ。

２．監査役

　監査役の任務は取締役の業務執行を監査することであり，また監査役は取締役らに営業報告を求めたり，会社の業務，財産の状況を調査する権限などを与えられている。さらに，取締役が法律や会社の定款に違反する行為によって会社に損害を与える恐れのある場合には，監査役は取締役に対しその違法行為を差し止める権限をもつ。

　しかし，このように広範な権限を与えられているにもかかわらず，かつてわが国の監査役は経営者に対する監視機能をほとんど果たしてこなかった。わが国の監査役が機能しなかった最大の原因は，監査役の人事権を実質的に社長が掌握していたことである。監査役は株主総会で選任されることになっているが，安定株主からの委任状を握り，実質的に株主総会での圧倒的な議決権をもつ社長が監査役の人事権を事実上掌握している。社内においてこのような強い権限をもつ社長は，自らの経営活動に対する強い監視を自ら望むことはありえないので，社長を中心とする経営者層は監査役の無機能化を促進してきたと考えられる。わが国の監査は法律上の職務を遂行する際に，自社における適切な権限や独立性，調査能力が与えられてこなかったが，それはこうした理由によるものである。

　また，わが国の監査役はかつて，内部昇進がほとんどであり，社内の役員の中での序列も相対的に低かったため，強い独立性を持ち，社長等の最高経営者の業務執行を監査することはほとんど不可能であった。

第5章　会社機関によるコーポレート・ガバナンス　79

　さらに，監査役の情報収集能力もきわめて限定されたものであった。1994年の日本監査役協会のアンケート調査によれば，社長との懇談の場がない（21%），社長との懇談の機会が年に1・2回（39%）などの不満を持つ監査役が60%にのぼった[4]。また，この調査によれば，「常務会などの実質的な意思決定会議に出席できない」などの意見が多く，監査のために必要な経営情報が監査役に与えられてこなかった。

　このように，わが国の監査役は法制度上は，社長を中心とする経営者層の監視をするのに最も適した機関であるにもかかわらず，上述の理由によっていちじるしく形骸化され，長年にわたってその企業統治機能を果たしてこなかったのである。

　このような状況を踏まえ，監査役の企業統治機能を高めるため，1993年に商法が改正され，大規模な企業（資本金5億円以上または負債200億円以上の企業）は3人以上の監査役を置き，そのうち1人は社外から任命（社外監査役）しなければならないことになった。社外監査役の導入を義務づけたことに対しては，企業統治の観点から一定の評価が与えられたものの，商法改正直後の実態調査によれば，純粋な意味での社外監査役（独立社外監査役）は少ないことがわかった[5]。

　また，社外監査役の選任にあたって，社長をはじめとする経営トップがほぼ完全に主導権を握っているこれまでの方式も，商法改正前と本質的にはほとんど変わらなかった。

　さらに，日本監査役協会が1999年に3,300人余りの監査役を対象に行ったアンケート調査によれば，わが国の監査役の無機能化の問題は商法改正から6年を経てもなお，ほとんど改善のきざしがみられなかった。それによれば，75.2%の監査役が「監査役候補者の選定を社長が行っている」と回答しており，同様に53.8%が「監査役の報酬が社長の提示額で決まっている」，38.8%が「監査役の任期が肩たたきによる辞任で決まっている」ことを問題視しており，また「自信をもって監査報告書に署名捺印している」監査役は36.7%に過ぎなかった[6]。

80

　2002年の商法改正では大規模な監査役設置会社においては，監査役の半数以上に社外監査役を選任しなければならないことになった（2006年から適用）が，社外監査役の独立性が高まらない以上，監査役の監視機能の強化には結びつかない。

　東京証券取引所は，2010年から，上場企業に対し独立役員の選任を義務づけた。独立役員は社外取締役もしくは社外監査役のうち，経営者層からの独立性が高い（その会社や経営者と利害関係をもたない）役員のことである。この制度が導入された当初，独立役員として届け出があったものは，ほとんどが社外監査役であったが，この制度によって経営者に対する監視機能が強化されることが期待された。

3. 取締役会

　1990年代までに指摘されてきた取締役会の問題点として以下のような事項をあげることができる。

　第1は，業務執行とそれに対する監視という2つの機能が分離されていないという問題である。わが国の取締役会はほとんど業務執行担当者で占められており，意思決定および監督と業務執行の機能が人格的に分離されていない。したがって，業務執行担当者が同時にかれらの監督者であるという矛盾した関係にあった。

　第2は，取締役会の中に序列が形成されている問題である。取締役会のメンバーがほとんど業務執行担当者によって占められることから，取締役会のなかに代表取締役社長を頂点とした業務執行担当者の序列が形成されている。取締役会は組織構造上，代表取締役社長よりも上位に位置するから，形式上は部長クラスの取締役が社長を監督するということにもなりうるわけである。しかし，部長クラスの取締役は，取締役会内での地位は社長や副社長よりも低いため，このような事態は現実には起こり得ない。このように，取締役会の中においても業務執行担当者の序列が形成されることになり，これが社長の権力基盤を強化し，また取締役会の監督機能の形骸化をさらに推し進めることになった

のである。

第3は，社外取締役が極めて少ないことである。わが国の取締役会の特徴は業務執行に携わる内部取締役の構成比率がいちじるしく高いことであるが，このことが取締役会の監督機能を無機能化させる重要な要因となっていた。

第4は，取締役会の構成者数が多いことである。取締役の数が多いため，活発な議論をすることができず，また迅速に意思決定を行うことができなかった。1990年代は60人を超える取締役会もあったが，執行役員制の導入を機に取締役数は大幅に減少した。

4．執行役員制

90年代の終りに執行役員制を導入して取締役会を改革しようとする企業が現われた。執行役員制は1997年6月にソニーで導入されたのを契機に，日本の企業に浸透し，現在大企業の半数以上において採用されている。

執行役員は法律の規定に基づく制度ではなかったので，導入企業ごとにその内容にかなりの相違がみられるが，導入の目的は，①取締役会の構成員数を削減し，取締役会の議論を活発にし，その機能強化と活性化をはかること，②取締役の人数を削減することによって意思決定の迅速化をはかること，③会社の業務執行の機能と全社的意思決定および業務執行に対する監視機能とを分離すること，④ゼネラル・マネジメント（全般経営層）とミドル・マネジメント（中間管理層）を分離すること，などであろう。執行役員制導入企業において上記のような改革の目的が効果的に達成されたかどうかについては異論も多いが，少なくとも取締役数の削減については大きな効果を上げた。

一般に，執行役員は取締役会の下位機関に位置づけられ，取締役会が意思決定と経営の監視を，執行役員が業務執行を担当するというように，両機能の分離を目的として設けられる。したがって取締役と執行役員の兼務が多い場合には，監視と執行の未分離という従来の取締役会のもっていた問題点が解決されないことになる。執行役員は企業の特定部門の責任者であることが多く，彼らが取締役を兼務しない場合には，全般管理と部門管理の分離も執行役員制に

よって実現することになる。

第4節　指名委員会等設置会社と監査等委員会設置会社

1．指名委員会等設置会社

　2002年の商法改正によって，新たに「委員会等設置会社」（のちに会社法で委員会設置会社に名称変更された）が導入された。この商法改正によって，日本の株式会社は従来通りの監査役設置会社と委員会設置会社のいずれかを選択できるようになった。コーポレート・ガバナンス改革を目的に新設された「委員会設置会社」はアメリカ型モデルとも呼ばれた。「委員会設置会社」を選択した企業には複数の社外取締役の選任が義務づけられ，取締役会のなかに指名委員会，報酬委員会，監査委員会の3つの委員会の設置が義務づけられた。3つの委員会は3人以上で構成され，その過半数が社外取締役によって占められなければならない。取締役の任期は2年から1年に短縮され，取締役の権限が強化される一方で，株主総会でのチェックをより頻繁に受けることになった。

　また，「委員会設置会社」では新たに執行役が置かれ，業務執行を担当する。全社的意思決定を担当する取締役会と業務執行を担当する執行役の役割分担を明確化した。執行役は取締役会において選任・解任される。さらに，従来の代表取締役に代って代表執行役が設けられることになった。代表執行役はアメリカ企業のCEO（最高経営責任者）に相当する。執行役は取締役と同様，株主代表訴訟の対象となる。

　また，この商法改正により，「委員会設置会社」を採用せず，監査役会を存続させる大企業は，3年以内に社外監査役を従来の1人以上から監査役の半数以上（最低2人）に増員しなければならないことになった。

　「委員会設置会社」については，社外取締役を2名以上選任しなければならず，社外の人物が会社の最高意思決定において強い権限を握ることになるため，経済界の拒否反応は強く，「委員会設置会社」に移行した企業はごく少数にとどまった。

2014年には会社法が改正され、従来の「委員会設置会社」は指名委員会等設置会社に名称が変更されるとともに、監査等委員会設置会社という新たなタイプが導入された。したがって、2014年以降、日本の大規模な株式会社は監査役設置会社、指名委員会等設置会社、監査等委員会設置会社の3つのタイプから1つを選択することになった。

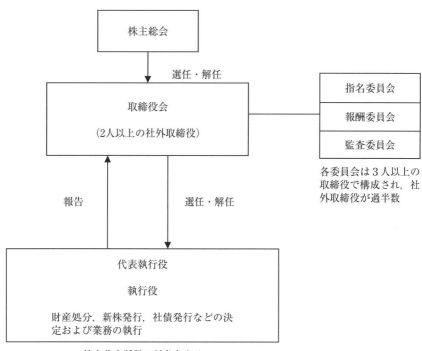

図表5-2　指名委員会等設置会社の機関

出所：筆者作成。

2．監査等委員会設置会社

2014年改正会社法では、監査等委員会設置会社という新しいタイプの株式会社が新設された。監査等委員会設置会社は、監査等委員と呼ばれる特別な権限

をもつ取締役によって構成される,監査等委員会をもつ株式会社である。監査等委員会は3名以上の取締役で構成され,その過半数が社外取締役でなければならない。監査等委員である取締役は,他の取締役と区別され,株主総会で選任され,その任期は2年である。

監査等委員会設置会社では,監査役設置会社と同様,代表取締役が業務執行を担当する。監査等委員会設置会社は,指名委員会等設置会社から指名委員会と報酬委員会を取り除き,監査委員会に代えて監査等委員会を設置した形態であり,業務執行は執行役でなく取締役が担当することから,監査役設置会社と指名委員会等設置会社の中間に位置づけられる形態と考えることができる。

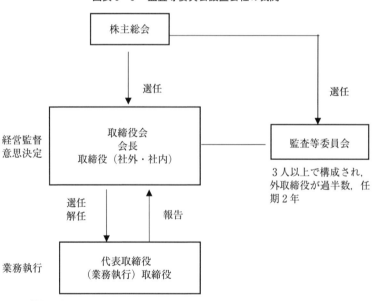

図表5-3 監査等委員会設置会社の機関

出所:筆者作成。

2017年7月末時点で,監査役設置会社は全上場企業のうち2,665社 (75%),監査等委員会設置会社は798社 (23%),指名委員会等設置会社は74社 (2%)という構成になっている[7]。

第5節　2015年以降の会社機関の変化

　2015年を境に日本のコーポレート・ガバナンスが大きく変わり始めた。改正会社法の施行とコーポレートガバナンス・コードおよびスチュワードシップ・コードの適用が開始されたためである。コーポレートガバナンス・コードは上場企業に対して73の原則（2018年のコード改訂からは78の原則）の遵守を，スチュワードシップ・コードは機関投資家に7つの原則と21の指針（2018年のコード改訂からは7つの原則と30の指針）の遵守を求めるものであるが，仮に遵守しなくとも罰則が科せられるわけではなく，遵守しない理由を説明すればよい。これは「遵守せよ，さもなくば説明せよ」（comply or explain）と呼ばれる自主規制の方法であり，法律で規制するハードローに対してソフトローと呼ばれる規制である。法律のように罰則を伴うものではないので，当初，コーポレート・ガバナンスの実効性が疑問視されていたが，むしろ実効性の点でハードローよりも優れているとの認識が広がっており，ヨーロッパ諸国をはじめとして世界各国でソフトローによる規制が浸透している。

　2つのコードの適用開始により，会社機関にどのような変化が生じているのか，以下で見ていくことにする。

1．株主総会

　2つのコードの適用が始まり株主総会は大きく変化しつつある。まず株式相互所有（コーポレートガバナンス・コードでは「政策保有株」と呼んでいる）について，コーポレートガバナンス・コードは持合をする理由の説明を求めている。これは暗に株式相互所有の解消を求めることを意味しており，上場企業はこのコードに従って持ち合い株式の売却を進めている（第6章参照）。

　金融庁は1990年代後半から，銀行を中心に株式相互所有の解消を求めてきており，2000年代には産業企業を含めて株式相互所有の解消が進展した。1990年に約5割だった株式相互所有の市場全体に占める割合は，90年代後半から解消

図表 5-4　日本における株主総会の改善状況

	90年	95年	00年	01年	03年	05年	07年	09年	11年	13年	14年	15年	16年	17年
1時間以上を要した会社数	80社 3.9%	74社 3.3%	231社 9.3%	304社 12%	378社 14.9%	534社 20.7%	706社 27.4%	731社 29.2%	704社 29.4%	664社 27.9%	713社 29.7%	807社 33.1%	889社 36.1%	910社 36.0%
全く発言がなかった会社数	1,374社 87.7%	1,620社 86.7%	1,278社 66.0%	1,231社 61.2%	1,085社 55.6%	891社 46.0%	775社 39.7%	659社 34.7%	639社 34.6%	598社 33.4%	542社 30.9%	646社 37.9%	411社 23.4%	375社 21.6%
50人以上の社員株主が出席した会社数	266社 17.0%	379社 20.3%	203社 10.5%	167社 8.3%	105社 5.4%	87社 4.5%	81社 4.1%	72社 3.8%	67社 3.6%	59社 3.3%	49社 2.8%	56社 3.2%	55社 3.1%	37社 2.1%
株主提案権の行使社数	5社	13社	14社	17社	16社	21社	32社	29社	27社	34社	30社	44社	50社	52社
株主懇談会を開催している会社数	28社 1.1%	31社 1.7%	136社 7.0%	198社 9.8%	265社 13.6%	347社 17.9%	419社 21.5%	357社 18.8%	330社 17.8%	308社 17.2%	294社 16.7%	290社 17.0%	316社 18.0%	308社 17.8%
株主総会のビジュアル化を実施している会社数			318社 16.4%	530社 26.4%	797社 40.9%	1,055社 54.4%	1,284社 65.8%	1,374社 72.4%	1,418社 76.7%	1,444社 80.6%	1,442社 82.1%	1,449社 84.8%	1,506社 85.8%	1,510社 87.2%

出所：商事法務研究会『株主総会白書』各年度版より作成。

が進み，2018年には15％（議決権ベースでは22％）に減少した[8]。持ち合い比率が減少すれば機関投資家の議決権行使がより大きな効力を発揮することになるため，経営の緊張感が高まることになる。

　長年批判されてきた，株主総会の所要時間が短すぎるという問題も，徐々に改善されてきている。上場企業の株主総会の所要時間は1990年代は30分前後であったが，2002年（41分）から2005年（48分）までが40分代，2006年（52分）から2017年（58分）は50分代と徐々に長くなってきている。

図表 5-5　株主総会の平均所要時間の推移

年	93	95	97	99	01	03	05	07	09	11	13	14	15	16	17
平均所要時間	29	28	29	33	39	43	48	55	54	54	52	53	56	58	58

出所：商事法務研究会『株主総会白書』各年度版より作成。

　株主総会の同一日への集中も長い間問題視されてきたが，2017年の株主総会の集中度は30％を切り，1995年の96％から大幅に改善が進んだ。株主総会の同一日への集中（一斉開催）は，機関投資家の強い圧力を背景に2000年代から改善が進んだ（図表5-6）。

図表 5-6　同一日への集中度の変化

年	1990	1995	2000	2005	2010	2013	2014	2015	2016	2017	2018
％	93.4	96.2	84.1	59.8	42.6	42.0	38.7	41.3	32.2	29.6	30.9

出所：日本取引所グループウェブサイト「定時株主総会集中率推移グラフ（3月期決算会社）」https://www.jpx.co.jp/listing/event-schedules/shareholders-mtg/tvdivq000000011x-att/graph_2018.pdf, 2018年8月12日アクセス，を基に筆者作成。

　また，コーポレートガバナンス・コードによって総会の議決結果の個別開示が求められることになり，社長を含む取締役候補者への賛成比率も公表されることになった。業績を落とした企業や不祥事を起こした企業では，社長の取締役選任議案への賛成率の低い企業が多く見られるようになった。社外取締役の

選任議案に関しても，独立性が低い，経営の経験が乏しい，取締役会への出席率が低いなどの候補者は賛成率が低い状況が一目で分るようになった。議決権行使結果の個別開示は株主の会社に対する要求を会社の内外に明確に示すことになり，経営者は翌年の株主総会までに，こうした株主の要求に対する対応を迫られることになった。

　上述のように，株式相互持合いの解消が進み，スチュワードシップ・コードが改正されたことで，上場企業の株主総会の議決において会社側提案に対する反対票が増加している。これまで会社側提案に常に賛成票を投じてくれた持合い相手の所有比率が減少したこと，スチュワードシップ・コードによって機関投資家も個別議案への賛否の開示を求められるようになり，安易に会社側提案に賛成できなくなったこと，などのためである。2018年の総会でとくに顕著なのは，経営トップの役員（取締役・監査役）選任議案への反対票の増加で，役員のいずれかに対して30％以上の反対を受けた主要企業の比率は1割近く（2017年は4％）に上った[9]。株主総会は2015年以前に比べて，はるかに緊張感を伴うものとなり，経営者への規律づけは大きく強化されることになった。

　また，2018年6月の株主総会では，社外役員（社外取締役と社外監査役）の独立性にも厳しい目が向けられた。すなわち，主要企業472社において，社外役員の選任議案への賛成比率が70％以下だった企業は6％（2017年は4％弱）に上った[10]。さらに，不祥事を起こした企業や業績が低い企業では会長・社長などの取締役選任議案への賛成比率が低下した。

　2018年6月に株主総会を開催した企業では，株主提案が過去最高の42社に上った。株主提案の内容は，会社とは異なる社外取締役の提案（アルパイン），取締役会議長と最高経営責任者の兼務禁止（三菱UFJ・FG，みずほFG）[11]など多様化している。

　さらに，これらの株主提案に対して，機関投資家が賛成するケースが増加している。なかにはファンドが行った株主提案にほかの機関投資家が賛成し，賛成比率が45％に達したGMOインターネット（2018年3月の総会）のような例もある[12]。これは機関投資家がスチュワードシップ・コードの改正で，議案ご

とに賛否の開示を求められるようになったためである[13]。

さらに機関投資家は賛否の理由を説明することも求められることになったため，ISSやグラスルイスなどのような議決権行使助言会社の存在も大きなものとなった。機関投資家が賛否の理由を説明する際に助言会社の推奨に従ったと説明すれば，この責任を果たすことができるからである。

2．取締役会

2015年以降，日本の会社機関の中で最も改革が進んだのは取締役会である。とくにコーポレートガバナンス・コードの適用開始以降，独立社外取締役の選任が急増しており，上場企業のほとんどが，2名以上の選任というコードの要求を達成している。

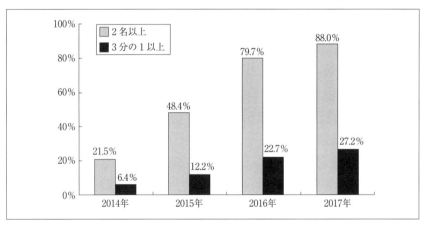

図表5－7　独立社外取締役の選任比率の推移（市場第一部）

出所：佐々木元哉（2017）「コーポレートガバナンス・コードへの対応状況（2017年）」『監査役』2017年12月25日号，12ページ。

コーポレートガバナンス・コードは独立社外取締役を2名以上選任することを求めているが，2017年には一部上場企業の88％がこの原則を遵守している。2014年（21.5％）と比較すると，66.5ポイントの増加であり，コーポレートガバ

ナンス・コードの適用開始が大きな影響を与えていることが分る。さらに，独立社外取締役が取締役会の3分の1以上を構成している企業の比率は，2014年の6.4%から2017年は27.2%に上昇している。

2004年から2017年までの社外取締役，独立取締役の人数（東証一部）についての，日本取締役協会の調査結果をみると，2015年から急増していることが明確である。コーポレートガバナンス・コードの適用開始が大きな効力を発揮していることが分る。

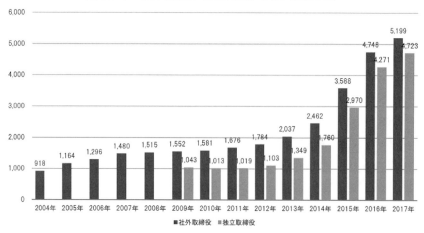

図表5-8　社外取締役／独立取締役　人数（東証1部）

（注）2004年～2006年　有価証券報告書に基づく2次データ，2007年以降　東証コーポレート・ガバナンス情報サービスを利用して作成。毎年8月1日に集計。
出所：日本取締役協会（2017）『上場企業のコーポレート・ガバナンス調査』，http://www.jacd.jp/news/odid/cgreport.pdf, 2018年8月12日アクセス，8ページ。

コーポレートガバナンス・コードは，補充原則4-10①において，監査役設置会社または監査等委員会設置会社の形態をとる会社に対して，取締役会の下に任意の諮問委員会を設置することを促している。これに応える形で，任意の諮問委員会を設置する会社が増加しており，2017年には（法定・任意を合わせて）指名委員会を設置している会社は一部上場企業の31.8%，同様に報酬委員会を設置している会社は34.9%に達している[14]。

第5章　会社機関によるコーポレート・ガバナンス　91

　指名委員会等設置会社[15]における指名委員会はその委員の過半数が社外取締役でなければならず，その人事案には法的拘束力があるのに対し，任意の指名委員会の人事案は法的拘束力をもたず，構成員の開示義務もない。したがって，コーポレート・ガバナンスの面では不完全な制度ではある。しかし，2016年にセブン＆アイで鈴木敏文会長が辞任に追い込まれた事例やセコムの会長と社長が解任された事例は，いずれも任意の指名委員会での議論がきっかけとなった。任意とはいえ取締役や最高経営者の人事に大きな影響をもつ指名委員会が2014年から，コードの適用が開始された2015年を挟んで，2016年には5倍強の600社に増加した[16]ことの意味は大きいということができる。

　旧来の監査役設置会社では4割強が任意の指名委員会を設置しているのに対し，2015年の改正会社法で新設された監査等委員会設置会社（2016年11月現在で上場企業の約2割，674社がこの形態を採る）では3割弱が設置しているに過ぎない[17]。

　また，企業法務を専門とする弁護士に対するアンケート調査[18]においても日本企業のコーポレート・ガバナンス改革で最も取り組みが遅れているのは指名委員会にかかわる事項であった。具体的には「経営トップの選任過程の透明化（54％の弁護士が指摘）」「相談役・顧問制度の見直し・廃止」などであった。

　一方，報酬委員会の設置について日本企業はさらに消極的で，2014年からの2年間で3倍に増えたとはいえ，任意の報酬委員会も含め，設置している企業は東証1部上場企業の3割に当たる約600社である[19]。社長が役員の報酬を決定する従来の制度から社外取締役を過半数とする報酬委員会に報酬決定制度を変更しなければ，経営者に対する監視機能が働かないことは言うまでもない。社長ではなく報酬委員会が，定められた報酬基準に基づいて，透明性の高いプロセスを通して個々の役員の報酬額を決定する制度に変更することは，コーポレート・ガバナンス改革において重要な意味を持っている。

第6節　おわりに

　日本企業の株式価格は海外の企業と比べて非常に低い水準で推移してきた。たとえ業績が順調であったとしても，利益率が低く，また不祥事の発生も頻繁であったため，日本企業に対する投資家の評価は不当といえるほど低いものであった。アベノミクスの一環として始められた日本のコーポレート・ガバナンス改革の目的は，ガバナンス改革によって日本企業の価値を向上させ，企業を持続的発展へと向かわせようとすることであった。

　2015年から始まった日本のコーポレート・ガバナンス改革は，多くの専門家が指摘するように，これまでに経験したことがない程大きな成果を挙げている。だが，依然として日本企業は海外企業に比べて，取締役会における社外取締役の比率が非常に低く，株主総会の議論も活発ということはできない。2018年にはコーポレートガバナンス・コードとスチュワードシップ・コードの改訂版が適用され，ソフトローによる改革がさらに促進されることになった。これにより，日本のコーポレート・ガバナンス改革は，「形式」面での整備から「実質化」に向けた取り組みが動き始めたことになる。しかし，世界の動向に目を向けると，ESG 投資の流れが急速に進んでおり，企業は財務的業績だけでなく，非財務的業績に対しても厳しい評価が行われるようになってきており，既にアメリカでは有形資産への投資よりも無形資産への投資の方がはるかに大きくなっているのが現状である。先進国と比べ周回遅れの感がある日本企業には，ESG の視点からの，スピード感のある改革も求められている。

【注】

（1）『日本経済新聞』，1996年6月27日夕刊。
（2）商事法務研究会編『株主総会白書　1992年版』商事法務研究会，1992年，102ページ。
（3）商事法務研究会編『株主総会白書　2010年版』同2006年版。

（4）伊藤智文（1994）「商法改正2632社の社外監査役の実態」週刊東洋経済『企業系列総覧，95』東洋経済新報社，16～23ページ。

（5）同上稿。

（6）『朝日新聞』1999年4月16日。

（7）『日本経済新聞』2018年6月24日。

（8）『日本経済新聞』2018年6月15日。

（9）『日本経済新聞』2018年6月30日。

（10）『日本経済新聞』2018年7月4日。

（11）『日本経済新聞』2018年6月22日。

（12）『日本経済新聞』2018年6月25日。

（13）『日本経済新聞』2018年6月22日。

（14）佐々木元哉（2017）「コーポレートガバナンス・コードへの対応状況（2017年）」『監査役』2017年12月25日号，14ページ。

（15）2016年12月時点における指名委員会等設置会社の数は69社（全上場企業の約2％），監査等委員会設置会社は680社（同19％），監査役設置会社は2,765社（約79％）である。（『日本経済新聞』2016年12月20日）

（16）『日本経済新聞』2016年10月8日。

（17）『日本経済新聞』2016年11月17日。

（18）日本経済新聞が実施した第12回「企業法務・弁護士調査」『日本経済新聞』2016年12月19日。

（19）『日本経済新聞』2016年12月21日。

【参考文献】

石山卓磨（2014）『会社法改正後のコーポレート・ガバナンス』中央経済社。

北川哲雄編（2015）『スチュワードシップとコーポレート・ガバナンス』東洋経済新報社。

中西敏和・関孝哉編著（2012）『別冊商事法務 No.368　上場会社におけるコーポレート・ガバナンスの現状分析〔平成24年版〕』商事法務。

中村直人・倉橋雄作（2015）『コーポレートガバナンス・コードの読み方・考え方』商事法務。

みずほ信託銀行株式戦略企画部編（2011）『臨時報告書における議決権行使結果開示の傾向〔平成22年・23年の事例分析〕』商事法務。

第 6 章
外部監視によるコーポレート・ガバナンス

第1節　はじめに

　現代の巨大な株式会社においては株式が広範に分散し，企業を支配するような大株主が存在しない状況となっている企業が多くみられる。このような，いわゆる経営者支配型の企業においては，さまざまな方法で経営者を監視することによって経営者の暴走に歯止めをかけ，経営者が効率的に企業を経営していくように監視していくことが重要になる。経営者を監視するシステムを整備し，そのシステムを効果的に機能させること，すなわち，コーポレート・ガバナンスが重要な意味をもつことになる。

　経営者を監視する方法には，株主総会や取締役会などの会社機関を介して企業の内部から監視する方法と，株式市場や政府機関，機関投資家の活動，公認会計士による会計監査など，企業の外部から監視する方法がある。

　ここでは，外部監視によるコーポレート・ガバナンスについて，日本企業の最近の動向を中心に見ていくことにする。日本では2015年にスチュワードシップ・コードとコーポレートガバナンス・コードの2つのコードの適用が始まり，日本のコーポレート・ガバナンス改革が大きく進展した。スチュワードシップ・コードは機関投資家が守るべき行動原則であるが，これによって機関投資家の企業に対する外部監視が強化された。コーポレートガバナンス・コードは東京証券取引所（東証）のルールであり，東証のルールにより企業への外部監視を強化しようとするものである。さらに，2017年3月には監査法人のガ

第6章　外部監視によるコーポレート・ガバナンス　95

バナンス・コードも公表された。本章では３つのコードによるコーポレート・
ガバナンス改革の状況についても見ていくことにする。

第2節　市場の規律

　外部から企業を監視する方法として代表的なものは，資本市場からの監視で
ある。一般に，敵対的企業買収の標的となるのは企業価値の低い企業である。
株価が低く，株式時価総額がその企業の純資産よりも低い企業は，敵対的企業
買収の標的になりやすい。たとえば，総資産が120億円で株式時価総額が100億
の企業があったとしよう。買収者がその企業の株式を全て買い集め，支配権を
握った上でその企業の資産を切り売りすれば，理論上，それだけで利益（20億
円）を出すことができる。それ故，純資産と比べて株式時価総額が低い，すな
わちPBR（株価純資産倍率）が１を下回る企業は敵対的買収者に狙われることが
多い。

　こうした企業の経営者は企業の資産を有効に活用していないことになるた
め，有能な経営者がこうした企業を買収し，こうした企業の資産を管理するこ
とになれば，資産が有効に活用されることにもなる。敵対的企業買収が活発に
行われるような経済システムの下では，全ての企業の保有する資産が有効に活
用される可能性をもつことになる。したがって敵対的企業買収がしやすい経済
システムを形成し維持することは，理論的には，社会全体の資産の効率的な運
用につながるため，国家レベルでの利益にもつながることになる。

　また，敵対的企業買収の恐脅が存在することは，経営者に対する大きな圧力
をもたらす。非効率な経営によって株価を下落させ，企業価値を下落させた企
業は，敵対的な買収の標的となる。敵対的買収によって買収された企業の経営
者は解雇されてしまうのが普通であるから，経営者は企業を効率的に経営しよ
うと努める。このように，敵対的企業買収の恐脅が常に存在すること，そして
それが経営者への圧力（規律づけ）になることは，「市場の規律」と呼ばれてい
る。市場の規律は株式市場による規律づけだけではない。社債の格付けなどに

よっても規律づけは行われており，格付けの引き下げなどは経営者に対する大きな恐喝となる。敵対的企業買収の恐喝が存在することによって市場の規律が働き，経営者は企業を効率的に経営しようと努力し，そのことによって経営資源の効率的な活用，ひいては社会全体の資源の効率的な活用が実現することになる。

　他方，買収された企業では，経営の効率化のために，従業員が解雇されたり，工場が閉鎖され地域社会の経済が沈滞したり，取引先が倒産したりするといったマイナスが発生することもある。敵対的企業買収はこのように，ステークホルダーに対して負の影響を与える側面ももっている。そのため，アメリカでは州が敵対的企業買収を制限する法律を制定する例も多く見られる。

　ところで，日本では敵対的企業買収は，従来ほとんど見られなかった。敵対的買収は「乗っ取り」などとも呼ばれ，経済界に悪いイメージが定着していたこともあるが，その最も大きな理由は，日本企業が安定株主によって守られていたためである。安定株主には従業員持株会，顧客，取引先などがあるが，最も重要な役割を果たしてきたのが，株式相互持合い（株式相互所有）である。これらの安定株主は特定企業の株式を長期に保有し，敵対的買収者が現れ，有利な条件（高い買い取り価格）を提示しても，決して株式を売却しない。つまり，敵対的買収者は標的企業の株式を買い集めることができないのである。このことは，日本では市場の規律が働かなかったことを意味する。

　ところが，1990年代以降，敵対的買収に対する防衛策として長年機能してきた，株式相互所有の解消が進み，外国人の株式所有比率が高まってきた。すなわち，株式の所有構造が変化し，敵対的企業買収のリスクが高まったため，日本企業は事前警告型買収防衛策の導入など，株式相互所有以外の買収防衛策に頼らざるを得ない状況となった。

　また，2015年にコーポレートガバナンス・コードの適用が始まったことにより，株式相互所有の解消がいっそう進みつつある。これによって，日本でも，市場の規律が効果を発揮する環境が整えられていくことになった。さらに2015年にはスチュワードシップ・コードの適用も始まり，経営者に対する機関投資

第6章　外部監視によるコーポレート・ガバナンス　97

家の圧力が強化された。第2節では，まずコーポレートガバナンス・コードからみていくことにする。

第3節　コーポレートガバナンス・コードの適用と企業の変化

　2015年3月5日に作成され，2015年6月1日から運用が開始されることになったコーポレートガバナンス・コード原案は，東京証券取引所（東証）の有価証券上場規程の別添として設けられ，東証の全上場会社に適用される。東証以外の各証券取引所においても，この原案に準じたコードが策定され，適用されることになる。

　日本版コーポレートガバナンス・コードはいわゆるプリンシプル・ベース・アプローチと呼ばれるガバナンス・コードで，今日グローバル・スタンダードとなっている OECD コーポレート・ガバナンス原則を参考に作られたものである。アメリカにおけるコーポレート・ガバナンスのアプローチは，ルール・ベース・アプローチと呼ばれるもので，SOX 法（Sarbanes-Oxley Act，企業改革法）や SEC 規則などで厳格な規定が設けられ，これに違反した場合には厳しい罰則が設けられている。これに対してプリンシプル・ベース・アプローチでは遵守すべき規範が設けられてはいるものの，遵守しなかったとしても罰則があるわけではない。その代わりに遵守しない理由について説明しなければならない。これは「遵守せよ，さもなくば説明せよ（comply or explain）」型のコーポレート・ガバナンスと呼ばれ，その説明に対する評価は市場に委ねられている。

　プリンシプル・ベースによるコーポレート・ガバナンスの改善は，ハードローによって経営者に形式的なコーポレート・ガバナンスの整備を強制するのではなく，経営者が「自発的」に自社のコーポレート・ガバナンス体制を整備するよう誘導しようとするものである。そして，経営者によるコーポレート・ガバナンス改革が自己満足に終わるのではなく，経営者による説明（explain）

が市場やステークホルダーの評価を通じて経営者にフィードバックされることによって持続的に経営者にコーポレート・ガバナンス改善を促すという点が重要である。このような仕組みを取り入れることによって，経営者が，投資家と対話しながら，常に「自発的」にコーポレート・ガバナンスの改善に取り組むことになり，コーポレート・ガバナンスの形骸化を抑止する可能性が高まるということができる。

　エンロン事件の教訓を経て2002年にアメリカは厳格なSOX法を制定した。この法律は違法行為を行った経営者に対する厳しい罰則を含む法律であった。しかし，それにもかかわらず，2008年にはリーマン・ブラザーズをはじめとする多くの金融機関の不祥事が発生し，世界を長期不況に陥れた。これは，ハードローによる外からの規制には限界があることを示すものである。ここに，ソフトローによって経営者を「自発的」なコーポレート・ガバナンスの実践に導こうとするプリンシプル・ベース・アプローチに期待が集まるゆえんがある。

　コーポレートガバナンス・コードは，基本原則，原則，補充原則の3種類で構成されており，合計73本の原則が掲げられている（2018年にコーポレートガバナンス・コードが改訂され，原則は78になった）。基本原則は，①株主の権利，②ステークホルダーとの協働，③情報開示，④取締役会等の責務，⑤株主との対話という5つの抽象的な基本原則から構成されており，これらをより具体化したものが30の原則，そしてそれをさらに具体化したものが38の補充原則である[1]。東証の全ての上場企業にはこれら73の原則が適用されるが，マザースおよびJASDAQ上場企業については，コンプライ・オア・エクスプレインの対象は5つの基本原則のみに限定されている[2]。

　日本でコーポレートガバナンス・コードの適用が開始されて1年余りが経過した2016年9月13日，東京証券取引所は，2016年7月時点における上場企業のコード遵守状況を公表した[3]。この調査によると東京証券取引所第一部，第二部上場企業のうち73項目のコードの全てを遵守している会社は21.0%，コードの90%以上を遵守している会社は63.5%であり，合計84.5%の企業がコードの90%以上を遵守していることが判明した。

第6章 外部監視によるコーポレート・ガバナンス　99

　イギリスの FTSE350 株価指数の構成銘柄でイギリス・ガバナンスコードの
全原則を実施している会社の比率は，2015年12月末時点で57.1％であるので，
イギリスと比べると遵守率は低い[4]。しかし，東京証券取引所に上場する優
良企業400社の株価指数である JPX 日経400の構成銘柄で見ると60.7％となり，
イギリスとほぼ同水準となる。さらに，TOPIX100の構成銘柄における全項目
遵守率は68％に達しており[5]，会社の規模（時価総額）が大きいほど遵守率が
高くなっている。

　項目別に見て，遵守率が2015年と比べて10ポイント以上上昇した項目は，
「独立社外取締役の2名以上の選任」（原則4-8）[6]，「取締役会による取締役会
の実効性に関する分析・評価，結果の概要の開示」（補充原則4-11③），「情報開
示の充実」（原則3-1），「召集通知の早期発送及び発送前 Web 公表」（補充原則
1-2③）の4項目である。取締役会評価の遵守率が急上昇したのは，コードの
適用開始以降，15年度から取締役会評価を始めた企業が多かったためと考えら
れる。

　コードではコンプライ・オア・エクスプレインのルールに基づいて遵守して
いない項目について，遵守しない理由を説明しなければならない。説明率，す
なわち遵守しない比率が最も高かったのは，「議決権行使のための環境整備・
召集通知の英訳」（補充原則1-2④）であり，東証が公表した「コーポレートガ
バナンス・コードへの対応状況（2017年7月14日時点）によれば，遵守しない比
率は2017年には55.8％で，2016年に比べ1.9ポイント減であった。2番目は「取
締役会の実効性評価」（補充原則4-11③）である（同じく2017年には28.7％で16.1ポイ
ント減）。「議決権電子行使のための環境整備・召集通知の英訳」については，
自社の株主構成において海外投資の比率が低いことなど，自社固有の事情によ
り原則を遵守しない予定であることを説明する企業が大半を占めている[7]。
こうした説明は前回調査の約6割から9割へと増加しているが，企業が現在の
株主だけを考え，将来株主となる可能性をもつ者を考慮しないのは疑問であ
る。

　遵守しない比率が高い項目の3番目は業績連動型報酬制度の導入である。こ

の項目については遵守するかどうか検討中とする企業が約7割，遵守する予定なしと説明した企業が約2割を占めた（同じく遵守しない企業の比率は29.1%，2016年比で2.3ポイント減）。遵守する予定がない企業は，その理由を，「自社の業績がその時々の商品市況状況や為替相場の影響を強く受けてしまい，経営戦略の達成状況と必ずしも連動しない」ことや「自社の経営理念の実現を図るため」などと説明している[8]が，妥当な説明であると評価される[9]。過度な業績連動型報酬制度がアメリカの投資銀行の不祥事を招来したことは周知の事実であり，また業績向上への過度な圧力が東芝の不祥事を招いたことも省みなければならない。

遵守率が5番目に低かった「指名・報酬などに対する独立社外取締役の適切な関与・助言」（同じく遵守しない企業の比率は23.3%で2016年比で2.3ポイント減）については今後遵守する予定なしとする企業が半分を占めている[10]。独立社外取締役の適切な助言を得る方法として，コードは任意の諮問委員会の設置を例示している。近年任意の指名委員会，報酬委員会が急増しているのは周知の事実である。

今なお遵守率の低い原則があるとはいえ，2015年6月にコードの適用が開始され，約1年後（2016年7月時点）のコードの遵守率は，独立社外取締役の選任などにおいて，非常に高いものであると考えることができる[11]。イギリスやドイツにおいてもコードの遵守率は毎年上昇しているため，日本企業のコーポレート・ガバナンスも今後，相当程度改善を期待することができる。ヨーロッパ各国ではコードそのものの見直しも行われ，それに加えてコードの遵守率も上昇しているため，企業のコーポレート・ガバナンスは急速に改善の途を歩んでいる。

また，日本においても2つのコードのフォローアップ会議が金融庁と東京証券取引所によって設置され，コードそのものが改訂されるとともに，コードの実効性をさらに高めようとする動きが見られる。機関投資家や議決権行使助言会社の中には独立社外取締役を3名以上とする提案や取締役会の3分の1以上とする提案なども行われており[12]，日本のコーポレート・ガバナンス改革に

第6章　外部監視によるコーポレート・ガバナンス　101

対するステークホルダーの圧力は日増しに高まっているということができる。独立社外取締役を選任した企業ではROEが上昇したという調査結果も出されている[13]ため，今後経営者自身が企業価値を高めるためにコーポレート・ガバナンス改革を推進することも多くなると思われる。

　社外取締役と企業業績の関係については，内閣府の調査によっても明らかにされている。すなわち社外取締役を増員した企業では設備投資の売上高に対する比率が上昇し，ROEも上昇した（2人以上増やした企業のROEは2011年から14年の間で平均11.4％に達した）[14]。

第4節　スチュワードシップ・コードと機関投資家の行動の変化

　年金基金は年金加入者から預かった資金を株式や国債などで運用し将来の年金支払いに備える機関投資家であり，保険会社も保険加入者から預かった資金を運用する機関投資家である。年金基金や保険会社は自らも投資活動を行うが，投資顧問会社に資金運用を委託することも多い。これら投資顧問会社も機関投資家と呼ばれる。年金基金，保険会社，投資信託などの日本の機関投資家は，本来その資金の出し手の利益を第一に考えて株主総会で議決権を行使すべきであるが，日本ではこれらの機関投資家が投資先企業に配慮し，投資先企業の提出議案に常に賛成することが多かった。しかし，スチュワードシップ・コードの導入によりこうした行動を取り続けることが難しくなった。

　金融庁は2014年2月に日本版スチュワードシップ・コードを作成し，2015年から適用を開始した。スチュワードシップ・コードは機関投資家が取るべき行動原則のことで，2010年にイギリスで導入され，これをモデルとして日本版スチュワードシップ・コードが作成された。その後，韓国，シンガポールなどアジア諸国でも導入が進み，2018年にはアメリカ，オランダ，オーストラリアの導入開始によって18カ国に増えた[15]。

　日本版スチュワードシップ・コードは，前節で述べたコーポレートガバナン

ス・コードと同様プリンシプル・ベースと呼ばれる規制である。日本版スチュワードシップ・コードには，以下に示す機関投資家の7つの責務が明記されている[16]。

原則1 機関投資家は，スチュワードシップ責任を果たすための明確な方針を策定し，これを公表すべきである。

原則2 機関投資家は，スチュワードシップ責任を果たす上で管理すべき利益相反について，明確な方針を策定し，これを公表すべきである。

原則3 機関投資家は，投資先企業の持続的成長に向けてスチュワードシップ責任を適切に果たすため，当該企業の状況を的確に把握すべきである。

原則4 機関投資家は，投資先企業との建設的な「目的を持った対話」を通じて，投資先企業と認識の共有を図るとともに，問題の改善に努めるべきである。

原則5 機関投資家は，議決権の行使と行使結果の公表について明確な方針を持つとともに，議決権行使の方針については，単に形式的な判断基準にとどまるのではなく，投資先企業の持続的成長に資するものとなるよう工夫すべきである。

原則6 機関投資家は，議決権の行使も含め，スチュワードシップ責任をどのように果たしているのかについて，原則として，顧客・受益者に対して定期的に報告を行うべきである。

原則7 機関投資家は，投資先企業の持続的成長に資するよう，投資先企業やその事業環境等に関する深い理解に基づき，当該企業との対話やスチュワードシップ活動に伴う判断を適切に行うための実力を備えるべきである。

これまで日本の機関投資家は企業の株式に投資するだけで，株主総会で発言することもない，「モノ言わぬ株主」として存在するだけであった。日本版スチュワードシップ・コードは，機関投資家が誰に対して責任を負い，その責任を遂行するためにどのように行動すべきであるのかを明確に示したということ

ができる。すなわち，機関投資家は，自らの資金の出し手に対して第一義的な責任を負い，その責任を果たすために企業経営者に対して積極的に働きかけなければならないのである。これまでのように投資先企業への配慮から「モノ言わぬ株主」の姿勢を続けていては，資金の出し手に対する責任を果たしていないばかりでなく，投資先企業の持続的成長にも貢献していないことになる。日本版スチュワードシップ・コードは機関投資家の受託者責任を明確にし，資金の出し手に対して説明責任を果たすことを求めようとしているということができる。

　日本版スチュワードシップ・コードを受け入れた機関投資家の数は2018年4月の時点で227にのぼる[17]が，この中には約160兆円（2018年6月現在）の運用資金をもち，世界最大の機関投資家といわれるGPIF（年金積立金管理運用独立行政法人）も含まれる。GPIFは既に2014年にスチュワードシップ・コードの受入れを表明していたが，日本政府系の巨大年金基金がスチュワードシップ・コードへの取り組みにおいて積極的な姿勢を見せていることの意味は大きい。GPIFは，2017年1月に「平成28年スチュワードシップ活動報告」を公表し，自らの議決権行使結果を公表しているばかりでなく，優れた「コーポレート・ガバナンス報告書」，優れた「統合報告書」をもつ企業を公表し，企業のコーポレート・ガバナンス改善を主導しようとしている。また，PRI（国連責任投資原則）やICGN（International Corporate Governance Network），ACGA（Asian Corporate Governance Association）など国外の関係団体，機関との連携強化を図りつつ，国内のコーポレート・ガバナンス改革を先導する立場を確保しつつある。

　成長が続く年金基金や生損保はその資金の出し手の多くが一般市民であるため，一般市民の利益を重視したコーポレート・ガバナンス改革が期待される。また，国際的にもESG投資が浸透しており，機関投資家は短期的利益を追求するコーポレート・ガバナンスから持続可能な，企業の長期的成長を追求するコーポレート・ガバナンスへと重心を移しつつある。

　日本投資顧問業協会は2017年10月に，会員である投資顧問会社212社に対してアンケート調査を実施し，その結果を「日本版スチュワードシップ・コード

への対応等に関するアンケート（第4回）の結果について」と題する資料として公表している[18]。それによると，議決権行使状況について，会社提案議案に対して反対・棄権した会社数は投資顧問会社1社当たり平均146社（会員1社当たりの行使対象とした総会社数の平均354社に対し41％），反対・棄権した議案件数は会員1社当たり平均359件（会員1社あたりの行使対象とした総議案件数の平均3,195件に対し11％）であった[19]。反対・棄権比率が最も高かった議案は退職慰労金支給（反対・棄権比率43.6％），新株予約権発行（同18.4％），監査役選任（同17.0％）などの議案であった。

また，株主総会招集通知に関して会員会社が企業側に改善を求める事項としてあげているのは（複数回答）「早期発送」（56.0％），議案の説明充実（44.7％）などであった。また議決権の行使結果を，個別の投資先企業および議案ごとに公表している企業は39.2％であったが，この項目については2017年5月に改正された日本版スチュワードシップ・コードで，議案ごとの行使結果の開示が推奨されることになったので，2018年以降はさらに公表比率の上昇が予想される。

図表6-1　ソフトローに基づく企業の監視

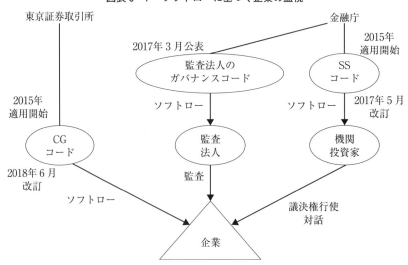

出所：筆者作成。

第6章 外部監視によるコーポレート・ガバナンス 105

　金融庁は，さらに「監査法人の組織的な運営に関する原則」（以下，監査法人のガバナンス・コード）を策定し，監査法人改革にも着手した。金融庁は2016年末に5つの原則と22の指針からなる監査法人ガバナンス・コード案を提示したが[20]，その中で最も注目されているのは一定期間で監査法人を交代させる制度の導入を検討していることである。

　監査法人ガバナンス・コードは，原則1.監査法人が果たすべき役割，原則2.組織体制，原則3.第三者の役割，原則4.業務運営，原則5.透明性の確保の5つの原則と，それぞれの原則ごとに付された合計22の指針で構成されている。これを要約すれば，監査法人はその公的役割を自覚し，その役割を担うのに必要な組織体制を構築し，その経営機能の実効性を監督・評価する第三者機関を設置すべきである。また，監査法人は会計監査の品質向上に向けた意見交換や議論を積極的に行うべきであり，さらにこの原則の適用状況について資本市場参加者等が評価できるように透明性を確保すべきである，というものである。

　監査法人ガバナンス・コードはソフトローであり，このコードを遵守しない場合にはその理由を説明しなければならない。海外の監査法人においてもその監査機能の形骸化が多くの企業不祥事の要因となっており，近年各国で監査法人改革が進められている。監査法人ガバナンス・コードも同様の改革の流れに沿ったものであるが，監査法人の社会的役割を明文化し，監査の適正化に向けて改善を迫ることの意義は大きいということができる。

　監査法人と監査を受ける企業の経営者との癒着が企業不祥事を発生させる要因の1つであることは広く知られており，不祥事が起きるたびにこの問題が議論されている。EUでは，2016年に一定期間で監査法人を交代させる制度が導入されており，日本でも今後導入に向けた検討が進められると考えられる。

第5節　機関投資家の活動の強化

　2015年に2つのコードの適用が始まった結果，日本企業のコーポレート・ガ

バナンス改革は大きく進展することになった。

　まず，1990年代まで，日本のコーポレート・ガバナンスにとって大きな問題とされてきた株式相互所有が解消に向けて急速に進み始めた。金融庁の銀行行政により，1990年代後半から，銀行を中心に形成されてきた株式相互所有は徐々に解消が進められてきたが，2015年のコーポレートガバナンス・コードでは，一般企業に対しても株式相互所有について，「保有の狙い・合理性について説明する」という表現で暗にその解消を求めた。さらに，2018年の改訂コーポレートガバナンス・コードにおいては「縮減に関する方針・考え方を開示する」という内容で，解消すべきことを前提に，企業にその対応を迫るものへと変化した。このような状況の中で，90年代に約5割だった株式相互所有の市場全体に占める割合は，2018年には15％（議決権ベースでは22％）に減少した[21]。

　株式相互所有の解消に伴って市場で売却された株式を購入してきたのは，主として外国人機関投資家であり，近年日本企業の外国人の所有比率は約30％に上昇している。外国人機関投資家は，これまでもコーポレート・ガバナンス活動に熱心であったが，日本の機関投資家もスチュワードシップ・コードにより，資金の出し手の利益を第一義に捉えて行動しなければならなくなったため，株主総会で積極的に議決権を行使するように行動が変化した。保険会社や投資信託など日本の機関投資家はこれまで，投資先企業への配慮から「モノ言わぬ株主」の姿勢を貫いてきたので

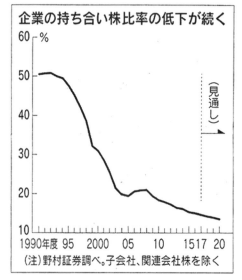

図表6-2

出所：『日本経済新聞』2018年6月15日。

あるが，スチュワードシップ・コードにより機関投資家は個別議案に対する賛否の議決結果を明らかにしなければならなくなった。

　その結果，機関投資家は会社側の提案に厳しい判断を示すようになり，2018年の株主総会では賛成比率が90％を下回った取締役は前年比12％増の479人と過去最多となったほか，総会前に，反対多数となることが危ぶまれた取締役や監査役候補者を取り下げるケースが12社，14件に上った[22]。

　このように，株式相互所有の所有比率の低下とスチュワードシップ・コードにより株主総会はますます緊張感を伴うものとなりつつある。

第6節　金融庁による監査法人の監視の強化

　金融庁は会計監査の品質を向上させるため，企業のゴーイングコンサーンの記載の義務づけ（02年），公認会計士法の改正（03年），公認会計士・監査審査会の新設（04年）などの法律・制度の整備を進めてきた。それと同時に不正会計に対しては，監査法人および企業の両方に対して処分を強化してきた。

　これまで，監査法人の会計監査が甘く，そのことが企業の不正会計を助長してきたと批判されてきた。公認会計士と経営者が癒着し，公認会計士が粉飾決算に積極的に加担してきた事例も少なくない。公認会計士・監査審査会の役割のひとつは，監査法人の会計監査の質を高めることにある。そのための仕組みは図表6-3に示す通りである。

　まず，監査法人が企業に対して実施した会計監査を日本公認会計士協会がチェックして公表する。これは「品質管理レビュー」と呼ばれる。この「品質管理レビュー」はさらに公認会計士・監査審査会の審査をうける。公認会計士・監査審査会は日本公認会計士協会，監査法人，企業などに検査を行うことができ，問題があれば金融庁に処分の勧告を行うことができる。金融庁はこの勧告にもとづき，日本公認会計士協会には事業改善命令を，監査法人に対しては業務改善提示や懲戒処分などを行うことになる。

図表6-3　会計監査の品質評価のしくみ

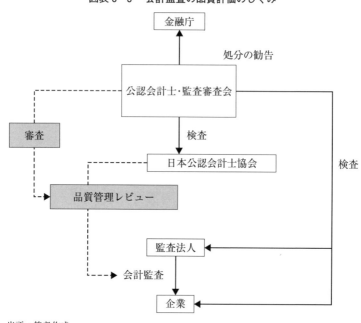

出所：筆者作成。

　公認会計士・監査審査会は2006年6月30日付けで、「4大監査法人の監査の品質管理について」と題する検査報告書を公表した[23]。これは日本公認会計士協会が実施したあずさ監査法人、監査法人トーマツ、新日本監査法人、中央青山監査法人の4大監査法人に対する品質管理レビューを公認会計士・監査審査会が審査した後、4大監査法人に対して行った検査の結果である。報告書において、監査の品質管理が不十分であると指摘された項目は、業務運営全般から組織監査などに至るまで多岐に渡っており、監査の品質に大きな問題があることが明らかになった。

　カネボウの粉飾決算への加担を理由とする、中央青山監査法人に対する2006年の2ヶ月に及ぶ業務停止命令は、これまでの慣例を覆す厳しい処分であった。金融庁は2006年5月に中央青山監査法人に2006年7月から2ヶ月の業務停止命令を下し、関係した会計士2人に登録抹消、1人に業務停止1年間の処分

を行った。この業務停止命令によって中央青山監査法人の監査先企業約5,500社（うち法定監査を受けている企業は約2,300社）が重大な影響を受けることになった[24]。この処分の結果，中央青山監査法人は顧客企業の離反や組織の分裂（みすず監査法人とあらた監査法人に分裂したほか社員の流出など）という深刻な状況に陥り，さらには公認会計士の相次ぐ流出により解散に追い込まれた。

この事件を受けて，金融庁は公認会計士法の改正などによって監査法人への行政処分を多様化する方針を打ち出した。従来，監査法人への行政処分は「戒告」と「業務停止命令」，「解散命令」であったが，これに業務改善命令や役員解任命令，課徴金などの行政処分を加えることが06年12月の金融審議会で決まった[25]。中央青山監査法人への業務停止命令が顧客企業に大混乱をもたらしたことから，早い段階で迅速に行政処分を行うことにより混乱を小規模にとどめようとするねらいがある。監査法人に対す刑事罰の導入は監査法人業界の猛反対もあり，さらに検討することになった。

また，2005年には，証券取引法によって，有価証券報告書への虚偽記載やインサイダー取引に対する課徴金制度が導入されたが，2006年に金融庁が課徴金納付を命じたのは合計15件[26]であり，この制度によって法令違反に対して機動的に対処することができるようになった。刑事裁判のためには証拠集めなどに多くの時間や人員を要するが，行政処分である課徴金にはこうした煩雑な手続きが必要ないため，迅速な対応が可能になった。

第7節　監査法人による監査の厳格化の要請

企業に対する会計監査は元来，株主や債権者，そのほかのステークホルダーのために行われるのであり，経営者のために行われるのではない。しかし，現実には公認会計士や監査法人は企業から監査報酬を受け取って，会計監査を行っているため，公認会計士や監査法人にとって企業は顧客の関係にある。従来，どの監査法人に監査を依頼するかを実際に決めているのは経営者であったから，監査の依頼を失いたくない監査法人は経営者の無理な要求をも受け入れ

ようとしがちである。ここに監査法人による監査がしだいに甘くなる要因があり，公認会計士と経営者の癒着を生む土壌があった。2015年の改正会社法により，監査役設置会社では監査役が，指名委員会等設置会社では監査委員会が，監査等委員会設置会社では監査等委員会が，それぞれ監査法人を選定することになった。しかし，これによって監査法人を選定するプロセスに経営者の介入が完全に排除されたのか，ということはさらに検討の余地がある。

　三田工業（1998年），ヤオハンジャパン（2000年），フットワークエクスプレス（2002年），足利銀行（2005年），ライブドア（2006年），オリンパス（2011年），東芝（2015年）など，これまで公認会計士が粉飾決算を見逃したり，これに積極的に加担してきたりした例は多く，こうした事件が起こるたびに経営者と会計士の癒着関係が批判されてきた。アメリカでは2001年にエンロン事件が発覚し，エンロンの粉飾に積極的にかかわってきた会計事務所アンダーセンが解散に追い込まれた。この事件を教訓にアメリカではサーベンス・オクスレー法（Sarbanes-Oxley Act）が制定され，上場企業会計監視委員会（PCAOB）の新設をはじめ，企業の会計監査に対する徹底的な規制強化が行われたが，日本ではアメリカのこの教訓を生かすことができなかった。

　2005年にはカネボウの粉飾決算に加担した中央青山監査法人の会計士が逮捕され，2006年にはライブドアの粉飾決算にかかわった港陽監査法人の会計士が摘発された。カネボウは赤字の子会社を連結から外すなどの方法により決算を粉飾し，有価証券報告書に虚偽の記載をしてきたが，中央青山監査法人の担当会計士は，カネボウに対し粉飾の具体的な方法を教唆するなど，深くかかわってきた。この事件では証券取引法違反（有価証券報告書の虚偽記載）で逮捕（05年9月）された4人の会計士（うち1人は不起訴）はそれぞれ15年から30年の長期にわたってカネボウの会計監査を担当していたこと，現場を実際に調査した監査法人の職員らが担当会計士にカネボウの「架空売り上げの計上」などの問題点を指摘していたにもかかわらず，カネボウの経営者や担当会計士に聞き入れられなかったことなど，さまざまな問題点が指摘された。

　なかでも深刻な問題点は，カネボウの粉飾が産業再生機構に資産査定を依頼

第6章　外部監視によるコーポレート・ガバナンス　111

された会計士の調査によって発見されたということである。カネボウの決算粉飾は産業再生機構の案件とならなければ発見されなかった可能性があり，また担当会計士以外の会計士によって簡単に発見されたのである。この事件は，会計士の短期間での交代の必要性が議論されるきっかけとなった。

　また，ライブドアは子会社の架空売り上げを計上するなどの方法による約50億円の粉飾決算が発覚し，2006年4月に上場廃止となったが，この粉飾に港陽監査法人の2人の会計士が深くかかわった疑いで起訴された。ライブドアの粉飾事件は証券市場全体の信用を傷つけ，ライブドアが上場していた東証マザーズだけでなく，他の新興市場の株価水準を長期に渡って低迷させることになった。さらにこれらの決算報告書に適正意見をつけていた監査法人の信頼の失墜はより深刻なものであった。

　会計不正への会計士の関与が次々に明らかになり，株主や債権者，取引先などのステークホルダーが多大の損失をこうむり続ける中で，会計士の監査に対する社会の目はますます厳しいものとなっていった。2005年12月には金融庁が有価証券報告書への虚偽記載に課徴金を課す制度を導入したほか，2006年5月施行の会社法によって会計監査人が株主代表訴訟の対象となったことなどとあいまって，監査法人と経営者との関係は従来よりも緊張感をともなうものへと変化していった。

　それにもかかわらず，2011年に発覚したオリンパスの粉飾決算や2015年に明らかになった東芝の不正会計に見られるように，監査法人の監査の水準が高くなったとは言えない。オリンパス事件では，長年粉飾を見逃していたあずさ監査法人とその後の監査を引き継いだ新日本監査法人に対し，2012年に金融庁が業務改善命令の処分を下した。

　東芝の不正会計に対しても，長期間にわたり東芝や東芝の子会社の監査を担当していた新日本監査法人に対し，新規契約に関する業務停止3ヶ月と業務改善命令を，監査業務に従事していた担当会計士7名に業務停止6ヵ月から1ヵ月の懲戒処分を金融庁が命じた（2015年2月）。

　この例に見られるように，監査法人に対する監視の強化にもかかわらず，会

計監査の品質はさほど向上したということはできない。

第8節　おわりに

　バブル崩壊から20年以上，日本経済は低迷を続けた。経済成長は止まり，国民の暮らしや，福祉は向上することなく，住宅や株式などの資産の価値はほとんど増えることがなかったため，国民は豊かさから取り残されていった。この間日本企業の活力は衰え，株価は主要国の中で最も低い水準で停滞した。このいわゆる「失われた20年」を生み出した主要な要因の１つが日本企業であり，さらにその要因の１つが日本のコーポレート・ガバナンスであることは明らかである。

　安倍総理大臣が打ち出したアベノミクスはこの日本経済の低迷を打開する方策であったが，その中にコーポレート・ガバナンス改革が含まれていたのは，上記の理由から，当然のことであった。アベノミクスが打ち出したコーポレート・ガバナンスの特徴は，従来のような企業不祥事防止を目的としたもの（ブレーキ）ではなく，企業業績の向上を目的としたもの（アクセル）であったため，このコーポレート・ガバナンス改革は，産業界に受け入れやすいものであり，２つのコードによる改革は急速に日本企業に浸透していった。

　しかし，2018年に発覚したスルガ銀行の不祥事は，同行が上場企業として信じられないようなコンプライアンスの水準にあることを露呈するものであり，そのほかにも神戸製鋼，三菱マテリアル，日産自動車など大企業の不祥事が絶え間なく報道されている。とくにこれまで，製造業の技術と品質に国際的競争力を持つとされてきた日本の製造業の経営品質の著しい劣化が危惧されている。

　2015年を境にコーポレート・ガバナンス改革が急速に進展したとはいえ，日本のコーポレート・ガバナンスは海外と比べて，極めて低い水準にあることは否定できない。日本企業にはさらなる改革が求められると同時に，日本企業には今なお不祥事防止（ブレーキ）という意味でいっそうの改革が求められる。

【注】

（1）中村・倉橋（2015）4ページ。

（2）同上書，6ページ。

（3）東京証券取引所（2016a）。

（4）渡邉（2016）11ページ。以下も同稿によっている。

（5）細川（2017）22ページ。

（6）TOPIX100社では3人以上選任している会社が70％に達している（細川稿，24ページ）。

（7）同上稿，17ページ。

（8）同上稿，18ページ。

（9）経営者は独自の経営理念や道徳観をもって経営組織を主導しているため，個人的な報酬から大きなインセンティブを与えられているとは限らない。日本の経営者にはとくにこのような傾向が見られるため，報酬による経営者の規律づけには限界がある。次を参照のこと。田中（2017）。

（10）細川，前掲稿，18ページ。

（11）東証が公表した独立取締役選任状況の調査によると，独立取締役を2人以上選任した一部上場企業は，2014年21.5％，2015年48.4％，2016年79.7％であった。2014年から2015年にはその選任率が26.9ポイント，2015年から2016年には31.3ポイント上昇しており，2015年のコード導入を機に独立取締役の選任が急速に進んだことが分かる。東京証券取引所（2016b）。

（12）アメリカの議決権行使助言会社のグラスルイスは，日本の監査役設置会社において社外役員を全体の3分の1以上にすることを求めている。そしてこの条件を満たさない企業に対しては，取締役会会長の取締役選任議案に反対を推奨する指針を打ち出した。Glass Lewis（2017），p. 1．

（13）大和総研の調査によると，複数の独立社外取締役を置く企業のROE（2014年度）7.4％，独立社外取締役が1名の企業は5.4％，全く置いていない企業は3.1％とROEと独立社外取締役の選任には強い相関があることを示している。伊藤（2016）4ページ。

（14）『日本経済新聞』2016年8月16日。内閣府（2016）。

（15）『日本経済新聞』2017年12月4日。

（16）金融庁（2014）6ページ。スチュワードシップ・コードは7つの原則と21の指針から構成される。2017年に改訂されたスチュワードシップ・コードでは，指針は30に増加した。

（17）伊藤（2018）8ページ。

(18) 日本投資顧問業協会（2017）。

(19) 同上資料，4ページ，32ページ。

(20) 金融庁（2016b）。

(21) 『日本経済新聞』2018年6月15日。

(22) 『日本経済新聞』2018年8月23日。

(23) 公認会計士・監査審査会のホームページ

http://www.fsa.go.jp/cpaaob/shinsakensa/kouhyou/2006030.html。

(24) 『朝日新聞』，2006年5月11日。

(25) 「第15回・金融審議会公認会計士制度部会」（議事録）金融庁ホームページ

http://www.fsa.go.jp/news/18/singi/news_menu_si.html。『日本経済新聞』2006年12月23日。

(26) 「平成18年度課徴金納付命令等一覧」金融庁ホームページ http:www.fsa.go.jp/policy/kachoukin/05.html

【参考文献】

井口譲二（2015）「日本版スチュワードシップ・コードと伊藤レポート」北川哲雄編『スチュワードシップとコーポレート・ガバナンス』東洋経済新報社。

石山卓磨（2014）『会社法改正後のコーポレート・ガバナンス』中央経済社。

伊藤邦雄（2018）「コーポレート・ガバナンス改革と日本企業の持続的成長」『監査役』2018年6月25日号。

伊藤正晴（2016）『日本企業の独立取締役の選任状況と企業パフォーマンスとの関係（前編）』大和総研。

内田修平（2017）「コーポレート・ガバナンス・コード対応の動向」『監査役』2017年3月25日号。

金融庁（2016a）「スチュワードシップ・コード受入れ機関の取組み方針・活動内容の公表状況」http://www.fsa.go.jp/singi/follow-up/siryou/20160218/02.pdf，2017年2月18日アクセス。

金融庁（2016b）『「監査法人の組織的な運営に関する原則」（監査法人のガバナンス・コード）（案）の策定について』，

http://www.fsa.go.jp/news/28/sonota/20161215-1/01.pdf，2017年3月13日アクセス。

金融庁（2014）『「責任ある機関投資家」の諸原則《日本版スチュワードシップ・コード》』2014年，http://www.fsa.go.jp/news/25/singi/20140227-2/04.pdf，2017年3月20日アク

セス。

田中一弘（2017）「コーポレート・ガバナンス改革が置き去りにしてきたこと」『監査役』2017年3月25日号。

田中亘（2015）「取締役会の監督機能の強化」『商事法務』2015年3月15日号。

東京証券取引所（2016a）『コーポレートガバナンス・コードへの対応状況（2016年7月時点）』，
http://www.jpx.co.jp/news/1020/nlsgeu000001xd3b-att/20160913.pdf，2017年1月16日アクセス。

東京証券取引所（2016b）「東証上場企業における独立社外取締役の選任状況＜確報＞」，
https://www.shojihomu.or.jp/documents/10448/1967904/20160901s_13.pdf/8ff92f76-ffc1-4075-9bb4-1f8eb437542d，2017年3月13日アクセス。

東京証券取引所（2011）『東証上場会社　コーポレート・ガバナンス白書2011』。

内閣府（2016）『平成28年度年次経済財政報告』。

中村直人・倉橋雄作（2015）『コーポレートガバナンス・コードの読み方・考え方』商事法務。

日本投資顧問業協会（2017）「日本版スチュワードシップ・コードへの対応等に関するアンケート（第4回）の結果について」，
http://www.jiaa.or.jp/osirase/pdf/steward_enq29.pdf。

細川幸稔（2017）「コーポレートガバナンス・コード適用後の潮流と開示の状況」『知的資産創造』2017年1月号。

みずほ信託銀行株式戦略企画部編（2011）『臨時報告書における議決権行使結果開示の傾向〔平成22年・23年の事例分析〕』商事法務。

渡邉浩司（2016）「上場会社のコーポレートガバナンス・コードへの対応状況―適用後1年を経過して―」『監査役』2016年12月25日号。

Glass Lewis（2017）*2017 Proxy Paper Guidelines.*

第7章

新しい企業評価とESG投資

第1節　はじめに

　企業と環境問題の関係は，わがくにでは公害問題に遡り，企業が取り組まなければならない「課題」として長年取り上げられてきた。また，欧米諸国では，児童労働や人権問題などの社会問題が，企業が取り組むべき「課題」としてあげられてきた。いずれも現代社会ではCSRの対象として，また，企業が対峙すべき諸課題として捉えられてきた。

　しかし，近年では，その様相に変化が見られる。つまり，環境問題や社会的な問題が企業にとって取り組むべき課題というだけではなく，今日では，企業の経営活動の一環として認識されるものであったり，あるいは経営戦略の一部に包摂されたりするように変わってきている。

　その背景には，ESG投資と呼ばれる新たな投資スタイルの存在があげられる。それは単なる投資の一手法として金融市場や投資家に変化をもたらしただけでなく，企業活動にも大きな影響を及ぼしつつある。本章では，ESG投資の誕生の背景を考察するとともに，現代の企業や企業活動にこの投資スタイルがどのように影響するのか，企業はどう行動すべきなのかを示唆する。

第2節　ESG投資の誕生とその概要

1．ESG投資誕生の背景—SRIからESGへ

　ここでは，ESG投資の前進ともいえるSRI（Socially Responsible Investment：社会責任投資）の歴史に遡り，ESG誕生の背景を探る。

　欧米で生まれたSRIは，キリスト教倫理に則り，投資基準に社会的な評価基準を適用したことが始まりと言われており，その誕生は約100年前に遡る。当初は，アルコールやタバコ，ギャンブル，武器に関連する企業を投資対象から外す手法が取られた。その後，米国ではマイノリティ，女性など人権問題にも焦点があてられるようになり，環境問題等，投資選別の対象は多様化していった。

　欧米を始めとする世界の主要な国々のSRI市場残高は13兆5680億米ドルに上り，調査対象地域全体の資産運用残高の約20％超を占めている（2011年12月31日時点）。そのうち，欧州が8兆7,580億米ドル，米国は3兆7,400億米ドルで，日本は100億米ドルと少ない[1]。

　一方，近年，急速に拡大しているESG投資は，2006年に当時の国連のアナン事務総長によって提案され，機関投資家にPRI（Principles for Responsible Investment：責任投資原則）の署名を求めて始まった。PRIは，投資家の投資の意思決定にESG（Environmental, Social, Governance）課題を組み入れたり，投資対

図表7−1　責任投資原則

1．私たちは投資分析と意思決定のプロセスにESG課題を組み込みます
2．私たちは活動的な所有者となり，所有方針と所有習慣にESG問題を組み入れます
3．私たちは投資対象の企業に対してESG課題についての適切な開示を求めます
4．私たちは，資産運用業界において本原則が受け入れられ，実行に移されるよう働きかけを行います
5．私たちは，本原則を実行する際の効果を高めるために，協働します
6．私たちは，本原則の実行に関する活動状況や進捗状況に関して報告します

出所：PRIホームページ https://www.unpri.org/about，日本語訳文，環境省ホームページ https://www.env.go.jp/council/02policy/y0211-04/ref01.pdf（2018年10月30日アクセス）。

図表 7-2　SRI から ESG 投資へ

1920	**SRI 黎明期** 教会による資産運用(アルコール，タバコ等を投資から除外)
1960	**SRI 発展期** 反戦，消費者運動の高まりにより，軍需産業の株式売却等，株主運動の活発化
1990	**SRI 拡大期** 地球環境問題への関心，CSR概念普及により関連の投資増加
2006	**ESG投資誕生** PRIによりESG投資概念が普及へ

出所：伊藤正晴（2014）「社会的責任投資（SRI）を学ぶ―「持続可能な社会」に向けて―第1回　SRI とはどのようなものか」大和総研，1ページをもとに筆者作成。

象企業に ESG 情報の開示を求めたりするなどの 6 つの原則からなる。

　2008年 9 月に米国の投資銀行であるリーマン・ブラザーズ・ホールディングスが破綻したことをきっかけに，世界中で金融危機が連鎖して起きた。この金融危機の理由として，同行を初めとする投資銀行などの機関投資家が，短期的な利益を追求しすぎたことが後に指摘された。このような機関投資家の短期主義的な投資行動に反省を促すために，上記の責任投資原則が生まれたのである。

　SRI と ESG の違いについては諸説あり，さほどの違いはないという見解も見られる[2]。一般的には，SRI は，社会的あるいは倫理的観点からスクリーニングすることによって投資対象を絞り込むが，ESG 投資は，通常の資産運用において，すべての企業が対象となる点で異なると言われている[3]。

　SRI から ESG 投資への変遷は図表 7-2 に示したとおりである。SRI が時間をかけて浸透していった一方で，次項で詳述するように ESG 投資は一気に拡大の兆しを見せている。しかし，それは，ESG 投資が単独で発展したもので

第7章　新しい企業評価とESG投資　119

はなく，SRIの普及が土台となっているものと考えられる。

2．ESG投資の概要

　ESG投資は，その普及を目指すGSIA（Global Sustainable Investment Alliance）
によって，7つの形態に分類されている（図表7-3）。タバコやアルコールな
ど人々に害を及ぼすと考えられる事業活動をおこなっていたり，児童労働をさ
せていたりする企業や環境保全に悪影響を及ぼしている企業を投資対象から外
す「ネガティブスクリーニング」や，それとは反対に，積極的に温室効果ガス
の削減などを行っている企業や従業員の働く環境を改善している企業を投資対
象とする「ポジティブスクリーニング」といった形態は，SRIでも用いられて

図表7-3　GSIAによるESG投資の分類

Negative/exclusionary screening ネガティブスクリーニング	・特定の事業分野や事業活動（武器・ギャンブルな ど）を行っている企業を投資対象から外す
Positive/best-in-class screening ポジティブスクリーニングおよびベスト・ イン・クラス	・同業種の中でESG関連評価の高い企業に投資する
Norms-based screening 規範ベースのスクリーニング	・国際基準に基づいてそれをクリアしていない企業は 投資対象から外す
ESG integration ESGインテグレーション	・従来考慮してきた財務情報に加えて，ESG情報も 併せて分析し投資する
Sustainability themed investing サステナビリティテーマ投資	・自然エネルギー，環境技術，持続可能な農業といっ たサステナビリティに関わるテーマや企業に投資する
Impact/community investing インパクトおよびコミュニティ投資	・社会・環境問題解決を目的とした投資 ・地域の社会や環境問題解決を目指す投資
Corporate engagement and shareholder action エンゲージメント及び議決権行使	・ESGに関連することで，議決権行使やシニアマネジ メントとの対話やなど株主の権利を利用し，企業に影 響を与える投資行動

出所：みずほ総合研究所株式会社投資運用コンサルティング部「注目集まるESG投資」『年金コンサ
　　　ルティングニュース　2017.7』をもとに加筆修正して作成。
　　　https://www.mizuho-ri.co.jp/publication/sl_info/pension/pdf/pension_news201707.pdf
　　　（2018年2月1日アクセス）。
　　　原出所）GSIA'Global Sustainable Investment Review 2016' http://www.gsi-alliance.org/wp-
　　　content/uploads/2017/03/GSIR_Review2016.F.pdf
　　　（2018年2月1日アクセス）。

きた投資手法である。その他にも，従来の投資手法で考慮される財務情報に加えて，ESG情報も併せて分析し投資するESG integration（ESGインテグレーション）といった手法も見られる。また，ESGに関連することで，議決権行使やシニアマネジメントとの対話やなど株主の権利を利用し，企業に影響を与える投資行動もそれに含まれる。こうした投資行動はPRIの6原則に合致するものである。

また，PRIは署名機関に対して，2016年の年次総会で，保有・運用ポリシーを適用できていない場合は除名すると発表した。2018年1月には署名機関（アセットオーナーおよび運用会社）に対し，最低履行要件を公表した。履行要件は，以下の3点である[4]。

---

①運用資産総額の50％を超える運用をカバーする責任投資ポリシーの制定
②ポリシー実行に際し，内部の従業員や運用委託先等の外部関係者に対しポリシーの実施を求める
③ESG投資の実行に対し経営陣のコミットメントと説明責任メカニズムを求め，責任投資ポリシーを確実に実行されることを経営陣が責任を持つガバナンスやマネジメント体制を構築する

この履行要件により，ブームに乗り遅れないためにと署名した機関や署名したものの原則にのっとった運用ができていなかった機関は淘汰されることになる。

第3節　ESG投資の展開

1．日本と諸外国におけるESGの展開

先のPRIの6原則に賛同し署名した金融機関は，発足当初の20機関から，現在，2016機関と2000機関を越え十数年で飛躍的に増加している。内訳は，ア

第 7 章　新しい企業評価と ESG 投資　121

図表 7-4　各国・地域の ESG integration の資産規模

各国・地域	各国の ESG integration 資産の総額	ESG integration 資産に各国のおける比率	地域ごとの ESG integration 資産の比率
	Billion $	%	%
Europe	12,040	52.6	52.6
U.S. 8,723	38.1	21.6	
Canada	1,086	4.7	37.8
Australia	516	2.3	50.6
Asia (ex Japan)	52	0.2	0.8
Japan	474	2.1	3.4
Total	22,890	100	

出所：GPIA（2016）*Global Sustainable Investment Review 2016*, p. 7 を翻訳。
https://responsibleinvestment.org/wp-content/uploads/2017/03/GSIR_Review2016.F.pdf
（2018年10月31日アクセス）。

セットオーナーが398機関，運用機関（Investment Manager）が1509機関，サービスプロバイダーが255機関となっている。このうち，米国の署名機関数は約400，英国が320，日本は66となっている（2018年10月30日現在）[5]。

　欧米では SRI 同様，年金基金等による ESG 投資が活発化しており，特に米国では，株主提案や議決権行使を積極的に行っている。一方，日本は後れをとり，2015年に GPIF（年金積立金管理運用独立行政法人）が PRI に署名し，2016年 7 月に ESG 株価指数の採用，公表したことで，にわかに ESG 投資に対する注目が集まるようになった。

　2016年の GSIA の調査から見ても，ESG Integration の資産規模は，ヨーロッパが52.6％，U.S. が38.1％で，日本は2.1％ときわめて低い（全体を100とする）。また，各国・地域における ESG Integration 資産の比率で見てもヨーロッパが50％と過半数を超えるのに対し，日本は 3 ％程度に過ぎない。一方でカナダは各国・地域を100としてみた場合は4.7％の規模に過ぎないが，カナダ国内の投資にフォーカスすると37.8％と全体の 4 割近くが ESG Integration Assets であることがわかる。投資総額においても，また，国内投資における比率においても日本における ESG 投資の規模は全体的に小さいことがわかる（図表7-4）。

2．SDGs と ESG 投資

ESG 投資が諸外国で浸透するようになってきた要因として，国連が掲げた SDGs（Sustainable Development Goals：持続可能な開発目標）の存在があると考えられる。先ほど述べたように，GPIF による PRI 署名および ESG インデックスの採用が，日本の ESG 投資の活況を導いたことは間違いないが，それとともに政府主導による SDGs への取り組みの後押しもその要因となっている。

SDGs は持続可能な開発のための地球規模での優先課題であり，環境や社会，経済に関する17の諸課題を2030年までに解決するというという期限つきの目標である。今日の企業にとっては，この目標を経営戦略に落とし込むことが重要となる。SDG コンパスでは，企業が SDGs を利用するメリットとして以下を掲げている（図表7-5）。こうしたメリットを企業が認識し，事業活動に反映させることによって，ESG 投資との相乗効果を見込むことができる。すなわち，市場側も，こうした企業のメリットについてその成果を認識，評価することが必要であり，これ以外にも，企業が SDGs の達成に投資することで，「ルールに基づく市場」，「透明な金融システム」が構築され，腐敗がなくよくガバナンスされた組織構築につながり，ビジネスの成功に寄与するといったこ

図表7-5　企業が SDGs に取り組むメリット

将来のビジネスチャンスの見極め	SDGs の各目標に公的ないし民間投資の流れを転換することが意図されている→革新的ソリューション・抜本的な変革を進める企業にとっては市場拡大のチャンス
企業の持続可能性に関わる価値向上	環境コストなどの外部性の内部化に伴い，より効率的な資源の利用，より持続可能な代替策への転換によって経済的なインセンティブが強化
ステークホルダーとの関係系の強化社会，新たな政策課題との同調	SDGs と経営上の課題を統合させることにより，顧客，従業員その他のステークホルダーとの協働が強化。統合させない企業は法的・レビュテーションに関するリスク増
共通言語の使用と目的の共有	SDGs によって提供される共通行動・言語の枠組みは，ステークホルダーとの意見交換に有効

出所：GRI, UN Global Compact and WBCSD 'SDG Compass' 2015. https://sdgcompass.org/
　　GRI，国連グローバル・コンパクト，WBCSD「SDGs の企業行動指針—SDGs を企業はどう活用するか—」外務省抄訳，4ページをもとに筆者作成。
　　https://sdgcompass.org/wp-content/uploads/2016/04/SDG_Compass_Japanese.pdf（2018 年10月11日アクセス）。

とも，メリットとしてあげられている。

第4節　ESG 情報開示の必要性

　前述のとおり，日本では GPIF が ESG 投資を促し，また SDGs も企業への ESG に関する取り組みを推し進める用意になっていると考えられる。その一方で，ESG 投資において欠かせないのは企業による ESG に関する情報開示である。

　ESG 投資が行われる際には，投資の判断に必要な企業の財務情報だけでなく，ESG の3要素に関わる情報も必要となる。日本では CSR 報告書や環境報告書，サステナビリティレポートなどにおいて，非財務情報に関わる内容が報告されており，それらの報告書の作成・発行自体は徐々に増加してきた。環境省の「環境にやさしい企業行動調査結果」では，平成15年度から平成23年度にかけては，上場企業の環境情報に関する作成・公表数は毎年増加しており，平成15年度には478社から23年度には565社となっている。同調査は平成24年度から調査方法が変更になったが，最新版（平成28年度）のデータ[6]によれば，回答企業のうち上場企業の59.9％が環境報告書等を作成・公表しているとの結果となっている。また，財務情報と非財務情報を合わせた統合報告書（IR: Integrated Report）で見てみると，KPMG の調査では，2010年以降，毎年作成企業数が増えており，2016年の発行企業数は前年比59社増の279社となっている（図表7-6参照）[7]。さらに，ディスクロージャー＆ IR 総合研究所の調査によれば，2017年12月末時点では400社超の企業が統合報告書を発行しているとの調査結果が出ている[8]。

　このように ESG に関連する日本企業の情報開示は増加傾向にあるが，すべての上場企業が情報を開示しているわけではない。すなわち，日本では，財務情報のように非財務情報の開示が義務付けられてはいない。

　一方，欧州委員会は2003年に，域内の企業に国際会計基準（IFRS）の導入とあわせて，年次報告書に環境や社会に関する情報を盛り込むよう求めている。

図表7-6　日本企業の統合報告書発行の伸び

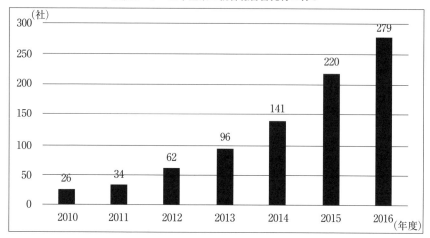

(注) 2016年度の279社のうち，東証1部上場は94%となっている。
出所：KPMG「未来を拓くコーポレートコミュニケーション第24回日本企業の統合報告書に関する調査2016」3ページのデータをもとに作成。
https://assets.kpmg.com/content/dam/kpmg/jp/pdf/jp-integrated-reporting-20170515.pdf
(2018年2月1日アクセス)。

　また，英国では，2006年の会社法で取締役の説明責任が明確化され，その内容の中には，「会社の事業が環境に及ぼす影響等の環境問題に関する情報」や「社会・地域問題に関する情報」が含まれており，取締役報告書（Director's Report）の事業概況の部（Business Review）で情報開示することが求められている[9]。また，南アフリカのヨハネスブルク証券取引所では，2010年3月1日以降に開始する年度から，上場している企業に統合報告の適用を求めており，適用しない場合はその理由の開示が求められている。
　ESG投資を市場に浸透，定着させていくためには非財務情報に関わる情報開示を企業に義務付けていくことが肝要であり，また，財務情報の信憑性を第三者機関によって監査するのと同様に，非財務情報にもそうした対応が望まれる。
　また，企業が開示する環境データが正しいものかどうかを国際的な機関が認定する仕組みも始動している。「SBT（Science Based Target）」は，WWF（World

Wide Fund for Nature）や CDP（Climate Disclosure Project）などの国際機関が，企業の提出する温室効果ガスの削減目標を審査し，妥当であれば SBT 認定を与えるシステムであり，機関投資家にも注目されている[10]。今後，温室効果ガスだけでなく，化学物質削減や水資源に関わるデータ・目標値などについてもこうした科学的観点からの調査・認定が広まれば，投資家が企業を判断する際の材料にもなりうる。

　こうした世界的な動きに追随して日本でも2018年版の環境報告ガイドラインが環境省より公表された。前回の改訂は2012年4月であり，その間に浮上したパリ協定（2015年9月採択，2016年11月発効）やSDGsの公表などは改訂の動きを後押ししたものと考えられる。

　この改訂では，機関投資家を中心とした金融セクターの関心が，
　・持続可能な社会への移行促進を前提とする
　・従来型の財務情報を過去情報とした上で，将来志向的な非財務情報に向けられている
とした上で，実務的には ESG 情報の提供を要請していると明言されている。その上で，従来型の環境マネジメント情報に加えて，事情者の組織体制の健全性（ガバナンス，リスクマネジメント等）や経営の方向性（長期ビジョン，戦略，ビジネスモデル）を示す将来志向的な非財務情報の記載を要求している。すなわち，企業は，規制の有無に関わらず，ESG 情報を積極的に開示していく必要がある。

第5節　企業は ESG 投資にどう向き合うか

1. 企業評価と ESG 投資

　これまでは環境問題を含めた社会的な対応は，企業においては，コスト増加といったネガティブな捉え方しかされてこなかったり，あるいは，コンプライアンスや経営管理におけるリスク対応としか捉えられなかったりすることが多かった。しかし，企業の環境対応が市場での評価や資本コストにも影響したり

するということが近年，様々な研究により実証されてきている[11]。また，ESG投資が認知されるようになってきた近年，それを裏付ける様々な研究結果が出されている。たとえば，ハンブルク大学とドイチェ・アセット・アンド・ウェルネス・マネジメントが行った企業のESG遵守と業績の関係の分析では，ESGを重視する企業は長期的な投資収益が優れているとの調査結果が報告されている。同調査では，2015年3月末までの1年間で，MSCI新興国株価指数は0.8％の伸びだったのに対し，ESG基準に従う355銘柄で構成されるMSCI新興国ESG指数は7％上昇したとの結果が出ている[12]。

また，米国の資産運用会社であるState Street Global AdvisorのMcknett氏は，グローバル大手企業500社のパフォーマンスと，気候変動戦略とリスクマネジメントにおいて優れた取り組みをしている企業のパフォーマンスを比較すると，約8年間に渡り後者のパフォーマンスが高いと述べている[13]。

以上のことから，企業がESGに取り組むことは，もはやリスクマネジメントの側面だけでなく，企業評価に大きく影響するものとして企業自らも認識する必要がある。

2．対話型ガバナンスの重要性

2014年2月に，アベノミクスの成長戦略の一環として導入された日本版スチュワードシップ・コードでは，企業と投資家が持続的な企業価値向上という共通の目的を果たすために「対話」が必要であると述べられている[14]。かつては「もの言う株主」と揶揄し，対話を避けてきた外国人機関投資家を始めとする投資家と，日本企業は対峙し，共に成長に向けた対話をしなくてはならない時代に入った。

こうした投資家による対話型のエンゲージメントは，企業の長期的価値創造という文脈において，経済的価値の創造のみならず社会的価値の創造においても重要である。野村（2017）および野村（2018）では，ESGの視点で株主や投資家との対話を実践することで，短期主義的な利益を求める経営や投資スタイルから脱却し，長期的な成長を望むことができる「サステナビリティ・ガバナン

ス」とよばれるガバナンス機能が市場で働くことを提示している。

　先に示された新しい環境報告ガイドラインでは，環境報告を利用するステークホルダーとして，とりわけ，「ESG 報告に関心を有するようになった投資家の視点に配慮して，ガバナンス，リスクマネジメントといった組織体制に関する情報や，長期ビジョン，戦略などの経営の方向性に関する情報を拡充した」と述べられている [15]。政府が主導してこうした制度を充実させ，また，企業が提供する ESG 情報を材料として企業と投資家との対話を重ねていくことが重要である。

第6節　おわりに

　SRI と ESG の違いにおいて，ESG 投資は，通常の資産運用において，すべての企業が対象となると言われていることを冒頭で述べた。この章で見てきたように，ESG 投資が加速している現在，いずれは全ての投資に ESG が統合され通常の投資手法として用いられるようになる日が来るかもしれない。そうした日が来るのに備え，投資・運用する側の機関投資家も，また，投資家によって評価される側の企業もそれを自覚し，一歩先んじた行動をとっていく必要がある。それが可能となったとき，真の持続可能な社会の構築が一歩開けるものと期待できる。

※本章は拙稿（2018）「環境・社会問題から見た証券市場の変容と企業財務」『明治大学経営論集　坂本恒夫教授退職記念号』第65巻第 1 号，明治大学および，拙著（2018）「ESG 投資と転換点に立つ証券市場」『財務から見た現代証券市場論』中央経済社を加筆修正したものである。

【注】

（1）小方（2016）12，13ページ。

（2）足立・村上・橋爪（2016）13ページ。

（3）荒井勝「SRIとESGの違いとは？」，JSIF（日本サステナブル投資フォーラム）ホームページ，http://www.jsif.jp.net/coloum1304-2（2017年4月5日アクセス）。

（4）Sustainable Japan ホームページ。https://sustainablejapan.jp/2018/01/11/pri-minimum-requirements/30026（2018年2月11日アクセス）。

（5）PRIのホームページで参照可能。
https://www.unpri.org/searchresults?qkeyword=&parametrics=WVSECTIONCODE%7c1018

（6）環境省「平成28年度環境にやさしい企業行動調査（平成27年度における取組に関する調査結果）業務　詳細版」（平成29年3月）。
http://www.env.go.jp/policy/j-hiroba/kigyo/h27/full.pdf（2018年2月15日アクセス）
平成28年10月28日~12月28日に行われたアンケート調査。平成23年度までは，対象企業の全数調査が行われていたが，平成24年度から標本調査に変更されている。有効回答数は，上場企業593社（回収率53.7％），非上場企業1,364社（回収率43.0％）で計1,903社（45.6％）となっている。

（7）KPMG「未来を拓くコーポレートコミュニケーション　第24回　日本企業の統合報告書に関する調査2016」（2018年2月15日アクセス）。
https://assets.kpmg.com/content/dam/kpmg/jp/pdf/jp-integrated-reporting-20170515.pdf

（8）『日本経済新聞』2017年10月26日付朝刊。

（9）塩瀬恵（2013）「統合報告書への発展プロセス─英国における『営業・財務概況』の情報範囲の変遷から」『テクニカルセンター　会計情報』Vol.445, 2013.9。

（10）『日本経済新聞』2018年1月19日付朝刊。

（11）野村（2013）において，2004年から2013年の企業の環境および社会活動と企業評価（ROEや株価などの財務的指標）に関する先行研究をまとめている。

（12）「環境・社会・企業統治の重視　投資収益，長期的に向上」日本経済新聞2016年3月25日。

（13）Quick ESG研究所，'Sustainable Japan-ESGと利益は両立する。サステナビリティ投資論'。https://sustainablejapan.jp/2014/02/17/sustainable-investment/8580（2017年4月7日アクセス）。

（14）金融庁「『責任ある投資家』の諸原則≪日本版スチュワードシップ・コード」～投資

家と対話を通じて企業の持続的成長を促すために～」スチュワードシップ・コードに関
する有識者検討会，平成26年2月26日。

http://www.fsa.go.jp/news/25/singi/20140227-2/04.pdf（2018年2月1日アクセス）。

なお改訂版（平成29年5月29日）は下記で閲覧可能。

http://www.fsa.go.jp/news/29/singi/20170529/01.pdf（2018年2月1日アクセス）。

(15) 環境省「環境報告ガイドライン　2018年版」，序章，5ページ。

http://www.env.go.jp/policy/j-hiroba/kisgyo/2018Guidelines.pdf

【参考文献】

足立英一郎・村上芽・橋爪麻紀子（2016）『投資家と企業ためのESG読本』日経BP社。

足立辰雄・所伸之編（2009）『サステナビリティと経営学』ミネルヴァ書房。

安藤範親（2011）「社会的責任投資（SRI）の現状と課題」『農林金融2011・10』農林中金総
合研究所。

伊藤正晴（2014）「社会的責任投資（SRI）を学ぶ─「持続可能な社会」に向けて─第1回
SRIとはどのようなものか」大和総研，https://www.dir.co.jp/report/research/introduction/
financial/esg-sri/20140422_008458.html（2018年10月30日アクセス）。

小方信幸（2016）『社会的責任投資の投資哲学とパフォーマンス』同文舘出版。

川村雅彦（2009）「低炭素経済における『炭素債務』の考察─炭素債務を考慮した自己資本
利益率（C-ROE）の試み─」，『ニッセイ基礎研究所』Vol.53 Spring 2009。

野村佐智代（2018）「環境・社会問題から見た証券市場の変容と企業財務」『経営論集　第65
巻　第1号　坂本恒夫退職記念号』明治大学経営学研究所。

野村佐智代（2017）「地球環境問題解決のための財務・金融市場─サステナビリティ・ガバ
ナンスの視点とともに─」博士論文（明治大学大学院）。

野村佐智代（2013）「環境対応と企業評価の関係性再考」『日本経営財務研究学会　第37回全
国大会報告論文』。

野村佐智代（2009）「環境財務の構築と日本企業の財務戦略」『現代の財務経営8　日本的財
務経営』中央経済社。

馬場未希（2018）「'主流化する'ESG投資」『日経ESG　11月号』日経BP。

原丈人（2017）『「公益」資本主義英米型資本主義の終焉』文芸春秋。

宮井博・菊池俊博・白須洋子（2014）「第3章　わが国企業の社会的パフォーマンスと財務
パフォーマンスの関係分析に基づくESG投資の検討」『サステイナブル投資と年金─持
続可能な経済社会とこれからの年金運用─』年金シニアプラン総合研究機構

宮井博・杉浦康之（2016）「機関投資家の ESG インテグレーションと企業のマテリアルな情報開示」『日本価値創造 ERM 学会第10回 研究発表大会』。

三和裕美子（2015）「機関投資家のエンゲージメントとはなにか―国内外の機関投資家の調査をもとに―」『証券経済年報』第50号別冊。

KPMG「未来を拓くコーポレートコミュニケーション 第24回 日本企業の統合報告書に関する調査2016」,
https://assets.kpmg.com/content/dam/kpmg/jp/pdf/jp-integrated-reporting-20170515.pdf

『日経ヴェリタス』2018年 2 月11日号。

GPIA（2016）, Global Sustainable Investment Review 2016, p. 7 を翻訳。
https://responsibleinvestment.org/wp-content/uploads/2017/03/GSIR_Review2016.F.pdf

GRI, UN Global Compact and WBCSD 'SDG Compass' 2015. https://sdgcompass.org/
（GRI, 国連グローバル・コンパクト, WBCSD「SDGs の企業行動指針―SDGs を企業はどう活用するか―」外務省抄訳 https://sdgcompass.org/wp- content/uploads/2016/04/SDG_Compass_Japanese.pdf）

第 3 部

企業倫理

第8章

企業倫理の制度化

第1節　はじめに

　近年，法令違反を理由とした企業倒産が増加している。帝国データバンクの調査によれば，2007年度にコンプライアンス違反（法令違反）を理由に法的整理となった企業（負債額1億円以上）は，146件で，2006年度の102件に比べ43.1%増加した[1]。違反類型トップは「粉飾」（35件），業種別では建設業が最も多かった。

　また，法令に違反しなくても企業倫理に反する行為が理由となって倒産するケースも出てきている。名門料亭として知られていた船場吉兆は，商品の消費・賞味期限の改ざんや牛肉・鶏肉の産地表示偽装が発覚し，企業としての評価を落としたが，当初，売り上げにはそれほど大きな影響が出なかった。しかし，お客の食べ残した料理を後のお客に提供する「使い回し」が発覚すると，売り上げは激減し，予約のキャンセルが相次いだ。「使い回し」は当時の食品衛生法に違反する行為ではないので，コンプライアンス違反にはならないが，「使い回し」の発覚を契機に，船場吉兆は廃業に追い込まれることになった。この事例はコンプライアンスのみならず，倫理に関してまで社会の目が厳しくなり，これらへの違反によって企業の存続が許されなくなってきていることを示している。

　かつてコンプライアンスを含めた企業倫理遵守を実践するためには，経営者の姿勢が重要であるとする考えが多かった。あるいは企業行動憲章の制定に

よって倫理問題を解決できるとする考え方も多かった。しかし，これらは企業倫理問題に対処する方策のほんの一部にすぎない。企業倫理を確立するためには，企業倫理の制度化と呼ばれる一連の施策が求められる。本章では企業倫理の制度化について検討し，それが日本企業においてどの程度整備されてきているかみていくことにしたい。

第2節　アメリカの企業倫理の現状

　アメリカにおいて企業倫理への社会的関心が高まったのは1970年代であった。その契機となったのは1972年から1974年にかけてのウォーターゲート事件 (the Watergate) から明らかになった企業の不正献金，1975年ごろから続発した多国籍企業の贈賄・不正政治献金，1973年の石油危機の際の企業の暴利追求行為などであった[2]。その後80年代にはカナダ，イギリス，ヨーロッパ諸国においても企業倫理への関心が高まり，昨今，「『企業倫理のグローバリゼーション』(globalization of business ethics) が論ぜられ，企業倫理の国際比較が盛んに試みられる」状況となっている。

　このような企業倫理への社会的関心の高まりを背景に，アメリカでは1980年代の中ごろから企業倫理への社会的取り組みが，「学術的専門研究」，「高等教育機関における教育」，「企業経営における実践」の3方面において，相互の連携・協力のもとに行われてきている[3]。

　まず学術的専門研究の方面を概観するならば，アメリカのビジネススクールなどにおいて企業倫理学が正規の学問分野として認められ，この科目の講義のためのテキストブックが大量に出版されはじめたのは1980年代のはじめであった[4]。1990年代にはさらにこの分野の書物が大量に出版されることになった。また企業倫理の分野の専門学術誌としては1982年創刊の Journal of Business Ethics と同年創刊の Business and Professional Ethics journal および1991年創刊の Business Ethics Quarterly の3誌をあげることができる。Business Ethics Quarterly は「企業倫理研究の分野での中心的な学会である The

Society for Business Ethics の機関誌であるが，学会そのものは1979年の創設で」，この機関誌が創刊される以前は学会の活動状況は前出2誌に掲載されてきた[5]。

アメリカでは相次ぐ企業不祥事に危機感を抱いたビジネスマンたちが大学に企業倫理教育の実施を要求してきた。このような産業界からの強い要請もあって，アメリカの大学における企業倫理教育は極めて充実したものとなっている。

アメリカでは，すでに1990年代に企業倫理を実践するための制度が整備されていた。1992年にフォーチュン誌（Fortune）に発表されたアンケート調査によればフォーチュン誌の全米大企業ランキング上位1,000社のうち，回答企業の「40パーセント強が企業倫理に関するワークショップやセミナーを実施してており，約3分の2が最高役員によって構成される倫理委員会（ethics committee）を設置しているという。また約200社が常勤の倫理担当役員（ethics officer）の職位を設けているが，それは通常，上級副社長レベルで会長もしくは前述の倫理委員会の直属であるという。そして，経験豊富な上級役員が任命され，社内の ombudsman として機能するとともに，ホットラインを設けるなどして内部告発（whistle blowing）を助成する役割を果たすものとされている。そのほか，企業倫理に関わる業務処理基準の厳密化，社内広報・教育訓練・指導助言の効果的手法の開発・活用，さらには管理者の行動の倫理性に関する同僚・部下による評定制度の導入など，各種の具体的事例が紹介されている」[6]。

企業経営における企業倫理の実践にとって決定的に重要なことは，「『ルール違反』行為や『反社会的』行動の発生を確実に阻止することのできる社内体制の樹立」であるが，このような社内体制の確立は「企業倫理の制度化」（institutionalization of business ethics）と呼ばれ，その内容は次のようなものである[7]。

①体系的で明確に記述された倫理的行動規範の制定

②規範の浸透ならびに遵守を保証する教育訓練の徹底

③問題の発見・疑問の発生に際しての通報・相談などに即時・的確に対処する専門部署の設置

④倫理問題担当専任役員（ethics officer）の選任

　企業倫理は個別企業における企業倫理の制度化や教育・研究活動などを通して実践されるのであるが，その実践は企業倫理に対する社会の問題意識，しかも時代とともに変化していくステークホルダーの要求を十分反映したものでなければならない。また，企業倫理は企業や教育機関のなかだけで実践されるのではなく，社会的支援の下で行われるのでなければ十分な効果を期待できない。中村瑞穂は企業倫理の実現が社会的に取組まれなければならない問題であるとして，企業倫理の実現への取り組みの過程をアメリカの経験を踏まえながら体系化している（図表8-1）。

　企業倫理の実現に向けての社会的取り組みを中村の主張に従って検討することにしたい[8]。アメリカでは1980年前後に3つの方面からの取り組みが整えられた。それは企業倫理に関する多面的な専門研究，その成果を内容に盛った学部および大学院段階での系統的研究および個別企業内部における包括的かつ体系的な実践である。

　この3分野の活動を一貫し，これらの活動を一体化させているのは，事例分析，課題事項の概念，制度化手法の3つである。個別事例に関する分析の成果

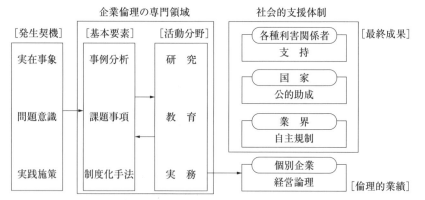

図表8-1　企業論理の実現に向けての社会的取り組み

出所：中村瑞穂（2003）「序章　企業倫理と企業統治」
　　　中村瑞穂編著『企業倫理と企業統治』文眞堂，7ページ。

そのものが企業倫理教育に対し，適切な教材を提供する。企業の倫理問題についての課題事項は，体系的に提示されるべきであるが，その際に多くの課題事項は利害関係者の概念に即して分類し体系化することができる。

すでに述べたように，企業倫理の制度化は企業倫理を個別企業で実践していくために「特定の制度・機構・手段などを整備・設置・採用することにより，企業倫理の実現を客観的に保証し，組織的に遂行する」ものである。

企業倫理が効果的に実践されるためには，その実践が個別企業の努力のみに委ねられるのではなく，これを社会的に支援していく体制が必要である。企業倫理に対する社会的支援の方法には自主規制（self-regulation）と公的規制（regulation）がある。自主規制は業界団体，企業団体，経営者団体等がメンバー企業の倫理的行動を促進ないし相互に支援する体制を確立することを意味する。公

図表 8 - 2　企業倫理の課題事項　―関係領域と価値理念―

〈関係領域〉	〈価値理念〉	〈課題事項〉
①競争関係	公正	カルテル，入札談合，取引先制限，市場分割，差別対価，差別取扱，不当廉売，知的財産権侵害，企業秘密侵害，贈収賄，不正割戻，など。
②消費者関係	誠実	有害商品，欠陥商品，虚偽・誇大広告，悪徳商法，個人情報漏洩，など。
③投資家関係	公平	内部者取引，利益供与，損失保証，損失補填，作為的市場形成，相場操縦，粉飾決算，など。
④従業員関係	尊厳	労働災害，職業病，メンタルヘルス障害，過労死，雇用差別（国籍・人種・性別・年齢・宗教・障害者・特定疾病患者），専門職倫理侵害，プライバシー侵害，セクシャル・ハラスメント，など。
⑤地域社会関係	共生	産業災害（火災・暴発・有害物漏洩），産業公害（排気・排水・騒音・電波・温熱）産業廃棄物不法処理，不当工場閉鎖，計画倒産，など。
⑥政府関係	厳正	脱税，贈収賄，不当政治献金，報告義務違反，虚偽報告，検査妨害，捜査妨害，など。
⑦国際関係	協調	租税回避，ソーシャルダンピング，不正資金洗浄，多国籍企業の問題行動（贈収賄，劣悪労働条件，年少者労働，公害防止設備不備，利益送還，政治介入，文化破壊）など。
⑧地域環境関係	最小負荷	環境汚染，自然破壊，など

出所：筆者作成。

図表 8-3 罰金の増減

	最低	最高
プログラムあり，報告した責任を認めた，協力した	68万5,000	274万
プログラムあり，報告せず責任を認めず，協力せず	548万	1,096万
プログラムなし，報告せず責任を認めず，協力せず	1,370万	2,740万
プログラムなし，報告せず責任を認めず，協力せず 上級経営者が関与した	2,740万	5,480万

(単位＝米ドル)

出所：梅津光弘（2005）「改正連邦量刑ガイドラインとその背景：企業倫理の制度化との関係から」
『三田商学研究』第48巻第1号，慶應義塾大学出版会，2005年4月，150ページ。

的規制は，アメリカの連邦量刑ガイドラインに代表されるように，中央・地方の政府機関が企業倫理の実現を促進する方向でさまざまな措置を実行することである。

連邦量刑ガイドラインは，企業倫理の制度化が行われている企業が違法行為を行った場合，罰金額が大幅に軽減されるというものである[9]。逆に企業倫理の制度化が行われていない企業が違法行為を行った場合には，罰金額が重くなる。同じ違法行為をしたとしても，連邦量刑ガイドラインにより，罰金額の多い企業と少ない企業の差は最大で80倍になるといわれる。アメリカでは連邦量刑ガイドラインにより，企業倫理の制度化を行っていない企業が巨額の罰金を課せられて倒産に至るリスクが高まったため，企業倫理の制度化が急速に進展することになった。

第3節 1990年代までの日本の企業倫理

日本の企業倫理への取り組みは，企業行動憲章の制定からはじまったと考えられるので，まず企業行動憲章の制定状況からみていくことにしよう。

アメリカにおいては，1964年に大企業の40%，1979年には73%，1987年には85%が企業行動憲章を制定している[10]。1970年代に企業行動憲章の制定率が急上昇したのは，この時代に企業倫理に対するアメリカ社会の関心が高揚した

ことを反映している。企業行動憲章の普及率は，西欧諸国で41%，日本の有力企業218社（1991年）のうち30%であり[11]，90年代初頭の日本は1960年代のアメリカより低い水準にある。

わが国においては企業不祥事が発生するたびに企業倫理の確立が叫ばれ，その着手として企業倫理綱領の制定の必要性が訴えられてきた。企業不祥事に関連して取り上げられる企業倫理綱領の制定状況についての調査報告から日本の企業倫理の現状をうかがい知ることができるので，次に最近のいくつかのこの種の調査報告書についてみていくことにしよう。

「企業倫理綱領」ないし「企業倫理規定」は日本の企業や経済団体などにおいては，「企業倫理綱領，企業倫理規定，企業行動基準，企業行動指針，倫理行為綱領，ビジネス行動規範，ビジネス・コンダクト・ガイドライン，企業行動憲章」などという具体的名称で呼ばれている[12]。ここではこれらのさまざまな名称をほぼ同一の内容をもつものと理解することにしたい。

相次ぐ企業不祥事は経営者および担当者の逮捕や，監督官庁の当該企業に対する業務停止などの処分，それによって引き起こされた業績不振や経営危機など，極めて大きな経済的・社会的影響をもたらしてきた。企業倫理の確立はこうした企業不祥事防止にとって不可欠の重要課題である。経済広報センターによる「企業人1,000人緊急アンケート調査」によれば，企業役員の約7割（72.7%）が，不祥事の再発防止のためには「企業倫理行動基準を具体的に策定することが重要である」と回答している[13]。

日本企業における不祥事の続発は産業界自身によるこの問題への取り組みを促すところとなり，経団連は1996年12月に企業行動憲章の見直しを行った。また，日本監査役協会は1997年4月の第44回監査役全国会議において「企業倫理の確立と監査役の役割」を主題として取り上げた。日本監査役協会はこの監査役全国会議に先立って，1997年1月から2月にかけ，1,850社の監査役を対象に大規模なアンケート調査を行っている（回収数1,191社，回収率64.4%）。回答企業のうち資本金5億円未満の企業は8社（0.67%），不明25社であり，その他はすべて資本金5億円以上であったため，ほとんどが大企業と考えることができ

る。この調査から日本企業において頻発する不祥事についてその発生原因や防止策，あるいは企業倫理への取り組みの現状に関する，当時の監査役の認識を知ることができる。

　まず企業不祥事を実際に起こした企業は回答企業のうち約20%にのぼり，資本金500億円以上の企業においては4社に1社の割合で不祥事を起こしている[14]。企業不祥事の具体的発生事例は，資本金の多い企業で「独禁法違反」，「取締役・従業員の刑事事件」の比率が高く，資本金の少ない企業は「巨額損失」の比率が高くなっており，バブル経済崩壊後に発生比率が高くなっている。

　企業不祥事の発生要因は「行き過ぎた業績至上主義」(73.4%) や「経営トップのワンマン独断専行」(71.5%) と考えられており，「倫理行為綱領がないこと」(11.8%) を発生要因にあげた監査役は少なかった。また企業不祥事の抑止力として有効なものは「経営トップの姿勢・誠実性」(89.6%)，「組織・責任と権限，内部牽制制度」(62.0%) などであり，「倫理行為綱領」(10.8%) と答えた比率は低かった。

　企業不祥事再発防止のために企業がとった具体的措置は「経営トップの姿勢を明示」(85.8%)，「組織責任と権限，内部牽制制度の見直し」(67.8%) などであり，「倫理行為綱領の新設，改訂」(29.2%) を行った企業の比率は低かった。さらに再発防止のために有効と考えられる方法としては，「経営トップの姿勢」(86.7%) や「組織，責任と権限，内部牽制制度の見直し」(57.5%) などの回答が上位を占めており，「倫理行為綱領の新設，改訂」(18.0%) という回答は少なかった。

　アンケート調査では，倫理行為綱領についての詳細な質問が繰り返し行われており，このことから日本監査役協会が，企業不祥事発生の理由や防止の抑止力および再発防止策として倫理行為綱領の有無およびその内容が重要であると認識していたことがうかがえる。しかし，日本監査役協会のこのような意図に反して実際の企業の監査役達は，企業不祥事は「経営トップの姿勢」や企業の「組織，責任と権限，内部牽制制度」などの企業の組織や制度と関係してい

ると認識していたのである。すなわち，日本企業の現場を経験してきた監査役達は，どんな立派な倫理綱領をもったとしても経営トップが倫理の確立に積極的でなかったり，企業内の組織や制度が整備されていないならば，企業倫理の実践に効果がないことを知っていたと考えられる。企業不祥事防止のためには企業倫理の制度化が必要であり，その手はじめとして倫理綱領の制定が必要なのであるが，このアンケート調査は企業倫理の実践が監査役によって，このような体系的なプロセスとしてとらえられていなかったことを示しているように思われる。

　アメリカにおける「企業倫理の制度化」の進展状況との対比で日本の状況を顧みるならば，日本の監査役達は企業不祥事の発生原因を「経営トップの姿勢」というあいまいな要因に見いだしているものの，組織や制度を内容とする「企業倫理の制度化」の欠如という要因についてもある程度の認識をもっていることがわかる。しかし，同時にこの調査結果は，日本の経営者の企業倫理に対する認識が稀薄であり，経営者がこの問題にほとんど真剣に取り組んでいないことが，日本の企業倫理問題の核心をなしていると多くの監査役達がいらだちを隠しきれないでいることをも示している。

　次に日本監査役協会は企業倫理行為綱領の制定状況や内容などについてのアンケートを行っているが，ここからわが国の企業倫理行為綱領の当時の状況を知ることができる。まず，企業倫理行為綱領を制定している企業は472社（39.6％）で，制定していない企業の719社（60.4％）を下回っている。資本金額の多い企業ほど制定している比率が高く，資本金50億円未満の企業では制定率が３割であるが，資本金500億円以上の企業では制定率は６割に達する。これらの企業倫理行為綱領は，半分は「宣言的色彩が強い」（50.6％）ものであるが，「具体的な行為内容が盛り込まれている」（43.9％）ものも４割を超えており，ステークホルダーとの関係についての規定が多いのが特徴である（図表8-4）。

　これらの綱領が制定された時期は昭和40年代と50年代が最も多く，その改訂はバブル崩壊後に集中している。綱領の認知度およびその周知，徹底の方法などについての調査によれば，ほとんどの企業が「社内報」「パンフレット」「随

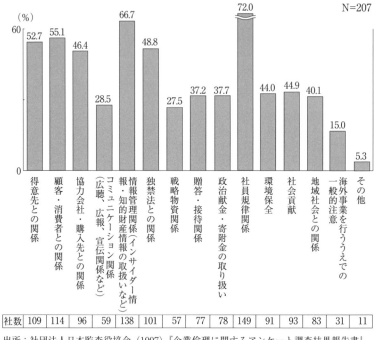

図表8-4 企業倫理行為綱領の内容

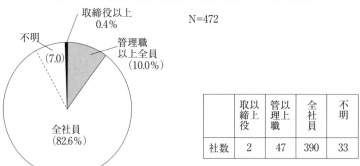

図表8-5 企業倫理行為綱領の周知・徹底が行われた範囲

時くり返す」「社内規定」などの方法によって「全社員」(82.6%) に対して周知させており，末端従業員にまで浸透している企業も43.4%にのぼっている（図表8－5）。

経団連は日本企業の相次ぐ不祥事への対応策として1991年に「経団連企業行動憲章」を発表した。しかし，この企業行動憲章が会員企業に周知されたということは決してできない。経団連が1996年に行ったアンケート調査によれば企業行動憲章の周知に努めていると答えた会員企業は45%（努めていないは42%），企業行動憲章を知っている，全体を読んだと答えた企業は54%に留まった[15]。

この実態を重視した経団連は1996年12月に新しい「経団連企業行動憲章」を決定し，その周知に努めた。それは主に次のような方法によった[16]。①経団連会長が直接，理事会や常任理事会などで会員企業の社内への周知を呼びかける。②各種フォーラムや報告会を開催し，会員企業の意識高揚に努める。③経団連の機関紙に毎号掲載するなど，常に会員の目に触れるように工夫する。④警察庁・警視庁，日弁連などの関係機関と連携し，憲章の普及に努める。⑤国際会議などで新憲章を海外にも紹介する。

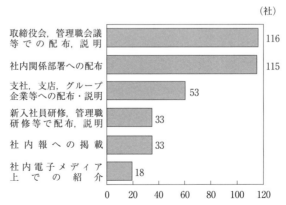

図表8－6　企業行動憲章を社内で周知するために実施している活動（複数回答）

出所：田中清（1998）「新しい『経団連企業行動憲章』と企業倫理に関する経団連の取組み」日本能率協会編『先進企業28社にみる企業倫理規定実例集』日本能率協会マネジメントセンター，49ページ。

経団連のこのような努力の結果，1997年6月から7月のアンケート調査によれば，新憲章の周知，徹底は大きく向上し，「新しい『企業行動憲章』の全文を読んだという回答は93%に達し」た[17]。

日本における企業倫理の実践はアメリカに約20年遅れているといわれるが，個別企業内における企業倫理の制度化は1990年代まで，企業倫理綱領の制定とその内容の周知という最も初期の段階に留まっていたということができる。当時，企業経営者は企業倫理綱領の制定をもって企業倫理実践が完了したというような認識をもっていたように思われる。

企業倫理が企業において現実に実践されるためには，制定された企業行動憲章が従業員に遵守され，実践されているかどうかを常にチェックしていかなければならない。このような規制遵守チェック機関としてアメリカ企業では，コンプライアンス委員会，ホットライン，オンブズマン制（corporate ombudsman system），倫理オフィス（corporate ethics office）などが設けられている。1990年代まで，日本ではアメリカのような独立した規制遵守チェック機関は例が少なく，人事部や法務部の一部にこの機能を担当させることが多かった[18]。

アメリカ企業においては，企業倫理を実践する最高責任者として企業倫理を担当する役員が任命されているのが普通であり，かれらはエシックス・オフィサー，コンプライアンス・オフィサーなどと呼ばれている。日本企業においては，1990年代まで，企業倫理の実践をチェックする専門の機関をもつことがなく，人事部や法務部などの既存の部署がこれを代替していたため，エシックス・オフィサーやコンプライアンス・オフィサーなどといった役員が任命されることもなかった。1997年，日本の有力企業を中心に設立された「経営倫理実践研究センター」の会員企業では副社長，専務，常務，部長クラスの有力者が「経営倫理担当責任者」として任命されていたのが実情であり，「米国優良企業のように，既存の部署から独立したオフィスとして設置」することが望まれていた[19]。4大証券会社と第一勧業銀行の総会屋への利益供与事件は，1997年に野村證券社員の内部告発から発覚し，5社合計で31人の最高経営層が商法違反などの罪で公判請求され，自殺者まで出すなど日本の金融業界をゆるがす大

第8章　企業倫理の制度化　145

事件に発展した。この事件が示すように，内部告発を受けとめる体制を企業に整備することは企業不祥事を発見するのに役立つだけでなく，これによって早い段階で不祥事に対応することができるようになるため，深刻な事態への発展を防止する効果が期待できる。

　このような従業員からの内部告発や企業倫理についての相談を受容する制度として，アメリカでは「倫理ホットライン」「倫理ヘルプライン」などが設けられており，70年代後半から80年代前半に有力な米国企業に浸透した。「現在では，『連邦量刑ガイドライン』に基づき法令遵守プログラムの重要なツールとなっている」[20] が日本では1990年代まで，一部の外資系企業以外にはほとんど制度化されていなかった。

　企業倫理の実践を企業倫理委員会の設置，企業倫理監査，実例実情調査，倫理的業績を評価した人事考課等によってフォローアップすることも重要である[21]。

第4節　日本における企業倫理制度化の進展

　日本経営倫理学会の実証調査研究部会は，1996年から3年ごとに「日本における企業倫理制度化に関する定期実態調査」を実施し公表している。最新の調査は2008年に実施され，2009年に公表されているので，ここではこの調査報告に基づいて，1996年から12年間の日本における企業倫理制度化の進展状況をみていくことにしたい[22]。

　企業倫理の確立に対する意識は2002年（第3回調査）頃から高くなり，社会的責任の観点から「企業倫理の確立は不可欠である」と回答した企業は80%を超えている。第5回調査（2008年）ではこれに「スキャンダルや不祥事の未然防止という視点から企業倫理の確立が必要」と回答した企業を含めると，100%の企業が企業倫理の確立が必要と回答している。

　96年の第1回調査では，企業倫理の確立が必要と回答した企業は87.3%であった。しかし，「特別な仕組みを講じて企業倫理の確立に努めている」と回

146

図表 8-7 企業倫理の確立に関する意識の実態と変動傾向

	第1回企業数(%)	第2回企業数(%)	第3回企業数(%)	第4回企業数(%)	第5回企業数(%)	ポイント差
1 企業が社会の一員として責任を果たし，社会に貢献していくためにも企業倫理の確立は不可欠である。	78 (70.9)	74 (78.7)	95 (84.8)	132 (87.4)	63 (85.1)	−2.3
2 ビジネス界で生じているスキャンダルや不祥事を未然に防ぐために，各社は企業倫理の確立に真剣に取り組むべきである。	18 (16.4)	17 (18.1)	17 (15.2)	19 (12.6)	11 (14.9)	+2.3
3 ビジネスに携わっている人々は一般的に良識ある人々であるから，あえて企業倫理を声高に叫ぶ必要はない。	12 (10.9)	2 (2.1)	0 (0.0)	0 (0.0)	0 (0.0)	+0.0
4 倫理・道徳というのは，学校教育や家庭のしつけの問題であり，企業が特に取り上げる問題はなし。	1 (0.9)	0 (0.0)	0 (0.0)	0 (0.0)	0 (0.0)	+0.0
5 企業倫理の基準はあいまいであるから，法律さえ遵守すれば良い。	0 (0.0)	0 (0.0)	0 (0.0)	0 (0.0)	0 (0.0)	+0.0
6 ビジネスと倫理は本来相容れない問題である。	0 (0.0)	0 (0.0)	0 (0.0)	0 (0.0)	0 (0.0)	+0.0
7 そもそも企業倫理とは何かがよくわからない。	1 (0.9)	1 (1.1)	0 (0.0)	0 (0.0)	0 (0.0)	+0.0
合計	110	94	112	151	74	

(注) 無回答は第1回調査が2社，第2回調査が3社，第3回調査が0，第4回調査が1社，第5回調査は1社である。ポイント差は第5回調査と第4回調査との比較である（図表8-8も同様）。

出所：中野・山田・福永・野村（2009）「第5回日本における企業倫理制度化に関する定期実態調査報告」『日本経営倫理学会誌』第16号，192ページ。

答した企業は12.5%に過ぎなかった。調査報告書はこれを「意識と実態の乖離現象」と述べている。2008年の第5回調査では「特別な仕組みを講じて企業倫理の確立に努めている」企業は82.7%に上昇し，12年間で大きく上昇した（図表8-8）。

　企業倫理の制度化は12年間で著しく進展した[23]。第4回調査（2005年）から

第8章　企業倫理の制度化　147

図表8-8　企業倫理確立に向けた取り組み姿勢の実態と変動傾向

	第1回企業数(%)	第2回企業数(%)	第3回企業数(%)	第4回企業数(%)	第5回企業数(%)	ポイント差
1　とくに「企業倫理の確立」ということを意識した努力をしているわけではなく個々の従業員の良識に任せている。	31 (27.7)	15 (15.6)	5 (4.5)	2 (1.3)	2 (2.7)	+1.4
2　「企業倫理の確立」に向けて意識的に取り組んでいるがそのための特別な仕組みを講じておらずあくまでも通常の経営システムの範囲内で取り扱っている。	67 (59.8)	46 (47.9)	44 (40.0)	36 (24.0)	11 (14.7)	−9.3
3　特別な仕組みを講じて「企業倫理の確立」に向けての取り組みに努めている。	14 (12.5)	35 (36.5)	61 (55.5)	112 (74.7)	62 (82.7)	+8.0
合計	112	96	110	150	75	

(注)　第1回調査の無回答は1社，第3回調査の無回答は2社，第4回調査の無回答は2社，第5回調査の無回答は0である。
出所：同上稿，153ページ。

第5回調査（2008年）の間に増加したのは「レポーティング・システムの導入」（10.9ポイント増），「企業倫理専門担当者の配置」（8.9ポイント増）などである。この2項目は第1回調査においては，ほとんど実施している企業はなかった。不祥事が続発し，それが企業経営の根幹をゆるがすような事態に発展するようなケースも多くなったことが背景にあるように思われる。内部通報制度の導入によって，早い段階で不祥事の芽を摘みとり，大きな事件に発展するのを防ごうとする企業の意識が高まったためと考えられる。すなわち，レポーティング・システムはリスク・マネジメントの手段としても重視されてきている。

　実施率の高い項目は「企業倫理規範の制定」（98.6%），「レポーティング・システムの導入」（91.8%），「企業倫理委員会の設置」（86.5%），「企業倫理担当者の配置」（85.1%）などである。一方，企業倫理規範の社内への浸透は社内教育によって実践されており，新入社員や管理者だけでなく，全社員を対象とした企業倫理教育・研修によって行われている企業が一般的（75%）となっている。

しかし，企業倫理教育・研修の形式は，「講義形式の座学が中心」(60.8%) であり，倫理教育において効果が高いといわれる「ケース・スタディ等による討議が中心」(17.6%) と回答した企業は少なかった。ケース・スタディを用いた企業倫理教育・研修の比率を高めることが日本の倫理教育の課題であろう。

【注】

（1） 帝国データバンク「第4回：コンプライアンス違反企業の倒産動向調査」2008年5月12日。http://www.tdb.eo.jp/report/watc hing/press/p080502.html
（2） 中村瑞穂 (1998)「企業倫理と日本企業」『明大商学論叢』第80巻第3・4号，176ページ。以下もこれによる。
（3） 同上稿，169ページ。
（4） Hanson, K.D. (1983) "BookReview: Business Ethics", *California Management Review*. Vol.XXV I,No.l,Fall1983.
（5） 中村瑞穂 (1994)「アメリカにおける企業倫理研究の展開過程」『明大商学論叢』第76巻第1号，223ページ。
（6） 同上稿，215ページ。
（7） 中村瑞穂 (1998)「企業倫理と日本企業」『明大商学論叢』第80巻第3・4号，172ページ。
（8） 同上稿，175〜179ページ。
（9） 梅津光弘 (2005)「改正連邦量刑ガイドラインとその背景：企業倫理の制度化との関係から」『三田商学研究』第48巻第1号，慶應義塾大学出版会，2005年4月，150ページ。
（10） 同上稿，150ページ。
（11） 同上稿，153ページ。
（12） 田中宏司 (1998)「わが国における企業倫理規定の制定状況と実践の課題」日本能率協会編『企業倫理規定実例集』日本能率協会マネジメントセンター，15〜16ページ。
（13） 同上稿，19ページ。
（14） 社団法人日本監査役協会 (1997)『企業倫理に関するアンケート調査結果報告書』，7ページ。
（15） 田中清 (1998)「新しい『経団連企業行動憲章』と企業倫理に関する経団連の取組み」日本能率協会編『企業倫理規定実例集』日本能率協会マネジメントセンター，45ページ。

第8章 企業倫理の制度化　149

(16) 同上稿，48ページ。

(17) 同上稿，49ページ。

(18) 水谷雅一（1995）『経営倫理学の実践と課題』白桃書房，156ページ。

(19) 田中宏司，前掲稿，38ページ。

(20) 同上稿，39ページ。

(21) 同上稿，40〜41ページ。

(22) 中野・山田・福永・野村（2009）「第5回・日本における企業倫理制度化に関する定期実態調査報告」『日本経営倫理学会誌』第16号，151〜163ページ。

(23) この調査は2008年6月に，690社を対象に実施され，回答企業数は75社（有効回収率10.9%）であった。回答企業数が比較的少数であること，制度化の進んだ企業が積極的に回答してきている可能性があることなどを考慮すると，このアンケート結果をそのまま日本企業の実態と捉えるにはやや疑いが残る。日本の先進企業の趨勢と捉えるべきであろう。

【参考文献】

梅津光弘（2005）「改正連邦量刑ガイドラインとその背景：企業倫理の制度化との関係から」『三田商学研究』第48巻第1号，慶應義塾大学出版会，2005年4月。

社団法人日本監査役協会（1997）『企業倫理に関するアンケート調査結果報告書』。

田中清稿（1998）「新しい『経団連企業行動憲章』と企業倫理に関する経団連の取組み」日本能率協会編『企業倫理規定実例集』日本能率協会マネジメントセンター。

田中宏司（1998）「わが国における企業倫理規定の制定状況と実践の課題」日本能率協会編『企業倫理規定実例集』日本能率協会マネジメントセンター。

中野・山田・福永・野村（2009）「第5回・日本における企業倫理制度化に関する定期実態調査報告」『日本経営倫理学会誌』第16号。

中村瑞穂（1998）「企業倫理と日本企業」『明大商学論叢』第80巻第3・4号。

中村瑞穂（1994）「アメリカにおける企業倫理研究の展開過程」『明大商学論叢』第76巻第1号。

水谷雅一（1995）『経営倫理学の実践と課題』白桃書房。

Hanson, K.D.（1983）"BookReview: Business Ethics", *California Management Review*, Vol. XXVI, No. 1 , Fall.

第9章
アメリカにおける企業倫理

第1節　はじめに

　人間が他者とのかかわりの中で生きる以上，倫理問題は発生する。企業の活動領域においても，倫理問題は，時空を問わず生み出されてきた。ただし，これを，「倫理問題」として社会的に意識し，体系化し，実践的に適用していくということになると話は別である。

　少なくとも「企業倫理」についてふれられる機会の多さをみた場合，そして，それをもって社会におけるこの問題の関心の高さとみるとすれば，アメリカ合衆国（以下，アメリカとする）ほど企業倫理が積極的に取り上げられ，論じられてきた国はなかろう。日本において，企業の価値規範的側面が，「企業倫理」の名のもとに本格的に取り上げられるようになったのは，主に1990年代以降のことと考えられるが，これは，明らかにアメリカからの影響を受けてのことである。

　さて，話を進めるにあたり，企業倫理についての概念上の問題を提示して，本章での検討範囲を明らかにしていきたい。

　企業倫理は，企業活動を価値論的な「正しさ」の観点から検討する学問的あるいは実践的な領域である。市場システムを前提に私企業の行動を考えれば，企業の評価は利益の寡多や成長によりなされるのが一般的である。しかし，企業倫理は，善悪という道徳的スクリーンに映して，企業行動のあり方を考える。

第9章　アメリカにおける企業倫理　151

　企業倫理として，いかなるアプローチをとるか，いかなるテーマを盛り込む
かは，論者により多様である。哲学的見地から，そもそも倫理的とはどういう
状態かという根本的命題をめぐって様々な理論研究がなされている。しかし，
本稿では，そうしたことを直接の課題とはせず，アメリカという地域のなかで
展開された倫理問題を明らかにし，それへの企業の応答を検討していきたい。
各国における企業倫理問題は，歴史的・社会的・制度的文脈に大きくかかわっ
ている。どのような価値規範が，社会のなかで重視されているかは，国により
異なる。企業倫理問題のアメリカ的特質を明確にしていくことを目的とする。

　もう一点，企業倫理と法令についての考え方について述べておく必要があ
る。しばしば指摘されるように，企業倫理の課題は，狭義での法令遵守にとど
まらない。また，法令によるものは，どこまでも他律的なものであり，また，
社会常識的次元において最低限度守ることを求められている条件であって，む
しろ，法令を超えた規範にこそ意思決定者の倫理が問われる面があるとの考え
もある。しかし，後にみるように，企業倫理が重要視されてきた契機は，違法
性をもつ企業不祥事であった。内容的にみても，法令遵守とそれを超えた狭い
意味での倫理問題は，強い連続性・関連性をもっている。したがって，企業の
応答行動としてみた場合，両者を決然と分けることはできない。したがって，
ここでは，アメリカにおける特徴的な法令とそれへの応答も含めて論じていく
こととしたい。

第2節　アメリカの社会的特質と企業

　既述のように具体的な企業倫理問題は，真空のなかで発生するのではない。
企業は社会との相互作用のなかで活動しており，倫理問題は多くの場合，社会
的文脈から切り離すことができない。どのような価値が取り上げられ，強調さ
れるかは国により異なり，社会システムに反映される。ここに国ごとの倫理問
題の特質が認められるのである。

　本節においては，アメリカの社会文化的特質と，これまでの代表的な倫理問

題の推移について検討する。

1. 社会文化的背景

　歴史的に見た場合，イギリスのような伝統的な土地貴族社会がなかったアメリカにおいては，経済的機能と富が高い社会的地位に結びつけられ，ビジネスマンの思考行動様式が，アメリカ社会の基本的な文化構造を形成してきたとされる[1]。したがって，基調としては，アメリカ社会は企業経営に対して支持的であり，このことが企業の発展を促進する要因となった。そして，ビジネスを中心に置く社会であるからこそ，企業倫理への関心が他国に先行したということもできよう。

　伝統的なアメリカの社会価値観としては，個人主義，財産権の重視，競争の重視，限定国家，科学的専門化と細分化等があげられる[2]。

　個人主義は，機会平等を前提として，社会における個々人の成否を「適者生存」の原理に結びつけて考える。一方，結果平等についての関心は相対的に薄かった。同時に，個人主義は，契約概念と結びついている。これを受けて企業倫理も基本的には，個人がどのように行動するかに関心が向きやすい。アメリカにおいて，内部告発が，強く推奨されるのは，個人主義的な価値観が背景にあるとされる[3]。

　財産権は，個人の権利を構成する極めて重要な要素である。この問題は，コーポレート・ガバナンスをめぐる倫理的議論に大きな影響をもたらしている。

　自由な行動が，競争を通じて最適化されるという市場原理を信頼することにより，競争が尊重される。後にみるように，アメリカにおいては，独占禁止についての規制が，早い段階から取り入れられたが，その背景には，こうした価値観がある。

　他方，政府が大きな力をもつことに対しては基本的には消極的である，官ではなく，むしろ民をベースに活動することに価値が置かれる。アメリカ社会は，歴史的に政府よりもコミュニティを基盤として成立したことと関係する。

第9章　アメリカにおける企業倫理　153

その意味で，政府の介入に批判的な新自由主義の社会哲学も，民間の主体的社会貢献としてフィランソロピーを重視する思想も，共にアメリカの価値理念の典型をなしている。

科学的専門化と細分化は，部分最適化が，全体の最適化につながるという思想である。こうした機械的なものの見方は，組織内での分業，産業内での分業についての考え方にも影響を与えている。

以上のような価値観は，時に反対方向への揺れや揺り戻しを繰り返しつつ，アメリカの社会システムに理念として織り込まれてきた。それぞれの要素は，相互に絡み合いながら一つのシステムをなしてきたのである。

しかしながら，理念的な次元におけるビジネスと社会の調和は，必ずしも実際の調和につながるわけではない。企業の量的・質的な発展を通じて大きくなった企業の影響力は，さまざまな社会的矛盾を生み出し，多様な倫理問題の認識につながっていった。

2．倫理問題の推移

企業の倫理問題と一口にいっても，時代により代表的な問題は変遷している。一般に倫理問題は，企業が社会にもたらすマイナスのインパクト（多くの場合，企業不祥事として「可視化」する）の認識を契機とし，それに対する社会的な応答をともなって，新たな経営上の課題として設定されていく。次節で見る企業倫理を促す社会的制度（あるいは環境）の形成も，そうした社会的な応答の一環として形成されてきた。

ここでは，企業にかかわる代表的な倫理問題を時代ごとに取り上げて，その変遷を簡単にみておきたい[4]。

既述のように，アメリカでは社会価値の次元においては，他国に比してビジネスに対して好意的であったが，一般公衆が，手放しでビジネスを受け入れてきたわけではない。産業化の早い時期においても，ジョン・ロックフェラー（J.D.Rockefeller）をはじめとする大企業家は，「泥棒男爵」（robber baron）と称され，反感の対象となった。こうした反感は，独占行為への強い理念的批判へと

結びつき，独占禁止関連の法の制定を促すことになった。

　その後，無秩序であった証券市場における財務的操作等に対する批判が大きくなっていった。これが，1929年の破綻後の証券取引法の成立に結びついた。証券取引法は，法制を通じて企業，証券市場，会計専門職の倫理的行動を導き出すための初めての広範な基盤をもつ試みであり，この法律に基づき証券取引委員会（Securities and Exchange Commission: SEC）が設立され，証券取引等を監視することとなった[5]。

　1960年代になると，ビジネスと社会の関係に大きな影響を与える変化が見られた。差別の禁止については，1964年公民権法が決定的な意義をもった。また，ラルフ・ネーダー（R.Nader）を筆頭とするコンシューマリズムが昂揚した。ネーダーは，当時人気があった自動車の安全性について鋭い批判を展開し，公衆の関心を集めた。消費者との関係においても，企業は表面的な市場ニーズに応えるだけでは不十分とされるようになった。さらに，価値創出プロセスにおける負のアウトプットである公害問題がこれに加わり，環境保護運動が高まった。連邦として初の大気汚染防止法等が制定されたのもこの時期である。

　1970年代には，ロッキード社の海外における不正行為等を契機として，1977年に海外腐敗防止法（The Foreign Corrupt Practices Act）が制定され，国外における賄賂や不法な支払いについて法律を通じて防止し，企業に倫理的な基準の策定を求めるに至った。すなわち，国際的企業行動を国内法として規制するもので，当時としては特異なものであった。

　1980年代になると，後述のように防衛産業の汚職が大きな問題として取り上げられた。また，敵対的買収が大きく展開されるなかで，巨額に及ぶインサイダー取引問題が注目を集めた。例えば，1986年には，ウォール街のサヤ取り取引の第一人者とされていたアイバン・ボウスキー（I.Boesky）が，同取引で摘発され，1億ドルの罰金を課せられた[6]。

　また，規制緩和・自由化を通じ，企業の潜在的活動領域が拡大していった。このことは，企業の自主統制が強く求められる帰結を導いた。また，企業の側

第9章 アメリカにおける企業倫理 155

でも倫理的な経営が結果としてはリスクを軽減し，生産性を向上させるという意識も高まった[7]。

1990年代には，IT産業の急激な発展，新規株式公開等を通じた莫大な富の創出が進んだ。こうした流れのなかで，一連の前例のない不正会計や非倫理的な経営行動が生み出された。

そして，現代の企業倫理に対して大きなインパクトを与えたのが，21世紀になってすぐに発覚したエンロン，ワールドコムをはじめとする巨額な財務不正である。エンロンは，1985年に設立されたエネルギー関連会社であり，政府による規制緩和を背景にしたビジネスで急成長を遂げてきた。しかし，不透明な簿外取引が発覚したことを直接の契機として，2001年に破綻した。この企業は，証券市場において極めて高い評価を受けており，コーポレート・ガバナンス制度等においても優良とされていたことから，アメリカの経済社会に大きな衝撃をもたらすこととなった。その後，通信会社のワールドコムも破綻し，サーベンス・オクスレー法（The Surbanes-Oxley Act: SOX法）の制定を促した[8]。コーポレート・ガバナンスにかかわる倫理は，経営者報酬問題等を含み，現代における企業倫理の中心的問題の一つをなしている。

1999年末時点でのFortune100企業を対象に行われた不祥事調査によれば，2000年1月1日から2005年6月30日の間で，4割の企業が非倫理的とみなされる行動をしているとされている。不正のタイプとして，最も多かったのは，会計関連の不正で，証券関連，消費者関連がこれに続いている[9]。

2007年には，リーマン・ショックが起きた。ここでは，サブプライムローンを含む金融システムの問題が指摘された。これに伴い，2010年にドッド・フランク法（Dodd-Frank Wall Street Reform and Consumer Protection Act）が制定された。これは，金融機関による事業制限や監督強化を軸とするものである[10]。この中に，紛争鉱物に関する開示規定が含められていたことが注目を集めた[11]。ここにいう紛争鉱物とは，コンゴ民主共和国およびその周辺国の鉱物である。これは，武装勢力の資金源となっていることから，人権・テロ防止の見地より制約を行う必要性があるとの認識によるものである。アメリカの証券

市場に上場している企業が，これら鉱物を製造過程で使う場合は，証券取引委員会に提出する報告書で開示することを求めるものである。

　以上，時代ごとの代表的な問題を概観してきたが，倫理問題の多くは，その時代にとどまるものではなく，焦点や適用範囲を少しずつ変えつつ，継続するものである。

　アメリカの倫理問題の推移は，ほかの国と同時展開的な部分もあるが，領域によっては，時間のズレが認められる。こうしたズレは，その国の環境・理念と関わりをもっているものと考えられる。たとえば，海外における賄賂，インサイダー取引等は，アメリカが先行した領域である[12]。インサイダー取引について，ヨーロッパや日本に比べ，アメリカで先行した理由としては，いくつか考えることができるが，機会平等や市場機能の尊重というアメリカ的価値観と強く結びつく問題であることが指摘できよう。

第3節　企業倫理を促す社会環境

　企業の倫理性は，経営者の理念等，各企業固有の価値構造に基づき主体的に形成される面もあるが，外部から促されることで問題が認識され，受け入れられる面がある。

　アメリカ社会における企業倫理の織り込みの実態を考えるにあたって，倫理性を促す社会環境について検討することが重要である。アメリカ企業における倫理の制度化が大きく進んだのは，社会環境による面が大きいと考えられる。このことは，日本企業よりアメリカ企業が，制度化において先行した理由を説明する重要な要因とされる[13]。

　本節では，企業が倫理的な問題を自覚し自社の行動に採り入れる契機となった重要な社会的制度およびステークホルダーの行動を検討していきたい。ここでいう社会的制度は，国による法令に限らず，社会的に形成された仕組みとして広くとらえていきたい。

1．防衛産業イニシアティブ（The Defense Industry Initiative: DII）

1980年代に「強いアメリカ」を標榜したレーガン政権の軍事支出拡大政策にともない潤った防衛産業による過剰請求等の不正が横行した。これに対応するため，ブルーリボン諮問委員会（パッカード委員会）が発足し，不正再発防止策が検討されることとなった。この委員会は，企業による自主的な内部統制システムの導入を答申した。これに基づいて，防衛産業18社が集まり，採択されたのが防衛産業イニシアティブ（以下 DII と略称する）原則である [14]。すなわち，DII の契機をつくったのは政府であるが，原則自体は，業界内で形成された規範である。

DII 原則は，健全な経営慣行の推進，複雑な規制に対する遵守の確保，公衆からの信頼の回復を目的とした。この原則は，次の6点よりなる。

①倫理基準を制定する。

②従業員に教育・周知徹底する。

③従業員が報復を恐れず倫理法令違反を報告できる自由で開かれた雰囲気をつくる。

④自己責任として法令遵守を監視し，違反があった場合，報告し善後策をとる。

⑤関連企業に行動基準順守を求める。

⑥社会に向かって原則の遵守を誓約する。

これは，史上初めて産業レベルで日常の経営活動に倫理を公式的に組み込む努力であった。また，その後の倫理プログラムの「ひな型」をなしたと評価されている [15]。

他方で，DII に対しては，産業全体を網羅していないことや説明責任が表面的であるといった批判もある [16]。

2．連邦量刑ガイドライン（The Federal Sentencing Guidelines）

アメリカ企業の倫理性への意識を大きく高めたのは，連邦量刑ガイドラインであるとされる。以下で，その説明を行っていきたい [17]。

連邦量刑ガイドラインは，アメリカ連邦裁判所における量刑に恣意性があるとの批判を受け，量刑の一貫性・客観性を目指して制定されたものである。

このガイドラインが施行されたのは，1987年のことであったが，企業倫理を考えるにあたり，重要な意義をもったのは，1991年に制定された「組織に関する量刑ガイドライン」である。企業を含む組織が，詐欺，環境汚染，資金洗浄，独占禁止法違反，脱税，薬物違反などの違法行為について，懲罰的罰金が規定されている。この懲罰的罰金は，「基準罰金額」と「有罪点数」を掛け合わせて算出される。有罪点数は，不正に関与した人物の組織上の階層，過去の経緯，不正の意図，有効な倫理プログラム（倫理法令遵守プログラム）をもっていたか，不正を発見した後の姿勢（妨害的であったか協力的であったか）等により決められる。結果として，すべて良好であったケースとその逆のケースでは，最大80倍もの罰金差が生じる。また，こうしたプログラムをもっておらず，再発防止のために必要だと判断された場合，監視官の下でのプログラムの構築が求められる。

ここで重要なポイントとなるのが，「有効な倫理プログラム」である。このガイドラインが制定された後，企業は倫理プログラムの導入に大きく進んでいくことになった。

なお，本ガイドラインは，2004年に改正され，倫理的行為と法令遵守の企業文化を促進することが強調された[18]。

連邦量刑ガイドラインは，DII と異なり，国を主体として生み出されたものである。また，ここに規定されている「有効な倫理プログラム」を取り入れた場合と取り入れない場合で，経済的リスクに著しい差異がある。

ここにいう「有効な倫理プログラム」は，こうしてアメリカ企業における倫理の制度としての取り組みに大きく影響を与えた。この規定が，企業が倫理的なプログラムを導入する場合の，典型的な型を提供してきたので，内容については，次節にて改めてみていきたい。

連邦量刑ガイドラインは，規制として直接的に倫理の制度化を強制するものではなく，「飴と鞭」を提示することにより，企業を取り巻くリスク状況を変

化させ，特に明示的な制度の形成を促すものである。

3．サーベンス・オクスレー法（Sarbanes-Oxley Act: SOX 法）

　エンロン，ワールドコム等の破綻を受け，2002年に制定されたのが，サーベンス・オクスレー法（以下，SOX 法と略称する）である[19]。SOX 法は，正式には，「上場企業会計改革および投資家保護法」（Public Company Accounting Reform and Investor Protection Act）であり，原則的には，投資家利益に関わる諸問題を扱っているのであるが，かなり広範囲に及び，強力な罰則を伴う法律である。同302条では，経営者（最高経営責任者（CEO）及び最高財務責任者（CFO））に対し，年次報告書提出に際し，虚偽報告がない旨等の宣誓を求めている。また，404条においては，経営者による内部統制評価を求めている。具体的には，内部統制構築の責任を負い，その有効性の評価報告を求めている。906条では，宣誓にも拘わらず問題があった場合は，経営者に刑事罰を科すものとされている。

4．社会性を考慮した投資

　株主の立場から企業に対して，ある種の社会性を求める形態の投資が企業の倫理的行動を促す重要な要素である。企業の不祥事が，利己的に利益を志向するプロセスで発生するケースが多くみられるが，この場合，株主利益は時に不祥事を誘発する。「社会性を考慮した投資」[20]は，株価や配当といった財務的な成果にとどまらず，社会的・環境的な評価を投資判断に取り入れることを通じて，株主利益と社会性を整合化し，企業に倫理的な活動を促す[21]。

　投資に社会性を取り込む動きは，1920年代のキリスト教教会の資金運用にまでさかのぼることができる。その後1970年代には，社会運動家等が企業に社会的責任を求める1つの手段として活用するようになった。1990年代に入ってからは，急速に伸びた。その背景には，機関投資家や社会的意識に敏感な個人投資家の増加がある。機関投資家が，社会的責任をリスク関連要因あるいは持続的発展を支える要因として把握したことが原因の1つとされている。

　こうした投資は，アメリカにおいては，政府による関与により形成されてき

たものではなく，民間ベースで自律的に形成されてきた。この点，遅れて発展したヨーロッパのケースとは異なる。

「社会性を考慮した投資」は，アメリカにおける投資において大きな割合を占めており，経営者はこれを無視することができない[22]。公開企業を基軸とし，ステークホルダーとして投資家の影響力が大きいアメリカにおいて，倫理的行動を求めるものとしての意義は大きい。

こうした投資を通じて表明されている価値は，国際的動向を反映し，ある程度の標準化が見られる傾向があるが，投資主体を個別に見れば，特定の社会的・宗教的基盤に基づくことも多い。

5．その他の外部的な影響力

アメリカには，さまざまなNPO（非営利組織）が存在し，それぞれの立場から，自身の価値を表明し，それを具体的な行動に結びつけている。とりわけ消費の次元における組織的な不買運動等は，時に非常に大きな影響を及ぼし，企業の倫理意識を喚起してきた。この場合，まだ法令化していない倫理的領域を提示するか，法令水準以上の倫理的行動を求めるケースが多い。

また，様々な倫理的褒賞制度やランキング等を通じて，倫理的な基準に照らして高い成果をあげた企業を称賛しようとする社会的な動きも活発である[23]。

こうした社会的批判と称賛を通じ企業に倫理性を促す行動は，政府依存ではないアメリカ社会の持つ重要な特質を反映している。また，様々な観点を肯定する多元主義的な理念の発現ということもできよう。

アメリカ国内の諸力にとどまらないものとしては，国際的な倫理基準等がある。こうした基準は，通常強い制裁力をともなっていないが，企業がグローバル化を強力に進めているなかにあっては，無視することができない重要な要素であると考えられよう。

以上見てきたように，アメリカにおける企業倫理の展開を考えていくにあたり，アメリカにおける倫理行動を促す環境の意義は大きい。金融システムが揺

第9章 アメリカにおける企業倫理　161

らいで以降は，強力な規制を伴った形での法制的規制が見られる。また，量刑
ガイドラインに見るように，直接的に企業の価値を変え，行動を規制するとい
うよりは，罰金等のリスクを高め，組織の倫理の制度化を促す帰結主義的な制
度の影響も大きい。また，公的な規制のみならず，投資家やNPO等民間ベー
スの多元的なプレッシャーを通じ，倫理化を進める力が大きいこともアメリカ
社会の特質を反映していると考えることができよう。

第4節　アメリカ企業における倫理性の織り込み

　ここでは，アメリカ企業が「倫理性」を企業内での実践に取り込んでいるか
を中心に考えていきたい。

　前節にて論じたように，アメリカにおいては，企業の倫理的行動を促す様々
な社会環境の力が働いている。こうした中で，明示的で検証可能な仕組みを組
織の中に導入することが求められる。そうした仕組みの導入は，〔狭い意味で
の〕「制度化」といわれる。既述のように多くの企業が制度化を進める重要な
契機となったのは，連邦量刑ガイドラインであった。一方，明示的な仕組みの
限界が認識される中で強調されるのが，内面的・暗黙的に企業の倫理活動を規
定する倫理的な組織文化，そして，それを形成・保持する倫理的なリーダー
シップである。

1．明示的な倫理プログラム

　既述のように，1991年の連邦量刑ガイドラインは，「有効な倫理プログラ
ム」を企業がもっているか否かによって，量刑に差をつける仕組みになってい
る。それでは，「有効な倫理プログラム」とは，いかなるものであろうか。基
本的には，次の条件を必要とする[24]。

　①不正行為を未然に防止するための遵守基準や倫理規定，それを具体化する
　　ための手続きが確立されていること。

　②基準等が正しく守られているかどうかを監督する責任者がおり，それが役

員以上であること。

③「不正行為にかかわる可能性をもった人物」に権限を与えないこと。

④倫理訓練への参加を義務付けること。行動すべきことを従業員に周知徹底
させること。

⑤モニタリングや監査制度を活用し，内部通報制度を導入すること。

⑥適切で一貫した賞罰制度をもっていること。

⑦不正行為発見後は，適切な再発防止措置を講ずること。

こうしたプログラムとして具体化されるものは，倫理基準，倫理訓練，倫理
専門部署・倫理役員，内部通報制度等である。ここでは，それぞれについて簡
単にみておきたい[25]。

・倫理基準

倫理基準は，組織として行動するにあたり，何が問題であるかを明確にし，
具体的な手続きや問題発生時の対応を文書化して定めるものである。

一口に倫理基準といっても，抽象的なガイドラインのみならず，より詳細に
及ぶ行動基準まで含む。通常，行動基準の構成としては，CEO による序文，
違反行為の報告法，倫理的意思決定を行うにあたっての助言等が含まれてい
る。基準のなかに織り込まれている問題領域としては，利益相反，インサイ
ダー取引，差別等があげられる。こうした規定の次元においては，どの企業も
似通ったものになる傾向が強いとされる。

・倫理専門部署・倫理役員

企業の組織構造上にみられる基本的なアプローチとして，倫理専門部署の設
置があげられる。倫理性にかかわるプログラムが多岐的になればなるほど，専
門部署としての倫理担当を，分化させていく必要性が高まってくる。

倫理問題に対応する専任の役員を置き，責任を明確にすることを通じて，倫
理的行動を確保・促進しようとすることも多い。違法行為の疑いがある行動を

調査したり，倫理基準に従っているかを評価したり，助言を行うなどする。

・倫理訓練

　組織構成員に対し，倫理基準等を周知徹底し，内容を理解させることが求められる。この方法として最も基本的なものは，倫理訓練である。

・内部通報制度

　内部通報制度は，主に組織構成員が，非倫理的な行動（あるいは疑われる行動）に接した際に，報復を恐れることなく報告（あるいは相談）することができる仕組みである。いわば，内部告発に至る前の段階で，自浄的に問題の解決を志向するものである。

　明示的なプログラム導入の意義を考えるにあたり，アメリカにおける企業組織の基本的特質と合わせて考える必要がある。アメリカの企業組織は，日本と比して公式化・集権化の程度が高いとされる [26]。組織のこうした特質は，明示的なプログラムと構造的に親和性が高いと考えることができる。

　こうした制度は，今日においては，他国の企業においても採用されている。

2．倫理的組織文化とリーダーシップ

　企業への倫理的行動の織り込みにおいて重要な役割を果たすものとして，組織文化およびそれを生み出し維持する倫理的リーダーシップがあげられる。

　組織文化とは，組織が外部への適応や内部の統合に対応するにあたって成員間で共有されている基本的仮定である [27]。

　組織文化の強調は，形式主義に陥りやすいプログラムの採用が，必ずしも企業の非倫理的行動を抑制することができなかったという反省に基づく。たとえば，エンロンは，倫理基準なり倫理役員といった表面的な次元においては，優良企業であったが，より深い文化的な側面では，決して倫理的ではなかった。すなわち，エンロンの示した倫理は，文化をともなわない「見た目」だけの倫

理であり，当時の CEO は，むしろ倫理性と相反する価値を組織に植え付けていた[28]。

また，「飴と鞭」への応答を通じた倫理制度の導入は，根本的には，条件の変化への対応にすぎず，価値構造については変化がない[29]。組織文化は，ものの見方を提供する枠組みであることから，倫理的な組織文化は，認知構造・価値構造の倫理化を意味するものである。また，組織文化を通じた倫理問題への対応は，公式化されたプログラムのリジッドな対応を超える応用性を取り込むことが可能となる。

実務に携わる管理者を対象にした調査を通じ，トップの支援，リーダーシップ，組織文化等非明示的なものの方に，有用性が認識されているとする指摘もある[30]。

倫理プログラムのケースと異なり，この面においては，アメリカ企業に組織構造上の優位性があるわけではない。一方，明示的なプログラムのような可視化することが容易ではないため，管理プロセスへの取り込みや効果の検証に難しさがある。

明示的な倫理プログラムが無用だと認識されているわけではない点には注意が必要である。むしろ，倫理プログラムを実質的に機能させるためには，組織文化やリーダーシップの支えが必要だと考えられているのである。

第5節　おわりに

以上，アメリカにおける企業倫理についてみてきた。

アメリカの企業倫理は，アメリカの社会システムの中にあって，その社会的価値を反映することを求められている。

アメリカにおいては，社会環境を通じて倫理の制度化が強く求められており，これに対応する形で，多くの企業がシステムとして倫理を取り込んでいる。しかしながら，直接の価値問題としてではなく，明示的で形式的側面を重視する方向に進みがちである点が，問題として指摘されている。とりわけ，懲

第 9 章　アメリカにおける企業倫理　165

罰の可能性の認知によってのみ推進される場合は，企業倫理というよりは，単なるリスクマネジメントに問題が異質化されてしまう。これに対応する形で強調されるのが，組織における認知的・価値的側面を規定する組織文化であり，これを促進する倫理的なリーダーシップなのである。

　ところで，今日のように経済社会がグローバル化するなかにあって，「アメリカにおける企業倫理」は，独立的な空間内の現象としてのみ論じられるべきではない。すなわち，国境を越えた影響を受けると同時に国境を越えて影響を与えるという側面がある。アメリカは，政治的な意味でも経済的な意味でもグローバル化を推し進める中心的主体であることから，とりわけ後者の面において大きな意義をもつ[31]。アメリカでは，自身のルールを普遍的に適用可能だと考える傾向があるとされる[32]。

　例えば，金融市場のグローバル化にともない機関投資家の力が世界各国へと展開する中で，アメリカ的価値が資本市場を通じて流入する現象が見られる。たとえば，ガバナンスや内部統制についての考え方は，資本市場を通じて日本にも流入してきた。こうした動きを，どのように評価するかは，我々にとって大きな課題である。

　このことは，２つの面からみていく必要があろう。

　第一に，国内に大きな多様性をかかえるアメリカは，異質性をもつ人たちが共存するグローバル社会において共有可能な面がある。とりわけ，コミュニケーションの難しさを前提とした価値問題の可視化には，一定の有効性があると考えることができる。また，機会の平等を重視するアメリカにおいては，人種，性，年齢，障害等に由来する差別を是正することが大きな倫理的な課題とされてきた[33]。この点にも注目する必要があろう。

　しかし，既述のようにアメリカにおける倫理の展開は，アメリカの社会システムが持つ文脈（歴史的・価値・経済水準・産業特性等）に依存している面を持つことから，これを，他国に単純に適用しようとした場合，社会にさまざまな意味でのひずみを生み出す可能性がある。たとえば，格差問題等においてアメリカと異なる社会価値を持つ国においては，ひずみが発生する危険性は高い。

「アメリカにおける企業倫理」はアメリカ国民のみではなく，世界の人々が，さまざまな問題を意識しつつ，注視し続けねばならないテーマである。

【注】

（1）中川敬一郎（1981）『比較経営史序説』東京大学出版会，153ページ。

（2）Lodge, G.C.（1976）*The New American Ideology*, Knopf.（邦訳：水谷英二ほか訳『ニュー・アメリカン・イデオロギー——新時代の経営思想—』サイマル出版社，1979年，11〜13ページ）。ただし，ロッジの主張によれば，こうした価値は，「新しいイデオロギー」に変化しつつあるとされている。これは，当時のアメリカの社会状況を反映した見解であるといえよう。

（3）Vogel, D.（1992）"The Globalization of Business Ethics: Why America Remains Distinctive", *California Management Review*, 35-1, pp.44-45.

（4）土屋守章（1991）『現代企業論』税務経理協会，13〜25ページ。

（5）Rockness, H., J. Rockness（2005）"Legislated Ethics: From Enron to Sarbanes-Oxley, the Impact on Corporate America", *Journal of Business Ethics*, 57, pp.31-54.

（6）『日本経済新聞』1986年11月16日　朝刊　5ページ。

（7）梅津光弘（2003）「経営倫理学の歴史的背景と展開」日本経営倫理学会（監修）水谷雅一（編著）『経営倫理』同文舘出版，22ページ。

（8）片岡信之（2004）「エンロン・ワールドコム事件と株主価値経営の限界」『経営論集（龍谷大学）』44-1，30〜44ページ。

（9）Clement, R.W.（2006）"Just How Unethical is American Business," *Business Horizons*, 49, pp.313-327。

（10）『日本経済新聞』　2010年5月21日　夕刊3ページ。

（11）『日本経済新聞』　2011年10月3日　朝刊16ページ。

（12）Vogel, op.cit., p.37。

（13）高巌・Donaldson, T.（2003）『ビジネス・エシックス　企業の社会的責任と倫理法令遵守マネジメント・システム〔新版〕』文眞堂，284〜285ページ。

（14）上掲書，305〜308ページ。

（15）上掲書，308ページ。

（16）Kurland, N.B.（1993）"The Defense Industry Initiative: Ethics, Self-Regulation, and Accountability", *Journal of Business Ethics*, 12, pp.138-140.

第9章　アメリカにおける企業倫理　167

(17) 高・Donaldson, 前掲書, 309〜316ページ。梅津光弘 (2005)「改正連邦量刑ガイド
　　ラインとその背景：企業倫理の制度化との関係から」『三田商学研究』48-1, 148〜150
　　ページ。

(18) 梅津, 上掲論文, 153〜156ページ。

(19) 町田祥弘 (2008)『内部統制の知識＜第2版＞』日本経済新聞社, 66〜74ページ。経
　　済産業省企業行動課編 (2007)『コーポレート・ガバナンスと内部統制—信頼される経
　　営のために—』経済産業調査会, 10〜13ページ。

(20) こうした投資は, まとめて社会的責任投資 (Socially Responsible Investment：SRI)
　　と呼称されることが多かったが, 現代においては, サステナブル投資, ESG投資等, ポ
　　イントや目的の置き方の相違を含め, 多様化しているため, 本章では,「社会性を考慮
　　した投資」としている。

(21) 谷本寛治編著 (2003)『SRI　社会的責任投資入門　市場が企業に迫る新たな規律』
　　日本経済新聞社, 第1章。

(22) US SIF (The Forum of Sustainable and Responsible Investment) によれば, 2016
　　年のアメリカにおける持続可能, 責任, インパクト投資の市場規模は, 8兆7,200億ドル
　　であり, 専門家による運用の5分の1以上を占める。US SIF, *Report on US Sustain-*
　　able, Responsible and Impact Investing Trends 2016 (Executive Summary)
　　(https://www.ussif.org/files/SIF_Trends_16_Executive_Summary (1). pdf 2018年10
　　月20日アクセス)。

(23) Dunfee, T.W. (1997) "Report on Business Ethics in North America", *Journal of*
　　Business Ethics, 16, p.1590。

(24) 高・Donaldson, 前掲書, 315〜316ページ。

(25) Steiner, J.F., G.A. Steiner (2008) *Business, Government, and Society* 12*th ed.*, Mc-
　　Graw-Hill, pp.209-216。倫理役員については, Morf, D.A., M.G. Schuacher, S.J. Vitell
　　(1999) "A Survey of Ethics Officers in Large Organizations", *Journal of Business Eth-*
　　ics, 20, p.265。

(26) アメリカ型組織の特質については, 加護野忠男・野中郁次郎・榊原清則・奥村昭博
　　(1983)『日米企業の経営比較』日本経済新聞社, 32〜36ページ。

(27) Schein, E.H. (1985) *Organizational Culture and Leadership*, Jossey-Bass. (邦訳：清
　　水紀彦・浜田幸雄訳『組織文化とリーダーシップ』ダイヤモンド社, 1989年, 12ペー
　　ジ)。

(28) Sims, R., J. Brinkmann (2003) "Enron Ethics (or: Culture Matters more than
　　Codes)", *Journal of Business Ethics*, 45, pp.243-256。

(29)「現代企業の倫理化に対する強力なインセンティブとなる一方, このアプローチに依

拠している限り企業倫理の浸透は外的な要因による企業の表面的環境適応の側面を脱しきれず，真の自発性に基づく企業組織の倫理化は望めなくなるのではないかという懸念」（梅津，2005，前掲論文，157ページ）。

(30) Jose, A., M.S. Thibodeaux (1999) "Institutionalization of Ethics: The Paerspective of Managers", *Journal of Business Ethics*, 22, pp.133-143。

(31) 通商政策において，アメリカが提起した問題の代表例は，「金融などのサービス貿易の自由化，厳密な形で保護されていなかった知的所有権の保護，規格の違いなどの非関税障壁の撤廃」等である。河﨑信義 (2018)「国際経済政策—アメリカモデルのグローバル展開」河﨑信義・吉田健三・田村太一・渋谷博史『現代アメリカの経済社会　理念とダイナミズム』東京大学出版会，118ページ。ただし，政権により政策の特質が変わる面はあろう。

(32) Vogel, op.cit., p.44。

(33) この点，アメリカ型福祉国家をめぐる問題にも明確に表れている。例えば，後藤玲子 (2011)「アメリカの社会福祉 (3) —アメリカ福祉国家の基本スキーム—」松村祥子編著『欧米の社会福祉政策の歴史と展望』放送大学教育振興会，216〜233ページを参照のこと。

【参考文献】

高巌・Donaldson,T. (2003)『ビジネス・エシックス企業の社会的責任と倫理法令遵守マネジメント・システム〔新版〕』文眞堂。

中川敬一郎 (1981)『比較経営史序説』東京大学出版会。

日本経営倫理学会 (監修)，水谷雅一 (編著) (2003)『経営倫理』同文舘出版。

第10章
日本における企業倫理

第1節　はじめに

　近年，地球環境問題の深刻化や人類社会におけるグローバル企業の影響力の増大，目先の利益ばかりを追求して起きたリーマンショックなどを背景に，持続可能性（sustainability）や企業の社会的責任（Corporate Social Responsibility，略称CSR）などを企業経営に強く求める動きが全世界規模で拡大している。この動きは日本においても例外ではなく，バブルの崩壊以降脱却が目指されてきたステークホルダーの利益に配慮する日本の伝統的経営に対する関心が再び高まってきている。

　特に近年注目を浴びているのが，利潤追求とステークホルダーの利益のバランスを説く，江戸時代の商業道徳や長寿企業の経営哲学である。敗戦した1945年から2018年現在までの期間が約75年間であるのに対して，江戸時代（1603～1868年）はこの3倍を超える265年間もの長きに渡り続いた。この間に培われた思想や慣行の中には，今日も我が国の文化として未だ深く根付いているものも少なくない。しかし，鎖国，封建体制，身分制度といった全く異なる時代背景の下で機能していた経営手法を，民主主義，グローバル化，株式会社制度の普及といった異なる時代背景下にある現代の企業経営にそのまま適用することは無理があるであろう。本章では，日本の企業倫理の歴史と現状について検討していく。

第2節　江戸時代の経営哲学

1. 江戸時代の商業道徳

　日本において会社制度が本格的に普及したのは明治時代以降であるが，それ以前からも商いを家業とした商人による経済活動が盛んに行われていた。これら商人たちの経営哲学は，近年，我が国の企業倫理の源流として注目を浴びるようになってきている。

　もっともよく知られているものの1つが，近江商人がその経営哲学としていたといわれる，「三方よし」である。近江商人は，近江（現在の滋賀県）を拠点としていた商人であり，織田信長の楽市・楽座を背景に繁栄した。近江商人は，江戸時代に近江が重要な商業地として幕府直轄の天領となったことで，彼らにも交易上の特権が与えられたことから全国規模の活動を展開した。「三方よし」は，「売り手よし」，「買い手よし」，「世間よし」とも言われるように，すなわち，「売り手，買い手，そして世間の三方にとって利益となるように配慮せよ」ということである。

　この「世間」は，明治維新以降我が国に輸入された「社会（society）」と似ているが，これとは本質的に異なる概念である。社会は自立した個人によって形成される，個人の権利や選択，責任を前提とした概念である。他方，世間は個人が作っていくものではなく，既存のもの，所与のものであり，その背後にあるのは「滅私奉公」や「和をもって尊し」といった日本の伝統的な倫理意識であった。すなわち，「よりよい社会を作っていく」ということはあっても，「よりよい世間を作っていく」ということは成り立たないのである ⁽¹⁾。

　江戸時代における商人は，当時の身分制度の下では，被支配者の身分であった。また，その商いの手法も日本各地に支店（出店）を構えて商品を流通させる「諸国産物廻し」と呼ばれる手法であり，彼らはその進出先ではよそ者としてより厳しい目にさらされた。このような中で，商人にとって，私益たる金銭の過剰な追求は，家の取りつぶしという私益の面で最悪の結果につながる恐れ

があった。実際，大阪の豪商であった淀屋辰五郎のように，財産の没収や追放などに処せられたケースもいくつかあった[2]。こうした時代背景から，第4章で検討している社会貢献活動に積極的に取り組んだ商人も少なくなかった。「三方よし」もまた，近江商人が，自らが置かれた状況と商売発展のためになすべき課題をよく弁えていたからこそ生まれた経営哲学であった[3]。

　近江商人をはじめ，多くの商人たちに受け入れられた商業道徳思想に，石田梅岩（1685年〜1744年）の思想がある。石田梅岩は，江戸時代中期の享保期（1716年〜1736年）に活躍した，商人出身の思想家である。石田梅岩は，彼の主著『都鄙問答』（とひもんどう）において，被支配階級である商人，および当時卑しいとみなされていた商いの社会的意義を主張した。すなわち，商業とは世の中に必要な財を流通させるという社会的意義があり，それゆえに商業を通して得る利益は武士の俸禄と同じであるとし，商人と商いの社会的正当性を訴えたのである[4]。

２．江戸時代の商家における経営教育

　江戸時代の商人にとって，公益は私益に直結するところが大きく，それゆえに道徳教育も商人育成の根幹として厳しく行われた。多くの商家が「三方よし」に通ずる経営哲学を持ち，これを家訓として代々継承していった。さらに，商人の人材育成は10〜13歳からの丁稚奉公から始まるが，人権の概念もなかった当時の奉公人と主人の主従関係は奉公人にとって極めて厳しく過酷なものであった。そして，日常生活を通し，①商売や帳簿などの商業実務的知識内容と②商業道徳などの心構え的内容が，日常生活の実践を通して混然一体として教育された[5]。このような仕組みの下で，奉公人は徹底的に教育され，その修行に耐え抜いたものだけが昇進，さらには分離独立の機会をものにでき，江戸時代の商家の活動の中心となっていった[6]。

　江戸時代の商人の商いは家族が営む家業であったが，この家族の概念が日本と海外では異なるので，ここでその違いを述べておこう。すなわち中国や韓国も含めた諸外国とは異なり，日本の家族の基準においては，血縁よりもむしろ

家の名前，すなわち家名の存続と繁栄が重視されることが大きな特徴である[7]。したがって，家名の存続を危険にさらすような，いわゆる放蕩息子のような問題のある者は，たとえ創業者の血縁者であっても厳しく処罰されることになる。たとえば，三井家は「大元方（おおもとかた）」なる組織を設立し，これに三井家の資産管理を担わせ，三井家血縁者には資産所有権ではなく利益の配当受取権のみしか与えなかった[8]。

また，江戸時代には，家名の存続を危うくするような経営者を諌める「諌言（かんげん）」，さらには隠居させる「押込（おしこめ）」も行われた。江戸時代の商家では，番頭を長年勤め上げた者に，屋号や得意先などを分与する，いわゆる「のれん分け」が行われ，これにより非血縁者の者も「別家」の主人になった。家は，その中心的存在である本家，本家の親戚である「分家」，のれん分けされた奉公人の「別家」から構成され，これら分家と別家には本家の諌言という重要な役割が与えられていた[9]。番頭は，最高位の使用人である。

さらに，石田梅岩をはじめとする江戸時代の商業道徳思想家たちの間では押込はむしろ必要なものととらえられ，「そうした行為は非難されるどころか，番頭などの務めとされてきた[10]。」たとえば，「ふとんの西川」で知られる西川産業は，1566年に近江商人である西川仁右衛門が創業した企業である。西川家にも，7代目当主の利助が1799年に定めた家訓があり，これに違反する当主を隠居させる権限が別家に与えられていた。そして，7代目当主利助の長男で次代の8代目当主利助は，家訓に反して大金の浪費や家出などが相次いだことを理由に，当主の座を追われ，隠居させられている[11]。

第3節　日本におけるステークホルダー志向の企業経営の確立

1. 明治維新から戦前まで：日本の近代化と社会的存在としての企業

明治維新以降，徳川幕府に代わって日本を統治した明治政府の課題は，日本の近代化を図り，諸外国を次々と植民地化していた西欧列強の脅威に対抗することであった。このような中で，西欧列強の国力の背景として，（産業）資本主

第10章　日本における企業倫理　173

義の発展と，会社制度，とりわけ無限の資本集中を可能にする株式会社制度の存在を肌で感じていた海外渡航経験者たちを中心に，日本における会社制度の普及が試みられた。

　日本における資本主義の確立に大きく貢献し，「日本資本主義の父」とも呼ばれる人物に渋沢栄一（1840年～1931年）がいる。彼もまた福沢諭吉と同じ海外渡航経験者の1人であり，そして，日本初の株式会社である第一国立銀行をはじめ，日本経済を支える数多くの団体・企業の設立・育成に関与した。その企業数は約500，社会公共事業の数は約600に上る[12]。これらの中には，今日の東京証券取引所，日本商工会議所，一橋大学，東京経済大学，工学院大学，東京工業大学，日本女子大学，早稲田大学，二松学舎，理化学研究所，みずほ銀行，東京海上日動火災保険，東京電力，東京ガスなどのガス会社各社，JR各社，新日本製鉄，東京建物，IHI，王子製紙，大日本印刷，東洋経済新報社，共同通信社，時事通信社，電通，日本郵船，帝国ホテル，大日本明治製糖，サッポロビール，三越なども含まれる。渋沢は，金融・産業，財界活動，商業教育の発展や，交通インフラ，生活インフラ，観光インフラの大規模整備に必要な企業あるいは組織の設立・育成に携わり，日本の近代化に貢献した。

　しかし，企業を原動力とした日本の近代化を図る上で，乗り越えなければならない大きな壁があった。それは，約270年間の長きに渡って卑しいとされてきた商いの場において，どのようにして優秀な人材を確保するかであった。1877年には東京大学が設立されているが，岩井（2009）によれば，武士階級出身者も多い当時の大学卒業者たちは，進路先として官庁を志向する者がほとんどで，民間企業に就職することを屈辱とまでとらえていたという。このような中で，渋沢栄一は，企業（会社）は「社会的な公器」であり，そこで働くことは金もうけではなく，官庁同様国家発展に尽くすことになると，大卒者たちを説得することで，人材の確保に成功したのである[13]。

　その後，時代は第二次世界大戦前までは財閥にみられるように，株主の権利が尊重される時期もあったが，敗戦が近づくにつれ総力戦体制の下，株主の権利が制限された[14]。そして，ホワイトカラーもブルーカラーも同じ国家に奉

仕する勤労者として差別なく扱われるようになり，「真の意味での日本的な雇用システムが成立することになった[15]。」

2. 戦後日本の共同体的経営

　戦後は，GHQ による財閥解体，また株式相互持合いなどを背景に，株主不在の下で従業員のための企業経営が実態として確立するようになる。財閥解体の下で，公職追放された経済人の数は3,600人を超え，そして資本家の息のかかった経営者に代わって一般の管理者や従業員を軸とした経営が行われるようになる[16]。株式相互持合いの下，株主が集まる株主総会に代わって，社内昇進した経営者たちの集会である「社長会」が企業集団の実質的な意思決定機関として機能するようになる。また，日本的経営の特徴として知られる終身雇用，年功序列，充実した福利厚生などの雇用慣行も発展し，企業は人々が戦後の貧困の中で苦楽を分かち合い，ともに発展を目指す共同体的な性格を強くしていく。

　なお，高度経済成長の過程では公害問題など，企業の共同体的性格と一見矛盾するような現象も確認できる。これは，戦後の貧困からの脱却を目指す敗戦国日本において，経済成長至上主義の下で，収益増と従業員への収益分配こそが企業経営の最重要課題として受け止められていたことが背景にあると考えられる。奥村宏は佐高信との対談の中で，戦後日本の状況を次のように述べている。「現実に，その時分は，食えませんでしたからね。窮乏化した社会だから，食える賃金が要る。（略）その食える賃金ということから，今度は，そのためには会社がつぶれたんじゃ食えないじゃないか，となる[17]。」

　すなわち，戦後の日本企業の共同体的経営では，そのメンバーたる従業員ならびにその家族の生活を経済的に豊かにすることが最優先課題とされ，環境保護や女性の社会進出などは重視されていなかった。公害問題が深刻化した1950〜60年代にかけての経済同友会の主張においても，企業の社会的責任として，生産性向上，長期的な利潤追求，安価で高品質な製品・サービスの提供といった経済主体としての責任が強調されている[18]。ただし，公害問題が深刻化し

た背景には，大企業故の無責任体質などその他の弊害の影響も考えられるが，この点については第5節で後述する。

3．日本人が共有する企業観の国際的特徴

これまで検討してきた経過を経て，我が国では，法律上企業は株主のものであるにもかかわらず，企業は「ステークホルダーのもの」との価値観が一種の社会通念となっていった。図表10-1は，1990年代初頭に行われた各国の企業の中間管理者へのアンケート調査結果のデータである。左図は「企業は全ステークホルダーのために存在する」と「企業は株主利益を第一とすべしである」とのうち，回答者の国の大企業ではどちらの前提の下で経営が行われているかを尋ねた結果である。また，右図は，経営者が雇用と配当のいずれかの維持という二者択一を迫られた際に，どちらを選択するかを尋ねた結果である。

図表10-1から一目瞭然であるように，アメリカとイギリスでは株主利益第一主義の傾向が強いのとは対照的に，ドイツ，フランス，日本では企業は社会

図表10-1　1990年代初頭の各国企業の中間管理者へのアンケート調査結果（単位：％）

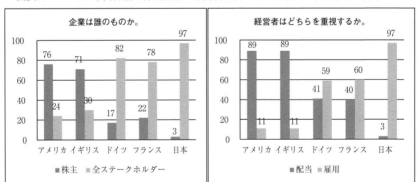

注1：小数点以下は四捨五入した。
注2：各国の（有効）回答者数と回答率（日仏のみ原本に記載有）は，アメリカが86人，イギリスが80人，ドイツが同113人，フランスが回答数51人（回答率22％），日本が同68人（同26.5％），である。（出所の資料43ページ）
出所：Yoshimori, M. (1995) "Whose Company Is It? The Concept of the Corporation in Japan and the West," *Long Range Planning*, Vol. 28, No. 4, p.34（左図），Ibid., p.35（右図）．

176

的存在であるとの観念が企業経営の場においても浸透している。労働者の経営参加制度が導入されているドイツやフランスとは異なり，これが導入されていない日本において，「企業は社会のものである」との観念が経営の場でも浸透していることは興味深い。とりわけ，右図では，ドイツとフランスでは選択肢間の回答率の差は20％程度にとどまるのに対して，日本ではその差は90％超と圧倒的である。このように，日本では法律上企業は株主のものであるが，企業経営の現場では企業は全ステークホルダーのものとして経営がなされてきたのである。

第4節　日本の長寿企業の企業倫理

1．日本の長寿企業の数

　前節までに検討した社会的・歴史的背景の下，日本企業は社会との共存共栄を図る企業経営を展開する企業が少なくなく，長寿企業の数も世界で最多である。図表10-2によれば，創業200年を超える企業の数は，日本が4,000社弱に上り，2位のドイツの倍以上である。2位のドイツと3位のイギリスとの間には1,400社近くの差が開いており，また3位以下のイギリス，フランス，オーストリア間の差は大して開いていないことからも，日本企業の長寿企業の多さは際立っている。2016年時点で，日本の創業100年企業の数は約29,000社に上る[19]。2014年時点での日本の企業数は約410万社であり[20]，したがって，少なくとも日本企業の0.7％，140社に1社が創業100年企業である。

第10章　日本における企業倫理　177

図表10-2　創業200年企業の社数の国際比較

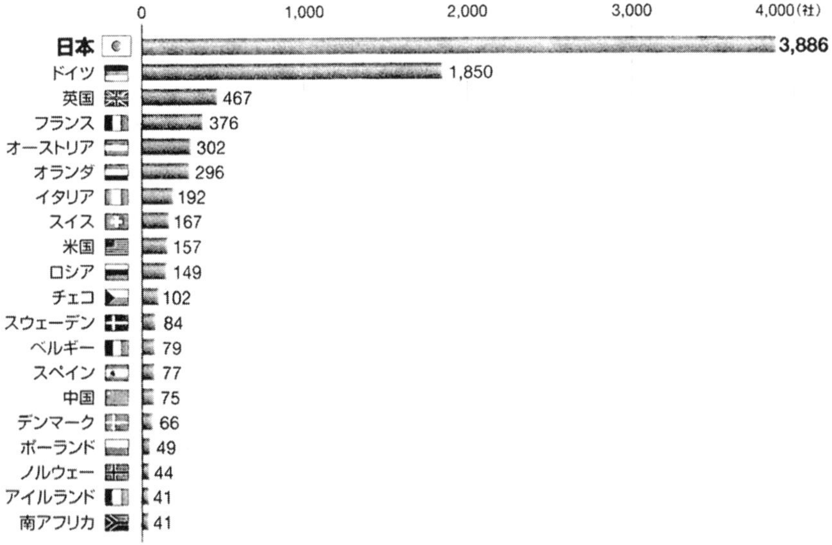

国	社数
日本	3,886
ドイツ	1,850
英国	467
フランス	376
オーストリア	302
オランダ	296
イタリア	192
スイス	167
米国	157
ロシア	149
チェコ	102
スウェーデン	84
ベルギー	79
スペイン	77
中国	75
デンマーク	66
ポーランド	49
ノルウェー	44
アイルランド	41
南アフリカ	41

(注) 光産業創成大学院大学の後藤俊夫教授による集計 (2010年10月時点)。
資料：光産業創成大学院大学の後藤俊夫教授による集計 (2010年10月時点)。
出所：『週刊東洋経済』2010年11月20日号，43ページ。

　日本には創業から500年以上が経過した企業も41社ある[21]。さらに，2014年時点で創業から300年以上が経過し，なおかつ今日も年商が50億円以上に上る企業の数も，69社存在する（図表10-3）。今から300年以上前，すなわち江戸時代あるいはそれ以前には重工業は存在しなかったため，その業態は製造業（衣食住）54%，卸業／商社／百貨店33%，製造業（工業品）9%，その他4%となっている[22]。

図表10-3　創業300年以上かつ年商50億円以上の日本企業一覧（2014年時点）

No.	創業年	期間(年)	企業	No.	創業年	期間(年)	企業
1	578	1436	金剛組	36	1658	356	西野金陵
2	1505	509	剣菱酒造	37	1659	355	菊正宗酒造
3	1521	493	虎屋	38	1661	353	浅香工業
4	1550	464	小西酒造	39	1661	353	井上喜
5	1560	487	鍋屋バイテック	40	1662	352	キッコーマン
6	1566	448	西川産業	41	1662	352	東急百貨店
7	1566	448	京都西川	42	1662	352	宮坂酒造
8	1566	448	西川リビング	43	1662	352	モリリン
9	1584	430	ヤマトインテック	44	1662	352	辰馬本家酒造
10	1585	429	メルクロス	45	1662	352	森六
11	1586	428	松井建設	46	1663	351	ユアサ商事
12	1590	424	住友金属鉱山	47	1666	348	マツモト交商
13	1592	422	日本香道	48	1666	348	さとう
14	1592	422	ヒガシマル醤油	49	1669	345	岡谷鋼機
15	1597	417	桑名屋	50	1673	341	三越
16	1598	416	綿半鋼機	51	1674	340	三木産業
17	1602	412	養命酒酒造	52	1675	339	酒悦
18	1610	404	竹中工務店	53	1678	336	田辺三菱製薬
19	1611	403	松坂屋	54	1689	325	シマコー
20	1611	403	ヒサヤ大黒堂	55	1690	324	山本山
21	1613	401	ペトロスター関東	56	1691	323	住友林業
22	1614	400	炭平コーポレーション	57	1695	319	川昌エスエス献材林業オフィスビルディング
23	1615	399	アオキトランス	58	1699	315	にんべん
24	1615	399	丸榮	59	1700	314	大沼
25	1616	398	ヒゲタ醤油	60	1700	314	福田金属箔粉工業
26	1624	390	カステラ本家福砂屋	61	1700	314	外興
27	1625	389	八尾百貨店	62	1704	310	材摠木材
28	1629	385	ホリグチ	63	1705	309	福一漁業
29	1634	380	両口屋是清	64	1705	309	Izutsu Mother
30	1637	377	月桂冠	65	1705	309	井筒
31	1639	375	九州東邦	66	1706	308	大塚産業クリエイツ
32	1645	369	ヤマサ醤油	67	1707	307	赤福
33	1648	366	児島洋紙	68	1711	303	大関
34	1653	361	小津産業	69	1712	302	国分
35	1658	356	大木				

出所：グロービス経営大学院（2014）『創業三〇〇年の長寿企業はなぜ栄え続けるのか』東洋経済新報社，24ページ。

2．日本の長寿企業の経営哲学

　第2〜3節で検討したように，日本には古くから，企業は株主の利潤追求の手段であることよりもまず第一に社会的存在であるとする見方が社会通念であった。企業もまた，社会の中での企業ということを意識し，これに則って企業経営を展開することの必要性を理解していた。江戸時代の商家においては，これを一族の家訓として代々維持し，後継者教育を展開してきた。

　グロービス経営大学院は，先述した創業300年以上かつ年商50億円以上の日本企業を，日本型サステナブル企業と呼び，その長寿を可能にした要素を3つ指摘する[23]。第1は，「身の丈経営」，すなわち分相応の経営にこだわることである。これは，質素倹約に努め，また過剰なリスクを背負わないように気を付ける一方で，これと同時に新規事業創出や企業成長のための努力を怠らないよう注意して経営を行っていくということである。2000年代末のリーマンショックの背後にあった目先の利益の過剰な追求とは対照的に，「身の丈経営」を重視する根幹には，長期的な視点から経営の在り方を評価する視点がある。

　次に，第2は，長寿の根幹となる価値観を次の世代へとつなげていくことである。300年を超える事業の継続は，その企業を運営する経営者や従業員が十代以上もの世代変化を遂げてきたことを意味する。創業時のメンバーが直接関与することができるのもひ孫の代位までが限界であり，これ以降は創業時の経営哲学を自らの経験から後世に語り継ぐことは不可能となる。先述したように，江戸時代の商家は，家業の長期存続のためにその経営哲学を次の世代へと伝えるべく，家訓を立ててきた。

　また，第3は，コア能力と価値観に沿った顧客価値を提供することである。コア能力は，一時的にのみ通用する利那的な能力ではなく，時代を超えて通用する独自の能力である。衰退する製品・サービス市場に留まっていれば企業は倒産を覚悟しなければならないが，かといって一時の流行にばかりとらわれていればその事業は長続きしない。第3の要素は，事業環境の変化に即しながらも，自社のコア能力と価値観に合致した新商品・サービスを生み出し続けるこ

図表10-4 老舗企業として大事なことを表す漢字一文字

順位	漢字	社数
1	信	197
2	誠	68
3	継	31
4	心	28
5	真	24
6	和	23
7	変	22
7	新	22
9	忍	19
10	質	18

出所：寿恵村峰子（2011）「終章　老舗は何を伝えてきたか」朝日新聞編『日本の百年企業』朝日新聞出版，374ページ。

とで，自社の伝統を損なうことなく，事業の継続性を保とうとする姿勢である。

　これら3つの要素には，時代の変化にかかわらず堅持すべき本質を見極め，これを堅持するとともに，時代の変化ととともに変化していくべき点を見極め，これを積極的に取り入れるべきとする「不易流行」の概念とも通ずるところがあるといえよう。また，2008年に帝国データバンク史料館が全国の老舗企業4,000社を対象に，老舗企業として大事なことを表す漢字一文字を尋ねたところ，図表10-4のような結果となった。ステークホルダーとの長期的な信頼関係を重視する「信」，「誠」，「継」などの言葉が最上位を占める中で，時代の変化への対応を重視する「変」と「新」の言葉も上位に含まれている。

第5節　1990年代以降の日本の企業倫理への取り組み

1．日本における企業倫理への取り組みの背景

　日本において，企業倫理への対応が深刻な社会的課題として認識されるようになったのは，1990年代に続発した企業不祥事によってである。すなわち，「証券業界の損失補填，金融業界の不正融資，建設業界の談合・政治献金，住宅金融業界のミス・マネジメント，製薬業界の薬害や贈賄事件，百貨店業界の総会屋対策，証券・金融業界の不正利益提供事件，軍事関連企業による水増し請求問題など，単一企業ではなく，同一産業内の複数企業が関与するという不祥事が次々と表面化してきたのである[24]。」同一産業内の複数企業が関与するということは，そこに日本の産業構造レベルでの問題が潜んでいることを意味

している。

　高＝ドナルドソンは，このような企業不祥事の背景にある３つの弊害を指摘する[25]。まず，第１は官僚制化の弊害である。大企業では業務効率の改善のために規則や手続きが精緻化されているが，これにより各人の道徳的責任があいまい化していく。

　次に，第２は，慣習化がもたらす弊害である。業界全体で不正が慣習となった場合，その業界で働く人は不正を当たり前のことで特別に悪いことではないと認識するようになる。また，不正の慣習に従わないことは，契約を逃したり，社内での評価が低下したりする事態につながるため，これを公然とは批判しにくい。これは，日本のように終身雇用が定着している場合には，なおさらであるといえる。日本のビジネス社会では，従来，不正を裁く仕組みが機能してこなかったため，各社では不正は報われるとする暗黙の了解や圧力が深く浸透していた[26]。

　そして，第３は，高＝ドナルドソンが「潔しの非倫理化」と呼ぶものである。これは，「部下の失敗の責めは上司にある」とする日本の伝統的美徳が，逆に不正行為の責任を他人任せにするという無責任体質の温床となってしまうということである。このように，不正行為の責任の所在がルールや慣習によってあいまいなものとなっていることが，日本の大企業において企業不祥事が続発する要因となっている。

　1990年代以降，日本がそれまで誇ってきた日本的経営に対する疑念が高まる中で，その限界を乗り越える手段として欧米，とりわけアメリカで研究が進展していた企業倫理（business ethics）に対する関心が高まり，日本においても研究が進められるようになる[27]。1993年には日本経営倫理学会が創設され，その後1997年には企業が加盟する経営倫理実践研究センターが設立された。なお，企業倫理と同じく欧米で研究が進展してきたCSRに対する関心も日本で高まり，「企業の社会的責任」および「CSR」を取り扱った記事の件数は，1999年の35件から2005年の425件へと増加した[28]。

　旧経済団体連合会（現日本経済団体連合会，以下日本経団連）も，1991年に，企業

182

倫理の実践を会員企業に求める経団連企業行動憲章を公表した。1996年にはその実践方法を具体化した「企業行動憲章　実行の手引き」も策定されている。2002年には，第2回目の改定に伴い経団連企業行動憲章は企業行動憲章に改称された。その後も時代の変化に応じて改定がなされ続け，2018年までに5回の改定を経て今日に至っている。2018年現在，企業行動憲章では，「持続可能な経済成長と社会的課題の解決」「公正な事業慣行」「人権の尊重」などの各項目に1つずつ，計10個の行動原則が掲げられている[29]。

　さらに，2000年12月に日本政府も『行政改革大綱』を閣議決定し，企業に対してルールを遵守する体制の整備を要求し，そして国も違反企業に厳罰を科していく方針を決めた[30]。2001年には，内閣府によりコンプライアンス検討委員会が設立され，その議論の成果が，2004年施行の消費者基本法，2006年施行の日本の内部通報者保護法である公益通報者保護法，2007年施行の改正消費者契約法などへと結実していった。経済産業省や厚生労働省などの各省庁においてもコンプライアンス体制に関する議論が展開され，その成果として，2006年施行の会社法では内部統制に関する諸規定が盛り込まれた[31]。

2．日本における企業倫理への取り組みの現状

　企業倫理への取り組みの手法として企業倫理の制度化がある。企業倫理の制度化の詳細は，「第8章　企業倫理の制度化」が設けられているので，そちらを参照されたい。企業倫理の制度化は，各企業が直面する倫理的課題事項の「性格把握を基礎として個別企業の内部において展開される具体的実践の組織的体系化[32]」である。これは，企業倫理綱領や企業倫理研修などの各種制度を構成要素とするが，重要なポイントは，各種制度の導入そのものをもって制度化とはみなさないということである。すなわち，体系化とは，各構成要素に1つのシステムを機能させるための役割が与えられ，そのシステムが機能するように各構成要素を機能させていくということを意味する。したがって，企業倫理の制度化の核心は「企業内での構成員に対する企業倫理意識の定着にほかならない[33]」のであり，「制度導入そのもの」は「制度化」ではないのである。

第10章　日本における企業倫理　183

　前節まで検討した長寿企業の経営哲学は，そのほとんどが個人企業であった江戸時代以前に作られたものであった。しかしながら，今日は正社員だけで1万人を超える企業が数多く存在し，さらに世界各国に進出し，世界全体を一体的にとらえて経営を行うグローバル企業なども存在する。このような大企業において，企業倫理を社内全体に浸透させることは容易なことではない。また，企業が直面している倫理的課題事項も複雑化し，多様化している。この状況に対応するには，個人の努力だけでは不十分であり，そのための有効な仕組みを整備し，これを機能させていくことが求められる。すなわち，「経営者個人ではなく，企業全体で社会からの信頼を維持するような取り組みをする必要がある[34]」のである。

　日本経営倫理学会の実証調査研究部会は，1996年から2008年にかけて3年ごとに計5回，日本企業における企業倫理の制度化の実態調査を行ってきた（図表10-5）。そこでは，企業倫理の制度化の構成要素の設置率が，1996年から2008年にかけて，大きく上昇してきたことが示されてきた。ただし，この調査に対しては，回答企業数が一部で少数の制度化先進企業だけに限られているなどの疑問も呈されている[35]。さらに，この研究部会に属す中野・山田が行っ

図表10-5　日本企業における企業倫理の制度化の推移

	第1回企業数(%)	第2回企業数(%)	第3回企業数(%)	第4回企業数(%)	第5回企業数(%)	ポイント差
企業倫理規範の制定	25 (22.3)	49 (51.0)	89 (79.5)	142 (94.0)	73 (98.6)	+4.6
企業倫理教育の実施	6 (5.4)	22 (22.9)	42 (37.8)	97 (65.1)	51 (68.9)	+3.8
企業倫理専門担当者の配置	8 (7.1)	28 (29.5)	53 (47.7)	115 (76.2)	63 (85.1)	+8.9
企業倫理委員会の設置	12 (10.7)	27 (28.4)	56 (50.5)	128 (85.9)	64 (86.5)	+0.6
レポーティング・システムの導入	6 (5.4)	24 (25.3)	48 (43.2)	123 (80.9)	67 (91.8)	+10.9
外部の第三者によるチェック体制*	35 (31.3)	24 (25.3)	40 (35.7)	76 (51.0)	39 (53.4)	+2.4
地球環境問題専門組織の設置	70 (62.5)	59 (61.5)	88 (79.3)	128 (84.8)	61 (82.4)	−2.4
社会貢献活動専門組織の設置	33 (29.5)	34 (36.6)	46 (42.6)	69 (46.0)	36 (48.6)	+2.6

出所：中野千秋・山田敏之・福永晶彦・野村千佳子（2009）「第5回・日本における企業倫理制度化に関する定期実態調査報告」『日本経営倫理学会誌』第16号，154ページ。

184

てきた日本企業の企業倫理状況に関する別の調査の最新の結果も，2014年に発表されているが，そこでの有効回答率も3.9%（141社）と著しく低い[36]。

　先述したように，企業倫理の制度化の核心は，企業における企業倫理意識の定着にある。したがって，企業倫理の制度化の進展は，制度整備状況ではなく，企業の経営者や従業員の行動から読み取ることが重要であるだろう。そして，企業倫理意識の定着が進んでいるのであれば，企業倫理に対する調査にも可能な限り協力しようとするのではないだろうか。この意味で，日本経営倫理学会が行う調査に対する回答率の低さは，日本における企業倫理の制度化の進展状況に疑問を生じさせるものである。

　日本における企業倫理の制度化の遅れは，東洋ゴム工業，旭化成建材，三菱自動車，神戸製鋼所，日産自動車によるデータ偽装，オリンパスや東芝の粉飾決算など，いまだ日本企業で不祥事が相次いで発覚している状況からもうかがうことができる。これらの不祥事では，各社で何年も不正が行われていたり，不正の隠ぺい工作を行っていたり，なかには不正の発覚後も不正が続けられていたりなど，不正が体質あるいは慣行として根深く定着していたケースが少なくない。神戸製鋼所の例を見れば，同社では2000年に企業倫理綱領が策定され，また取締役会の諮問機関としてのコンプライアンス委員会，コンプライアンス・オフィス，相談窓口，社外への内部通報制度，企業倫理研修なども整備されていたが[37]，不正のマニュアル化や隠ぺい工作などが行われていた。

第6節　おわりに

　本章では，日本の企業倫理について検討した。日本の伝統的経営はステークホルダー志向を特徴とし，これは当時の各時代背景の下で形成され，機能してきた。江戸時代の商業道徳は，被支配者の身分にあった商人が身を守りながらその事業を拡大していく上で合理的なものであった。また，戦後のステークホルダー重視の企業経営も，株式相互持合いと企業の意思決定からの株主の排除という時代背景の下で可能であった。

しかしながら，これらはあくまで慣行であり，法律上は企業は株主のものである。また，個人企業が大半であった江戸時代の商業道徳の実践状況がたとえ優れたものであったとしても，無責任体質が社内全体に蔓延しやすい官僚制化が進んだ大企業において，その道徳を浸透あるいは維持させることは容易ではない。さらに，江戸時代とは異なり，多様な価値観が尊重される社会において，また海外売上高比率が半分を超える企業が続々登場するようなグローバル・メガコンペティションにおいて，企業が直面する倫理的課題事項は，江戸時代や高度経済成長期よりもはるかに複雑化している。

　近年，日本的経営を懐かしむ懐古主義的風潮もみられる。だが，その当時の成功を支えていたものの中には，今日の社会では受け入れにくい価値観や慣行なども決して少なくない。過労で時には死に至る滅私奉公，女性の社会進出に対する消極的な認識およびこれを助長する制度，株主不在の経営などはその主な例である。しかし，一方で，アメリカ式の企業倫理への取り組みが1990年代以降一貫して行われてきたにもかかわらず，その制度化，すなわち倫理文化の定着があまり進展していないこともまた事実である。いずれにせよ，日本の伝統の中で良いものと現在の現実社会における必要性を見極め，両者を冷静に天秤にかけ，日本の企業倫理の課題を探っていくことが求められる。

【注】

（1）「世間」については，主に以下を参照した。三戸公（1987）『恥を捨てた日本人』未來社，21〜23ページ。谷本寛治（2014）『日本企業のCSR経営』千倉書房，32〜33ページ。ただし，谷本は，世間は仲間内といった限定的な意味合いしかもたず，また「三方よし」も今日のCSRよりも狭い意味しかもたないと指摘し，さらにこれを日本のCSRの源流とすることにも懐疑的な見方を示している。

（2）片岡信之（2006）「第2章　江戸期商人の商業道徳─往来物・家訓・商人心得書を中心に─」日本取締役協会編著『江戸に学ぶ企業倫理〜日本におけるCSRの源流〜』生産性出版，51ページ。

（3）末永國紀（2014）『近江商人と三方よし─現代ビジネスに生きる知恵』モラロジー研

究所，23ページ。

（4）同上書，28ページ。

（5）片岡信之（2006）前掲稿，65ページ。

（6）江戸時代の奉公人制度については，以下に詳しい。丹野勲（2012）『日本的労働制度の歴史と戦略』泉文堂。

（7）日本の家族の概念については，以下を主に参照のこと。三戸公（1987）前掲書，94～99ページ。岩井克人（2009）『会社はこれからどうなるのか』平凡社，212～216ページ。

（8）岩井克人（2009）前掲書，214ページ。

（9）吉村典久（2012）『会社を支配するのはだれか―日本の企業統治―』講談社，137ページ。

（10）同上書，132ページ。

（11）同上書，138～139ページ。

（12）渋沢栄一記念財団ウェブサイト，https://www.shibusawa.or.jp/eiichi/，2018年6月27日アクセス。

（13）岩井克人（2009）前掲書，224ページ。

（14）吉村典久（2010）「第5章　日本の会社統治の過去」加護野忠男・砂川伸幸・吉村典久『コーポレート・ガバナンスの経営学―会社統治の新しいパラダイム―』有斐閣，135～136ページ。

（15）岩井克人（2009）前掲書，227ページ。

（16）吉村典久（2010）前掲稿，137ページ。

（17）奥村宏・佐高信（1992）『現代教養文庫　1430　企業事件史』社会思想社，199～200ページ。

（18）鈴木幸毅（2000）「第4章　現代日本企業と企業倫理―行動特質，行動倫理，倫理的問題状況―」鈴木辰治・角野信夫『叢書　現代経営学⑯　企業倫理の経営学』ミネルヴァ書房，107～108ページ。

（19）帝国データバンク史料館（2017）「長寿企業28,972社を分析」（2016年5月調査）http://www.tdb-muse.jp/lecture/docs/%5B%E6%94%B9%E8%A8%82%5D%E8%80%81%E8%88%97%E3%83%87%E3%83%BC%E3%82%BF%E7%89%B9%E6%80%A7%E3%80%80%E5%8E%9F%E7%A8%BF%20201605.pdf，2018年6月29日アクセス。

（20）総務省統計局『日本の統計 2018』内の「産業別企業数と売上（収入）金額」より。データは以下より入手。http://www.stat.go.jp/data/nihon/07.html，2018年6月29日アクセス。

第10章　日本における企業倫理　187

(21) 帝国データバンク史料館（2017）前掲資料。

(22) グロービス経営大学院（2014）『創業三〇〇年の長寿企業はなぜ栄え続けるのか』東洋経済新報社，26ページ。

(23) 同上書，30〜46ページ。

(24) 高巖＝トーマス・ドナルドソン（2003）『ビジネス・エシックス―企業の社会的責任と倫理法令遵守マネジメント・システム―〔新版〕』文眞堂，21ページ。

(25) 同上書，48〜55ページ。

(26) 同上書，285〜302ページ。

(27) 梅津光弘（2007）「第1章　企業経営をめぐる価値転換」企業倫理研究グループ『日本の企業倫理―企業倫理の研究と実践―』白桃書房，11〜16ページ。

(28) 中村瑞穂（2007）「第8章　企業倫理と"CSR"」企業倫理研究グループ『日本の企業倫理―企業倫理の研究と実践―』白桃書房，153ページ。

(29) 日本経済団体連合会（2017）『企業行動憲章　実行の手引き（第7版）』http://www.keidanren.or.jp/policy/cgcb/tebiki7.pdf，2018年7月4日アクセス，ⅴページ。

(30) 高巖（2013）『マネジメント・テキスト　ビジネスエシックス〔企業倫理〕』日本経済新聞出版社，357ページ。

(31) 同上書，340〜359ページ。

(32) 中村瑞穂（2007）前掲稿，169ページ。

(33) 同上稿，169ページ。なお，中村は，制度はそれが機能することで初めて「制度」と呼ばれるとの立場から，本節でいう「制度」を「手法」と表記している点に注意されたい。

(34) 出見世信之（2004）「第3章　企業倫理の制度化―コーポレート・ガバナンスの視点から―」小林俊治・百田義治編『社会から信頼される企業―企業倫理の確立に向けて―』中央経済社，63ページ。

(35) 佐久間信夫（2011）「第7章　企業倫理の制度化」佐久間信夫・田中信弘編著『現代CSR経営要論』創成社，145ページ。なお，2008年調査の回答企業数は75社（有効回収率10.9%）である。

(36) 中野千秋・山田敏之（2016）「日本企業における倫理確立に向けての取り組みと管理者の倫理観〜1994年，2004年，2014年の調査結果の比較をふまえて〜」『日本経営倫理学会誌』第23号，126ページ。

(37) 神戸製鋼所『神戸製鋼所企業倫理綱領』，http://www.kobelco.co.jp/about_kobelco/kobesteel/cce/cce_jp201506.pdf，2017年11月16日アクセス。

【参考文献】

朝日新聞編（2011）『日本の百年企業』朝日新聞出版。

岩井克人（2009）『会社はこれからどうなるのか』平凡社。

奥村宏・佐高信（1992）『現代教養文庫　1430　企業事件史』社会思想社。

加護野忠男・砂川伸幸・吉村典久（2010）『コーポレート・ガバナンスの経営学―会社統治の新しいパラダイム―』有斐閣。

企業倫理研究グループ（2007）『日本の企業倫理―企業倫理の研究と実践―』白桃書房。

グロービス経営大学院（2014）『創業三〇〇年の長寿企業はなぜ栄え続けるのか』東洋経済新報社。

末永國紀（2014）『近江商人と三方よし―現代ビジネスに生きる知恵』モラロジー研究所。

鈴木幸毅（2000）「第4章　現代日本企業と企業倫理―行動特質，行動倫理，倫理的問題状況―」鈴木辰治・角野信夫『叢書　現代経営学⑯　企業倫理の経営学』ミネルヴァ書房，105～124ページ。

総務省統計局（2018）『日本の統計 2018』。

高巌（2013）『マネジメント・テキスト　ビジネスエシックス［企業倫理］』日本経済新聞出版社。

高巌＝トーマス・ドナルドソン（2003）『ビジネス・エシックス―企業の社会的責任と倫理法令遵守マネジメント・システム―〔新版〕』文眞堂。

谷本寛治（2014）『日本企業のCSR経営』千倉書房。

丹野勲（2012）『日本的労働制度の歴史と戦略』泉文堂。

帝国データバンク史料館（2017）「長寿企業28,972社を分析」（2016年5月調査）http://www.tdb-muse.jp/lecture/docs/%5B%E6%94%B9%E8%A8%82%5D%E8%80%81%E8%88%97%E3%83%87%E3%83%BC%E3%82%BF%E7%89%B9%E6%80%A7%E3%80%80%E5%8E%9F%E7%A8%BF%20201605.pdf，2018年6月29日アクセス。

出見世信之（2004）「第3章　企業倫理の制度化―コーポレート・ガバナンスの視点から―」小林俊治・百田義治編『社会から信頼される企業―企業倫理の確立に向けて―』中央経済社，47～69ページ。

中野千秋・山田敏之（2016）「日本企業における倫理確立に向けての取り組みと管理者の倫理観～1994年，2004年，2014年の調査結果の比較をふまえて～」『日本経営倫理学会誌』第23号，123～139ページ。

中野千秋・山田敏之・福永晶彦・野村千佳子（2009）「第5回・日本における企業倫理制度化に関する定期実態調査報告」『日本経営倫理学会誌』第16号，151～163ページ。

日本経済団体連合会（2017）『企業行動憲章　実行の手引き（第7版）』http://www.keidanren.or.jp/policy/cgcb/tebiki7.pdf, 2018年 7 月 4 日アクセス。

日本取締役協会編著『江戸に学ぶ企業倫理～日本における CSR の源流～』生産性出版。

三戸公（1987）『恥を捨てた日本人』未來社。

吉村典久（2012）『会社を支配するのはだれか―日本の企業統治―』講談社。

Yoshimori, M.（1995）"Whose Company Is It? The Concept of the Corporation in Japan and the West," *Long Range Planning*, Vol. 28, No. 4 , pp.33-44.

第11章
コンプライアンス・マネジメント

第1節　はじめに

　企業不祥事が頻発している。大手企業による食中毒事件やリコール隠し問題，食品偽装事件，粉飾決算，データ改ざんなど，文字通り枚挙にいとまがない。こうした不祥事を引き起こした企業は，不祥事がマスメディアに取りあげられるなかで，対応の不手際もあり，社会から厳しい批判を受ける傾向にある。その結果，事業継続が困難となり，そうした企業が他社の支援を受けたり，廃業に追い込まれたりするケースが増えてきている。企業不祥事が会社を亡ぼす時代になったのである。

　一般に，企業不祥事なる用語は，企業が引き起こした事故や犯罪，企業ないし従業員による非倫理的行動などをすべて含むものとして用いられる。そしてその典型的なものは関係領域別に図表10-1のように整理できる。

　具体的にみると，競争関係でいえば，カルテル，入札談合，贈収賄などが典型的な企業不祥事である。消費者関係では，有害商品，欠陥商品，虚偽・誇大広告などがこれにあたる。投資家関係でいえば，インサイダー取引，利益供与，粉飾決算，従業員関係では，労働災害，過労死，セクシャル・ハラスメント，地域社会関係では，産業災害，産業公害などがあげられる。さらに，政府関係としては，脱税，不正政治献金，報告義務違反，虚偽報告などが，国際関係としては，租税回避，ソーシャルダンピング，不正資金洗浄などが，地球環境関係では，環境汚染，自然破壊などがあげられる。

第11章　コンプライアンス・マネジメント　191

図表11-1　関係領域別企業不祥事

関係領域	ソーシャルイシュー
競争関係	カルテル，入札談合，取引先制限，市場分割，差別対価，差別取扱，不当廉売，知的財産権侵害，企業秘密侵害，贈収賄，不正割戻など
消費者関係	有害商品，欠陥商品，虚偽，誇大広告，悪徳商法，個人情報漏洩など
投資家関係	インサイダー取引，利益供与，利益保証，損失補填，作為的相場形成，相場操縦，粉飾決算など
従業員関係	労働災害，職業病，メンタルヘルス障害，過労死，雇用差別（国籍・人種・性別・年齢・宗教・障害者・特定疾病患者），専門職倫理侵害，プライバシー侵害，セクシュアル・ハラスメントなど
地域社会関係	産業災害（火災・爆発・有害物漏洩），産業公害（排気・排水・騒音・電波・温熱），産業廃棄物不法処理，不当工場閉鎖，計画倒産など
政府関係	脱税，贈収賄，不正政治献金，報告義務違反，虚偽報告，検査妨害，捜査妨害など
国際関係	租税回避，ソーシャルダンピング，不正資金洗浄，多国籍企業の問題行動（贈収賄，劣悪労働条件，公害防止設備不備，利益送還，政治介入，文化破壊）など
地球環境関係	環境汚染，自然破壊など

出所：中村瑞穂（2003）「企業倫理と企業統治」中村瑞穂編『企業倫理と企業統治』文眞堂，8ページを一部修正。

　しかしながら，こうした企業不祥事のリストを子細にみてみると，実は問題の性質や原因，発生場所が異なるものが混在していることがわかる。このため，企業不祥事防止策を講じることには多大なる困難がともなう。したがって，企業には，場当たり的な対応ではなく，体系的な対応が求められる。他方，企業不祥事が多発することは，当該企業のみならず，資本主義社会全体の信頼を揺るがすことにもつながる。企業不祥事が多発していれば，製品やサービスを安心して利用することができなくなるからである。したがって，政府や業界団体による企業不祥事防止を目的とした法制度の制定・改定等といった対応も必要となる。企業不祥事防止を目的とした，①政府や業界団体による法制度制定・改定等の活動，②個別企業の内部体制構築を，本章では「コンプライアンス・マネジメント」と呼ぼう（図表11-2）。

　本章では，まずコンプライアンスの概念の整理・検討を行う。次に，コンプライアンス違反にかかわる不祥事の事例を取り上げる。そして，コンプライアンス・マネジメントの動向について説明していくことにする。

図表11-2 コンプライアンス・マネジメントの背景と内容

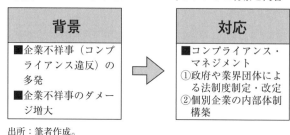

出所:筆者作成。

第2節　コンプライアンスの概念

1．多様なコンプライアンス概念

　コンプライアンス (compliance) は，そもそも命令・要求などへの服従・従属を意味する用語である。ビジネスの文脈では法令遵守，倫理法令遵守などと訳されることが多い。その意味するところは企業がルールに従って公正・公平に業務を遂行することである。ここでいうルールの解釈をめぐって，さまざまな混乱が生じることになる。すなわち，(1) ルールを厳密に法令のみと解釈する場合，(2) 法令に加えて社内規定やマニュアルを含むものと解釈する場合，(3) それらに加えて社会規範（倫理）までも含むものと解釈する場合である。したがって，(1) から (3) のいずれの立場をとるかによって，前述の訳語も変わってくることになる。

　しかし，(1) のように法令のみと解釈するものはそれほど一般的ではなく，(2) のように法令に加えて社内規定やマニュアルを含むものと解釈する場合か，(3) それらに加えて社会規範（倫理）までも含むものと解釈する場合が多い。

　そのようにとらえると，(2) を狭義のコンプライアンス，(3) を広義のコンプライアンスとみなすことができる（図表11-3）。

　実務の世界においては，「コンプライアンス」が狭義で使われている企業も

図表11-3 狭義のコンプライアンスと広義のコンプライアンス

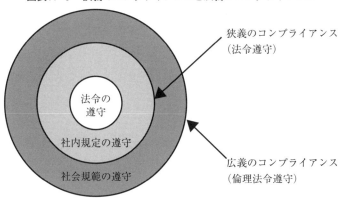

出所：筆者作成。

あれば，広義で使われている企業もある。また，たとえば，医学・薬学の領域では，「コンプライアンス」は服薬遵守，すなわち処方された薬を指示どおりに服用することとされる。したがって，その企業においてコンプライアンスという言葉が意味するところを正しく理解するためには十分な注意が必要である。なお，本章では狭義の意味でコンプライアンスを用いる。

2．コンプライアンスをめぐる誤解

コンプライアンスを狭義のものととらえた場合，法令を中心としたルールを遵守することに主眼がおかれることになる。しかしながら，ルールを遵守することだけがコンプライアンスであると誤解してはならない。ルール遵守を強調することには以下の3つの問題が存在する。

第1に，ルールですべての行動を規定することはできない。たとえば，法令の条文に「公序良俗に反しない限り」という文言が書かれていることがある。こうしたケースでは何が公序良俗に反する行為であり，何が公序良俗に反しない行為なのかについての主体的な判断が求められる。

第2に，ルールさえ守ればよいという考え方を広めてしまう。ルールにない事柄については，その是非を考えることなく行動に移してしまう可能性も出て

くる。あるいは，いわゆる脱法行為のように，法の抜け穴を探すような行動をとってしまうことも考えられる。つまり，ルール化されていないことはすべて良いことであるという論理の飛躍が生じてしまう。こうした解釈は，企業不祥事発生の可能性を高めることになる。

第3に，ルールが果たす役割を理解しなくなる。そのルールのもつ本来的な意味を理解せずに，形式的にルールを遵守しているならば，状況が変化した場合，思わぬ不祥事を招きかねない。また，ルールが形骸化する可能性も存在する。

以上より，狭義のコンプライアンスは法令を中心としたルールを遵守することを意味するが，そこにはルールの意味や役割に対する理解が必然的にともなうことが明らかになる。いわゆる法の精神を理解していなければ不祥事を防止することはできないのである。

第3節　企業によるコンプライアンス違反の事例

ここで，企業によるコンプライアンス違反の事例をみてみよう。以下，カネボウ粉飾決算事件，シール談合事件，成田空港官製談合事件，雪印食品牛肉偽装事件を取り上げ，それぞれについて簡単に紹介する。

1．カネボウ粉飾決算事件 [1]

カネボウ粉飾決算事件とはカネボウの元社長，元副社長らが主導し，同社の2002, 2003年3月期の連結決算を黒字であるかのように粉飾した事件をきっかけとして明らかになったカネボウによる一連の不正会計事件のことである。

2003年10月，国内化粧品市場の不振に苦しむカネボウは花王と化粧品事業を統合することで合意したと発表した。しかし，翌11月に2003年9月中間決算で629億円の債務超過に転落したことが明らかになった。こうしたことを受け，2004年2月，花王との事業統合は白紙撤回となった。このため，経営不振に陥ったカネボウは産業再生機構に支援を要請するとともに，元社長ら旧経営陣

第11章　コンプライアンス・マネジメント　195

の引責辞任を発表した。

　2004年3月に就任した新経営陣は，経営不振の原因を究明するために，元検事である鈴木祐一弁護士を委員長とする「経営浄化調査委員会」を設立した。

　2004年10月，同委員会は旧経営陣による不正経理に関する報告書をまとめた。そして，旧経営陣が連結子会社の興洋染織に対して500億円超の赤字補填をしていたこと，2001年度，2002年度の2年間にわたって粉飾決算をしていたこと，少なくとも数億円の使途不明金があることが明らかになった。さらに，2005年4月には，2004年3月期まで5期分の粉飾額が約2,150億円に上ることが明らかになった。

　このことを受け，6月には，東京証券取引所がカネボウ株の上場廃止を決定する一方で，カネボウも子会社への赤字補填で同社に損害を与えたとして，旧経営陣に対して計10億円の損害賠償を求める裁判を起こした。

　7月29日，かねてより刑事責任の解明を進めていた東京地検特捜部は，証券取引法違反の容疑で元社長，元副社長，元常務の3人を逮捕した（その後，元社長，元副社長は起訴，元常務は処分保留で釈放）。容疑は，（1）2002年3月期の連結純資産額を，実際は744億円の債務超過であるにもかかわらず，9億2,600万円と記載したこと，（2）2002年3月期の連結純利益を，実際は57億円の損失であるにもかかわらず，7,000万円の利益としていたこと，（3）2003年3月期の連結純資産額を，実際は725億円の債務超過であるにもかかわらず，5億200万円と記載したことの3点である。さらに，東京地検特捜部は証券取引等監視委員会と合同でカネボウの会計監査を担当した中央青山監査法人を家宅捜索した。

　捜査の過程で明らかになったことは以下の通りである。

　第1に「連結外し」である。これは連結対象子会社のうち業績不振の子会社を連結決算から除外するというもので，興洋染織やカネボウ物流など15社が連結決算から外された。連結から外されていた15社分の負債はあわせて約660億円にのぼった。

　第2に「経費の先送り」である。本来，3月末に未払い金として計上すべき

原材料費を翌年度に繰り延べ，経費を圧縮し利益を多くみせようという会計上の操作をしていた。

第3に「押し込み」である。決算期に，連結対象外の子会社や取引先に対して商品を仕入れさせ，決算期後に商品を返品させるというものである。返品，リベートを条件に商品を販売し，実態のない売上高を計上するという不正会計の手口である。

第4に「循環取引（宇宙遊泳）」である。興洋染織の毛布をカネボウが買い取り，子会社，商社を通じてそれを販売する。売れ残った毛布は最終的に興洋染織に買い戻させる。興洋染織はカネボウが振り出した手形を現金化することで，資金繰りにあてられる。また，決算期に在庫を減らすこともできる。他方で，カネボウは売れ残りを興洋染織に買い戻させる際に興洋染織が振り出した手形を得ることになるが，興洋染織は決済資金を準備できないため，カネボウが損失をかぶることになる。このような取引を通じてカネボウは興洋染織の赤字補填を行っていた。

さらに，公判で，カネボウが1970年代半ばから会計の不正処理を組織ぐるみで行っていたこと，同社が元社長の社長就任時にすでに2,500億円の債務超過に陥っていたことなども明らかになった。

裁判は2006年に元社長，元副社長に有罪判決が言い渡され，結審した。また，100年以上の歴史を誇ったカネボウ自体も，カネボウ化粧品の独立と花王傘下入り，その他事業分野の分離・独立をもって事実上解体した。

この事件では，カネボウの監査を担当した中央青山監査法人の公認会計士の責任も厳しく追求された。

2005年9月，東京地検特捜部は，中央青山監査法人の元公認会計士4人をカネボウの粉飾決算を知りながらこれを見逃し，発覚を防ぐためにさまざまな助言をしたとして証券取引法違反容疑で逮捕，このうち3人が起訴された。2006年5月，金融庁は中央青山監査法人に2カ月間の業務停止命令を出すとともに，起訴されている公認会計士2人に会計士登録抹消，ほかの1人に1年間の業務停止処分を言い渡した。

第11章 コンプライアンス・マネジメント　197

　中央青山監査法人はいわゆる四大監査法人の一角を占める存在であったが，業務停止にともない多くの顧客を失うことになった。業務再開後，みすず監査法人に名称を変更したものの日興コーディアルグループの粉飾決算事件にからみ信頼低下が加速した。こうしたことを受け，みすず監査法人は，2007年2月，監査業務からの撤退を表明し，7月に解散した。

2．談合事件

（1）シール談合事件[2]

　シール談合事件とは，社会保険庁が年金支払い通知書貼付用シール（いわゆる目隠しシール）を発注する際の指名競争入札において，大日本印刷，トッパン・ムーア（当時），小林記録紙，日立情報システムズなどが入札談合を行った事件である。

　1992年10月，東京地検特捜部は年金支払い通知書貼付用シール受注にかかわる談合容疑で，大日本印刷，トッパン・ムーア，小林記録紙，日立情報システムズ，および日立情報システムズ関連会社5社の従業員6人を逮捕した。6人の容疑者らは，1990年に社会保険庁が年金支払い通知書貼付用シール約6,700万枚を発注した際の指名競争入札時に談合を行い，トッパン・ムーアが6億7,000万円で落札・受注し，各社でその利益を分配したという疑いがもたれた。

　11月になり，東京地検特捜部は5社の担当者計10人を刑法の談合罪で起訴するとともに，翌1993年2月には，公正取引委員会の刑事告発をうけ，5社を独占禁止法違反容疑で家宅捜索した。12月には大日本印刷など4社に対する判決公判が東京高裁で開かれた。

　捜査ならびに裁判の過程で，4社は入札のつど事前に落札会社や入札価格を決め，落札した会社が他社のいずれかに下請け発注し，利益の均等化を図っていたことが明らかになった。シールの適正入札価格が1枚あたり6円42銭から6円68銭であるところを，これらの企業は9円32銭から9円82銭で落札していた。この結果，1992年度分だけで社会保険庁と国民に約4億2,000万円の損害を与えた。

この事件では各社の担当者10名が刑法の談合罪で有罪となったほか，大日本印刷，トッパン・ムーア，小林記録紙，日立情報システムズの4社が独占禁止法違反でそれぞれ400万円の罰金刑を受けた。入札談合で企業が独占禁止法違反により刑事責任を認定されたのは初めてである。また，公正取引委員会が大日本印刷，トッパン・ムーア，小林記録紙の3社に対して合計1億7,000万円の課徴金納付を命じる審判審決を出したことに加え，東京地裁がこれら3社に対して不当利益の約14億6,000万円を支払うよう命じた。

（2）成田空港官製談合事件[3]

成田空港官製談合事件とは，新東京国際空港公団（2004年4月1日より成田国際空港株式会社）が発注した電気関連工事の入札に際して，公団担当者が予定価格を複数の重電メーカーに漏洩していたといういわゆる官製談合事件である。

2004年4月17日から18日にかけて，東京地検特捜部は新東京国際空港公団の電気施設工事をめぐる競売入札妨害容疑で成田国際空港会社，旧公団担当者ならびに三菱電機，東芝，富士電機システムズ，日新電機，明電舎に対する捜査を行った。これは2003年11月7日に行われた「南部貨物上屋第二期受変電設備更新工事」の指名競争入札の際に，公団側の意向に沿って入札前に受注企業を決めて高額で落札し，入札の公正を妨害した疑いによる。この工事では，日新電機が落札率（予定価格に対する落札額の割合）97.8%の1億9,500万円で落札した。

その後の捜査で，公団側担当者が事前に予定価格を漏洩していたことが明らかになった。また，公判では，少なくとも1997年頃からこうした「官製談合」が行われていたことが示された。それによると，その時期から公団側が重電メーカーにOBの天下りの受け入れを依頼し，その見返りに入札予定価格に近い金額をメーカー側に伝えていたとされる。また，公団側関係者は受変電設備工事の受注状況に関するデータを「実績表」にまとめ，それに基づき受注予定のメーカーを割り振っていたという。

一連の事件にかかわり，2005年12月，日新電機，東芝，富士電機システムズの担当者が競売入札妨害罪で略式起訴され，罰金50万円の略式命令を受けてい

第11章　コンプライアンス・マネジメント　**199**

るほか，公団側担当者も同月，成田国際空港会社から懲戒免職の処分を受けている。さらに，日新電機，東芝，富士電機システムズは成田国際空港会社に対して工事金額の10%にあたる約7,600万円を返還している。また，この事件をきっかけに，防衛施設庁東京防衛施設局発注の電気工事にかかわる官製談合事件も明らかになった。

3．雪印食品牛肉偽装事件 [4]

　雪印食品牛肉偽装事件とは，雪印食品がオーストラリア産の輸入牛肉を国産牛肉と偽装したうえで，補助金を詐取しようとした事件である。

　2001年9月22日，農林水産省は千葉県で日本国内初のBSE（狂牛病）感染牛が確認されたことを正式に発表した。これにともない，国内産牛肉のBSE感染が問題となった。マスコミによる連日の報道の影響もあり，牛肉の需要は国内産，外国産を問わず大幅に減少した。また，出荷された牛肉の返品も増加し，多くの食肉業者は牛肉の在庫を大量に抱えるようになった。

　厚生労働省は消費者の国産牛肉への不安感・不信感を払拭するために，10月18日以降に解体処理されるすべての牛についてBSE検査（全頭検査）を行うことを決定するとともに，BSE検査未了の牛肉の出荷を見合わせるよう指導した。しかし，そのような措置を講じると，17日以前に解体処理された国産牛肉の在庫を市場で売却できなくなる。また，こうした牛肉の市場での流通を防ぐ必要もある。したがって，農林水産省は全頭検査開始前に解体処理された牛肉を市場から隔離することを内容とする国の補助金を原資とした，業界団体による国産牛肉買取事業の実施を決めた。

　この国産牛肉買取事業では，買取価格が経産牛肉や輸入牛肉の価格より高く設定されていた。また，在庫証明だけで現品確認を行うことに加えて，牛肉の検査は書類審査が中心で，一部で抽出検査が行われるだけという状況にあった。他方，雪印食品は2002年3月期連結業績予想を下方修正し，当期損益が26億3,000万円の赤字となることを発表していた。このため，雪印食品内部では，食肉業界の動向もふまえ，輸入牛肉を国産牛肉に偽装し不当に差益を獲得しよ

うとする考えが強まった。こうして関西ミートセンター，本社ミート営業調達部，関東ミートセンターで偽装工作が行われた。

関西ミートセンターでは，センター長が輸入牛肉を国産牛肉と偽って買上対象として申請するよう指示した。10月31日に西宮冷蔵の倉庫において輸入牛肉を国産牛肉用の箱に詰め替える作業が行われた。さらに，11月17日にも約1,480キロの輸入牛肉を国産牛肉用の箱に詰め替え，西宮冷蔵に搬入した。

本社ミート営業調達部では，営業グループ課長がデリカハム・ミート事業本部長付部長およびミート営業調達部長に輸入牛肉の偽装工作を提案し，この提案が採用された。11月3日，道南雪印食品において国産牛肉用の箱への詰め替え作業が行われ，偽装された牛肉は11月5日に株式会社ニチレイ札幌西倉庫に国産牛肉として搬入された。ニチレイ札幌西倉庫が発行した札幌ミートセンター分を含む在庫証明書に記載されていた国産牛肉約2万9,400キロのうち，約1万2,600キロが輸入牛肉であった。

関東ミートセンターでも10月31日，センター長が部下に千葉県松戸市の有限会社木下商事において輸入牛肉を国産牛肉に偽装するよう指示した。11月2日から4日にかけて偽装工作が行われ，11月5日にニチレイ大井の冷蔵庫に国産牛肉として搬入された。ニチレイ大井が発行した在庫証明書に記載されていた関東ミートセンター分の国産牛肉約4万4,454キロのうち，約3,520キロが輸入牛肉であった。

2002年1月23日，西宮冷蔵の水谷社長によるマスコミへの告発をきっかけに，雪印食品がオーストラリア産輸入牛肉を国産牛肉と偽って，補助金を詐取しようとしたことが明らかになった。

同日，雪印食品の吉田升三社長は記者会見を行い，事実関係を全面的に認めた。また，事件発覚後，雪印食品は詐取しようとした金額ならびに利息相当額のおよそ2億円を日本ハム・ソーセージ工業協同組合に返還した。事件の影響で業績が急激に悪化した雪印食品は，1月29日，吉田升三社長の退任と生肉事業からの撤退を発表した。しかし，社会からの批判は収まらず，雪印食品は2月22日の取締役会において4月末に臨時株主総会を開催し会社を解散すること

第11章 コンプライアンス・マネジメント　201

を決定し，同年4月30日に雪印食品は解散した。

　子会社の不祥事は，2000年に集団食中毒事件を起こしたばかりの親会社である雪印乳業にも大きな影響を与えた。小売店では，再び雪印ブランドの商品が撤去され，雪印乳業の株価も急落した。この結果，雪印乳業はチーズ・バターなどの乳製品事業に特化し，市乳などの事業を分離・譲渡するという事業再編と役員全員の退任を余儀なくされた。

第4節　コンプライアンス・マネジメントの制度

　第3節でみたようなコンプライアンス違反事例の頻発をうけ，コンプライアンス体制を確立するための諸制度が設けられるようになってきている。

　ここでは，コンプライアンス体制確立の先駆的事例として，アメリカの防衛産業イニシアティブ，連邦量刑ガイドラインについて紹介したうえで，日本におけるコンプライアンス体制確立をめぐる社会的な動向と個別企業内部での動向について，それぞれみていくことにする。

1．アメリカにおける制度化の動向
（1）防衛産業イニシアティブ[5]
　1980年，アメリカではロナルド・レーガンが大統領に当選した。アメリカ経済を再建すべく，レーガン政権は1981年2月に「経済再建計画」を発表した。その政策の4本柱は，①国防費を除く歳出の削減，②減税，③規制の緩和，④インフレの抑制であった。

　この結果，アメリカでは国防費の増額にともない防衛関連産業が隆盛を極めた。しかし，そもそも国防省と防衛産業との間の取引は極めて閉鎖的なものであったこともあり，談合や水増し請求，贈賄，キックバックなどの不正が1980年代半ばになり次々と露見した。

　社会からの強い批判もあり，レーガン政権は防衛産業の構造的腐敗問題に対していくつかの対応措置を講じた。そのうちの1つは，一連の不祥事を調査

し，今後の対策を検討するための特別委員会，通称「パッカード委員会」の設置であった。

パッカード委員会は1986年に中間報告を発表した。そこでは，政府の規制強化だけでは十分でなく，防衛産業に属する企業がそれぞれ倫理法令遵守のプログラムを導入することが求められた。この中間報告での提言を具体化したものが防衛産業イニシアティブである。

当初，GEなど18社の企業がこうした取り組みに参加し，「ビジネスの倫理と行動に関する防衛産業イニシアティブの原則（以下，DII原則）」を採択し，これらを遵守することを誓約した。DII原則は次の6つの原則からなっている。

①各企業は企業内に高い道徳的価値観を確立するために倫理綱領を制定し，それを忠実に実行する。

②各企業は定められた倫理綱領のもと，従業員がそれぞれの責任を果たせるよう彼らを教育する。

③各企業は倫理綱領違反に関する内部告発を奨励する。その際，内部告発者を保護することが求められる。

④各企業は自己管理義務として，連邦調達法の遵守状況を監視する。また，同法違反があった場合にその事実を関係当局に自発的に報告するための手続きを制定する。

⑤各企業はDII原則遂行のベスト・プラクティスを相互に学ぶため，毎年行われるベスト・プラクティス・フォーラムに参加する。

⑥各企業は社会に対して説明責任を負う。

この6原則は後述する「連邦量刑ガイドライン」作成の際に参考にされた。それゆえ，防衛産業イニシアティブはアメリカにおけるコンプライアンス・マネジメント体制確立に向けての大きなきっかけとなったとみなされている。

（2）連邦量刑ガイドライン[6]

1980年代初頭，アメリカでは連邦裁判所の下す量刑にばらつきがみられるなど，量刑に一貫性がないことについての批判が議会を中心に高まった。このた

め議会は量刑決定用のガイドラインを作成することを決めた。

　まず，1987年に，「個人に関する量刑ガイドライン」が作成された。そして，1989年に「組織に関する量刑ガイドライン」が作成され，1991年からこれが施行された。量刑ガイドラインの詳細については全8章からなる『ガイドライン・マニュアル』に記載されている。このうち，企業にかかわるものは第8章の「組織に関する量刑ガイドライン」である。ここでいう「組織」とは，企業，パートナーシップ，年金基金，組合など，一般的な組織をさす。

　『ガイドライン・マニュアル』第8章には，4つの一般原理が記されている。

　第1は，不正行為によって引き起こされた損害は弁償されなければならないということである。第2は，実質的に違法な目的を遂行するための組織であれば，全財産を没収するだけの「懲罰的賠償」を課すということである。第3は，これ以外の組織に対する懲罰的賠償が「基準罰金額」と「有罪点数」とを掛け合わせて算出されるということである。第4は，懲罰的賠償以外の制裁が加えられなければならないとき，もしくは将来の犯罪行為の可能性をなくすうえで何らかの取り組みが不可欠な場合に「保護観察」が刑として組織に言い渡されるということである。

　量刑ガイドラインの特徴は，同一の犯罪であっても，その内容や状況などに応じて罰金額が異なるという点に集約できる。具体的にいえば，不正に関与した人物の職位や立場の違い，過去の類似犯罪の有無，隠蔽の意図の有無，有効な倫理法令遵守プログラムの有無，捜査への協力態度などによって懲罰の内容に差がつくような仕組みになっている。とりわけ，有効な倫理法令遵守プログラムを設けている組織に対して寛大な措置をとるという点が，重要なポイントである。

　ここでいう有効な倫理法令遵守プログラムとは次の7つの条件を満たすものである。

　①コンプライアンスのための一連の基準と手続き

　②基準の遵守状況を監督する責任者の任命

　③不正行為に関わる可能性のある人物に対して権限を与えない保証

④基準と手続きを周知徹底するシステムの採用

⑤犯罪行為を監視し，監督し，通報するシステムの採用

⑥適切な懲戒制度を通じての基準遵守の徹底

⑦犯罪行為を防止する適切な措置

さらに2004年11月に成立した改正連邦量刑ガイドラインでは，新たに8つ目の条件として，⑧不正行為に対するリスク・アセスメントの策定が加えられた。こうした「アメとムチ」の効果をもつ連邦量刑ガイドラインの存在が，アメリカ企業におけるコンプライアンス体制の整備を進めたといわれている。

2．日本における制度化の動向
（1）法律の改正と制定

わが国でも，企業不祥事を防止するために，近年，いくつかの法改正や法制定が行われている。

コーポレート・ガバナンスの強化という観点でいうと，2003年の商法改正と2006年の会社法施行を取り上げることができる。2003年の商法改正では，大会社などに「委員会設置会社」の導入が認められた。これは監査役制度を廃止し，取締役会内に指名委員会，報酬委員会，監査委員会を置くというものである。各委員会は3人以上の取締役で構成され，社外取締役がそれぞれ過半数を占めるものとされる。これは，アメリカ型の会社機関構造を日本に導入したものである。さらに，2006年施行の会社法では，株式会社の会社機関設計の自由度が大幅に拡大した。これは，同じ株式会社という企業形態が巨大企業から中小零細企業までをも含むという問題を解決するためになされた。会社の規模に応じた性格の違いを反映した機関設計を可能にしたのである。こうした法改正や法制定は，いずれも経営者の行動をチェックし，コントロールし，健全な企業経営を担保することを1つの主要な目的としている[7]。

コーポレート・ガバナンスに関連して，企業における内部統制を強化する動きもみられる。内部統制とは，①業務の有効性及び効率性，②財務報告の信頼性，③事業活動に関わる法令等の遵守，④資産の保全が達成されていることを

第11章　コンプライアンス・マネジメント　205

保証するために，業務に組み込まれ，組織構成員によって遂行されるプロセスをいう。統制環境，リスクの評価と対応，統制活動，情報と伝達，モニタリング，IT への対応という6つの基本的要素から構成される。会社法施行にともない，大会社については内部統制システムの構築の基本方針の決定が義務づけられた。また，2007年に施行された金融商品取引法（いわゆる J-SOX 法）では，上記②の財務報告の信頼性にかかわる財務報告システムについての規定がなされている[8]。

　特定のテーマに関わる法律の制定としては，例えば2003年の個人情報保護法の制定があげられる。同法は高度情報通信社会の進展にともない個人情報の利用が著しく拡大したことをうけ，個人情報の有用性に配慮しつつ個人の権利利益を保護することを目的として制定された。この結果，企業には個人情報の適正な取扱いの確保が求められるようになった。

　さらに，企業内に不正行為を早期に発見する仕組み構築することを促すことに関わる公益通報者保護法が2006年から施行された。これはいわゆる内部告発を制度化する法律で，適切な手順に従い公益目的の内部告発を行った労働者を保護することを目的としている。

（2）企業内部での動向

　上記のような社会的動向をうけて，個別企業においても，コンプライアンス体制を整備する動きがみられる。

　コンプライアンス・マネジメントの基本は「行動基準（倫理綱領）」の制定にある。行動基準はコンプライアンス推進へ向けての全社的な指針となる。したがって，多くの企業で行動基準が制定されている。

　そのうえで，コンプライアンスにかかわる全社的な責任者であるコンプライアンス・オフィサーが選任される。コンプライアンス・オフィサーには社長やその他役員が起用されるケースが多い。また，コンプライアンス体制を推進するために，コンプライアンス担当部署が設置される。そして，コンプライアンス担当部署が中心となって，従業員に対する教育・研修が展開されている。

また，ヘルプラインあるいはホットラインと呼ばれる内部通報窓口も多くの会社で設置されている。ヘルプラインは通報者のプライバシーや企業内での立場に配慮した形で運用されている。一般には社内の専用電話や専用メールを利用して匿名で告発を受け付けているが，外部機関，例えば弁護士事務所を通じて告発を受け付けるという方式を採用している企業もある。

第5節　おわりに

近年，企業に対する社会からの目が厳しくなってきている。かつては許されていた行為が許されなくなったのである。これにともない，法改正・制定も進み，企業に求められる事柄は確実に拡大してきている。

こうしたことをうけて，企業側もコンプライアンス・マネジメント体制の確立を進めている。そして，大企業の多くではコンプライアンス体制の整備は終わりつつある。

しかしながら，体制の整備をもってコンプライアンスが保証されるものではない。経営者，従業員それぞれの倫理的な判断能力がそれを実行あらしめるのである。コンプライアンス・マネジメントは企業不祥事防止のスタートであって，終わりではない。コンプライアンス・マネジメントを万能とは考えず，その限界に注意して企業不祥事防止に取り組むことが必要であろう。

【注】

（1）齋藤憲監修（2007）『企業不祥事事典』日外アソシエーツ，132，136〜137ページ，「日本経済新聞」2005年9月13日夕刊，「読売新聞」2005年7月31日朝刊，2005年8月2日朝刊，2005年8月3日朝刊。

（2）齋藤憲監修（2007）『企業不祥事事典』日外アソシエーツ，414〜415ページ，「日経産業新聞」1993年12月15日，「日本経済新聞」1993年12月17日夕刊，1996年8月8日朝刊，2000年4月1日朝刊。

（3）齋藤憲監修（2007）『企業不祥事事典』日外アソシエーツ，433〜435ページ，「日本

経済新聞」2005年11月17日夕刊，2006年2月14日夕刊，2007年3月10日朝刊。

（4） 神戸地判平成14・11・22判夕1113・284，東京地裁判平成17・2・10判時1887・135．北海道新聞取材班（2002）『検証・「雪印」崩壊─その時，何がおこったか』講談社，水谷洋一・水谷甲太郎編（2009）『西宮冷蔵たったひとりの反乱』鹿砦社。

（5） 高巌・T．ドナルドソン（2003）『ビジネス・エシックス［新版］』文眞堂，305〜308ページ。

（6） 高巌・T．ドナルドソン（2003）『ビジネス・エシックス［新版］』文眞堂，309〜315ページ，梅津光弘（2005）「改正連邦量刑ガイドラインとその背景」『三田商学研究』Vol.48，No.1，148〜156ページ，田中宏司（2005）『コンプライアンス経営新版』生産性出版，192〜198ページ。

（7） 三戸浩・池内秀己・勝部伸夫（2006）『企業論新版補訂版』有斐閣，77〜80ページ。

（8） 黒川保美・赤羽新太郎編著（2009）『CSRグランド戦争』白桃書房，134〜138ページ，日本経営倫理学会編（2008）『経営倫理用語辞典』白桃書房，198ページ。

【参考文献】

黒川保美・赤羽新太郎編著（2009）『CSRグランド戦略』白桃書房。

高巌・T．ドナルドソン（2003）『ビジネス・エシックス［新版］』文眞堂。

田中宏司（2005）『コンプライアンス経営新版』生産性出版。

第12章
インテグリティ・マネジメント

第1節　はじめに

　企業に対する社会の目が厳しさを増している。この結果，「社会の常識」と
かけ離れた「企業の常識」に基づいて行動する企業は，企業不祥事の名の下に
批判の矢面に立つことになる。また企業内部で生じた不正行為やトラブルが，
いわゆる内部告発によって表沙汰になるケースも増えている。自動車メーカー
によるリコール隠し問題や食品会社による牛肉偽装事件，菓子メーカーによる
期限切れ原材料使用問題などは，いずれも内部の関係者による告発をきっかけ
として明るみになったものである。不祥事を隠し通せる時代ではなくなったの
である。

　他方で，社会的責任を果たしている企業，倫理的な行動をとる企業を評価し
ようという動きもある。ESG 投資などはその典型であろう。また，事故を引
き起こす可能性のある FF 式石油温風暖房機を全数回収するという決断をした
松下電器産業（現パナソニック）の行動は，回収に数百億円を要するにもかかわ
らず，社会から賞賛された。

　批判であれ賞賛であれ，そこで問われているのは企業の誠実さである。企業
に誠実さが求められているのである。こうした企業の「誠実さ」を表す概念は
経営学において「インテグリティ」と呼ばれている。

　本章では，この「インテグリティ」を取り上げる。まず，企業が倫理的にな
るための方法にはコンプライアンス・アプローチとインテグリティ・アプロー

チの２つがあることを示した上で，コンプライアンス・アプローチの限界について述べる。さらに，インテグリティを重視する企業経営の実際について，ジョンソン・エンド・ジョンソン社の事例を取り上げ，確認する。最後に，インテグリティ・マネジメントについて説明していく。

第2節　コンプライアンス・アプローチとインテグリティ・アプローチ[1]

　ペインによれば，倫理的な企業たるためのアプローチには，コンプライアンス・アプローチとインテグリティ・アプローチの２つが存在する。

　コンプライアンス・アプローチでは，倫理的であることを法令遵守と解釈する。合法的なことは倫理的だという認識である。コンプライアンス・アプローチを採用する企業は，自社の行動基準を策定するに際して，第一義的に法律を遵守することを目指す。この場合の倫理は，許容範囲を示す境界線ないしは制約条件のような意味を持つ。したがって，コンプライアンス・アプローチを採用する場合には，法令違反を避けることに焦点があてられ，規則や基準を遵守するために厳格な統制を課することになる。

　コンプライアンス・アプローチは第11章で取り上げた「連邦量刑ガイドライン」が発効して以来，多くのアメリカ企業において採用されてきた。「連邦量刑ガイドライン」のもとでは，法令違反を防止するためのプログラムを整備している企業が違法行為を犯した場合，その量刑が大幅に軽減される。そのため，従業員に対して法令遵守を強調する企業が増えたのである。こうした傾向はJ-SOXで揺れる日本企業にも見られる。

　インテグリティ・アプローチは，コンプライアンス・アプローチよりも幅広いもので，原則に従った自己規制に焦点があてられる。インテグリティ・アプローチを採用する企業は，倫理を行動制約条件とはとらえず，自らの行動の指針となるような価値観ととらえる。法令遵守自体は重要なことだと考えるが，それをもって倫理的であるとは考えない。法令遵守の範疇を超える重大な局面が存在すると考えるからである。

210

　インテグリティ・アプローチは以下の2つの特徴を持つ。第1に，法令は倫理的な基準のうちの一部分でしかなく，法令は当該企業における意思決定や行動がどうあるべきかを示唆するような重要な価値理念について触れるものではないとみなす。第2に，インテグリティ・アプローチでは，行動を正しい方向に導いていくためには，結果を管理することよりも過程を管理することの方が重要であるとみなされる。それゆえに，「倫理」は，法務部門に関わる機能ではなく，経営者・管理者に関わる機能だとされる。経営者はもとより，各階層

図表12-1　コンプライアンス・アプローチとインテグリティ・アプローチ

		コンプライアンス・アプローチ	インテグリティ・アプローチ
特徴	精神的基盤	外部から強制された基準への適合	自ら選定した基準による自己規制
	目的	違法行為の防止	責任ある行為の遂行
	リーダーシップ	弁護士主導	弁護士，人事担当者の協力の下に経営者主導
	方法	教育 個人裁量範囲の縮小 監査と統制 罰金	教育 リーダーシップ 明確な責任 組織全体の諸システム 意思決定プロセス 監査と統制 罰金
実践	前提とする人間像	物質的な自己利益に導かれる自立的存在	物質的な自己利益だけでなく，価値観，理想，同僚にも導かれる社会的存在
	基準	刑法と行政法	企業の価値観と願望 法律を含む社会的責任
	スタッフ	弁護士	経営者と管理者（弁護士などの協力）
	実施内容	適法基準の設定 教育とコミュニケーション 不正行為の報告の取扱 調査の実施 遵守状況監査の監督 基準の強制	企業の価値観と基準を自ら作成 教育とコミュニケーション 企業内システムへの組み込み 指導と相談の実施 価値達成度の評価 問題発見と解決 遵守状況の監督
	教育	適合基準とシステム	意思決定と価値観 適合基準とシステム

出所：リン・シャープ・ペイン著，梅津光弘・柴柳英二訳（1999）『ハーバードのケースで学ぶ　企業倫理』慶應義塾大学出版会，82ページに加筆修正。

の管理者自身が，組織をどのようにリードし，どのように管理していくかが，企業内に「倫理」を浸透・定着させる上で重要になってくる。

　2つのアプローチそのものの違いは，コンプライアンス・アプローチが，「〜するな」という立場をとるのに対して，インテグリティ・アプローチが，価値観に立って「〜しよう」という立場をとるということに集約できる。あるいは両者の違いは飼い犬を庭で遊ばせる方法という例え話で理解することも可能である。コンプライアンス・アプローチでは，飼い犬を庭で遊ばせたいと考え180cm のロープでイヌを木に括りつけ，木から180cm 以内で完全に自由に遊ばせるという方法をとる。他方，インテグリティ・アプローチでは，イヌに庭の使い方を教育・訓練した上で，ロープでつながずに自由を与えるという方法をとる。これら2つのアプローチの特徴をまとめたものが，図表12-1である。もちろん，2つのアプローチは，あくまでも理念型であり，ある企業の戦略が厳密にどちらかに分類されるというものではない。

第3節　コンプライアンス・アプローチの限界

1．コンプライアンス・アプローチの問題[2]

　法治国家であることを前提にするならば，法令を軽視するような企業の存在が許されるはずはない。その意味で，コンプライアンス・アプローチを否定することはできない。また，今日の企業を取り巻く環境の複雑さを考えると，コンプライアンス体制を構築しなければ，企業が法的責任を果たすことも困難であろう。しかしながら，コンプライアンス・アプローチにも限界が存在する。

　第1に，基準となる法令についての限界である。法令は一般性の高いものであるがゆえに，そこで規定されていることは平均的な存在に期待しうる水準を要求しているに過ぎない。より高いレベルを求めるならば，別の基準が必要である。また，法令は過去の状況に対応するために制定されたものであるため，社会の期待という観点で見ると，それは「過去」の期待となる。したがって，将来に関わる事柄の善悪を判断する基準にはなり得ない。さらに，コンプライ

アンス・アプローチは法令体系が整備された国を前提にしているため，途上国など法令体系が未整備の国や地域で，企業が事業活動を行う場合には，全社的な基準と整合性のとれた独自の基準を設定せざるを得ない。

第2に，組織運営における限界である。コンプライアンス・アプローチは基本的には裁量権を少なくし，監督を強化し，ルール違反に対して厳格な処分を科するという性格を持つ。これは，近年，拡大している企業内の低い階層にまで意思決定権限を委譲しようとする考え方とは指向性を異にするものである。また，コンプライアンス・アプローチを推し進めていけば，最終的にはコンプライアンス・マニュアルの分量は膨大なものとなる。しかしながら，分厚いコンプライアンス・マニュアルを参照しながら，業務を行うことは非現実的である。

実際に，企業に対する従業員からの要求の大半は，法令で定められた範囲で解決できるものではない。従業員の不満の多くは，人事や処遇の公正さ，意思決定の適切さ，管理者の言動の適切さなどに関するものである。そして，違法行為を引き起こす根本的な原因は，意思決定や行動規範，企業風土，報酬制度などの中に存在している場合が多い。コンプライアンス・アプローチに基づき整備されたシステムは，一般的にこのような部分にまで踏み込んでいない。以上を踏まえると，コンプライアンス・アプローチを採用することのみで倫理的な企業たり得ることには限界があるということが明らかになる。

2．インテグリティとCSR

近年，CSR（Corporate Social Responsibility, 企業の社会的責任）に注目が集まっている。ここでは，CSR という観点からも企業のインテグリティについて考えてみよう。

CSR の代表的な定義は「企業が社会からの様々な期待や要請に応えること」というものである。この定義に従うならば，企業が CSR を遂行するためには社会からの様々な期待に対応する必要がある。こうした期待をカテゴリーごとに整理したものがキャロルによる社会的責任の「ピラミッド・モデル」である

図表12-2　社会的責任のピラミッド・モデルと行動期待・役割期待

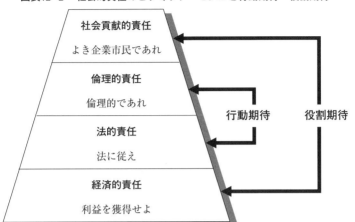

出所：Carroll, A. B., A. K. Buchholtz（2006）*Business & Society: Ethics and Stakeholder Management*, South-Western, p. 39に加筆。

（図表12-2）。これは CSR を経済的責任，法的責任，倫理的責任，社会貢献的（philanthropic）責任という4つのパートに分けて考えるというものである[3]。

　ピラミッド・モデルの最下層に位置づけられるのは経済的責任である。これは企業には社会の求める財・サービスを提供し，利益をあげる責任があるということである。第2の層に位置づけられるのは法的責任である。企業には法律や規制といったルールの範囲内で業務を遂行することが期待される。第3の層は倫理的責任である。倫理的責任とは，企業が，成文化されてはいないが社会のメンバーによって期待されている活動を行う，あるいは逆に禁止されている活動を行わないようにするという責任である。一般に，倫理や価値の変化は法律の制定よりも先行する。したがって，法的責任を果たすだけでは不十分であることから，倫理的責任が求められるのである。最上層は社会貢献的責任である。具体的には，企業市民としての責任を果たすべく，フィランソロフィー（社会貢献活動）に取り組むことがその内容となる[4]。

　注意すべきは，この「ピラミッド・モデル」が果たすべき責任の順位を示したものではないということである。あくまで，CSR とは企業に経済的，法的，

倫理的, 社会貢献責任を同時に達成することを求めるものである。

このようにCSRをとらえた場合, 経済的責任と社会貢献的責任は, 企業に対して役割として期待されていることと見ることができる。つまり「役割期待」といえよう。他方, 法的責任と倫理的責任は, 企業が役割を果たす過程で適切に行動する, あるいは行動の結果に対して適切に対処することへの期待, すなわち「行動期待」と見なすことができるだろう。

ここでいう「行動期待」はインテグリティ・アプローチが想定する「倫理」に相当することから, インテグリティ・アプローチを採用する企業は, CSRを果たそうとしている企業だということがわかる。換言すれば, コンプライアンス・アプローチを採用するだけではCSRを十分果たしているとはいえないことになる。

また, この2つのアプローチがとらえる「倫理」の違いを示したものが図表12-3である。コンプライアンス・アプローチが想定する「倫理」は, 第10章でいう「狭義のコンプライアンス」に相当し, インテグリティ・アプローチが想定する「倫理」は「広義のコンプライアンス」に相当するといえよう。このように両アプローチを捉えると, 企業は, コンプライアンス・アプローチにと

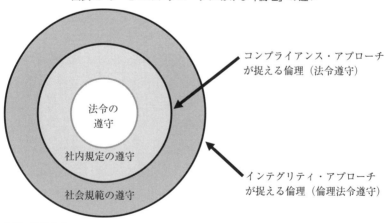

図表12-3　2つのアプローチにおける「倫理」の違い

出所：筆者作成。

第12章 インテグリティ・マネジメント　215

どまるのではなく，インテグリティ・アプローチを目指す必要があることが理解できるだろう。現実に，コンプライアンス・アプローチを採用していた企業がインテグリティ・アプローチに転換するケースも数多く見られる。

第4節　インテグリティ・アプローチを採用する企業の事例[5]
―ジョンソン・エンド・ジョンソン社―

　ここで，インテグリティ・アプローチの典型事例として，タイレノール事件の際のジョンソン・エンド・ジョンソン社（Johnson & Johnson）の対応を取り上げよう。

　ジョンソン・エンド・ジョンソンは1886年，手術用滅菌ガーゼ等の製造会社として創業し，その後，ヘルスケア市場の製品を増やすことにより事業を拡大した。1921年に発売されたバンドエイドは，同社の主力製品の1つである。現在は，一般消費者向製品（ベビーケア用品，絆創膏，大衆薬），医家向製品（手術着，縫合用糸，診断機器），医療用医薬品等を扱う総合ヘルスケアメーカーとなっている。

　ジョンソン・エンド・ジョンソンには，「我が信条（Our Credo）」という経営理念がある。これは1943年に3代目社長ロバート・ウッド・ジョンソンJr.によって起草されたものである。取締役会において「この文書はジョンソン・エンド・ジョンソンという会社の社会的責任を記したものである」とされて以来，ジョンソン・エンド・ジョンソンは一貫して，この「我が信条」を行動の拠り所としている。

　1982年9月30日，ジョンソン・エンド・ジョンソンの歴史において衝撃的な事件が発生した。タイレノール事件である。その朝，シカゴ・サン・タイムズ紙から，同社の鎮痛剤である「タイレノール（Extra Strength Tylenol：EST）」に，シアン化合物が違法に混入され，死者が出たという通報があった。48時間後までには犠牲者の数は7名に増えた。

　この事故に対するジョンソン・エンド・ジョンソンの対応は迅速だった。シ

カゴでの事件発生後，数時間以内に事件に関係したと考えられる製品と同じロットの全てのタイレノールの回収をアナウンスした。同ロットのサンプルに対するテストにおいて，製造段階での毒物混入の形跡が見られなかったにもかかわらず，この意思決定は素早くなされた。また，その日の正午までに同社から医師，病院，卸売業者に向けて危険を警告する電報が送られた。さらに，ジョンソン・エンド・ジョンソンは犯人逮捕につながる情報提供者には10万ドルの賞金をだすことを発表した。タイレノールの広告・宣伝は見合わせられ，タイレノールの製造工場のうちの１つの稼働を停止した。事件発生直後から，マスコミを通じた積極的な情報公開として，衛星放送を使った30都市にわたる同時放送，専用フリーダイアルの設置，新聞の一面広告，テレビ広告などの対応策も行われた。その後，模倣事件が多発し，ジョンソン・エンド・ジョンソンは全てのタイレノールの回収と全ストックの廃棄を決定した。これは小売値で１億ドルに相当し，ジョンソン・エンド・ジョンソンの税引き後の被害の影響はおよそ５千万ドルにのぼると予想された。

　事件を受けて，ジョンソン・エンド・ジョンソンはタイレノールの新しいパッケージを開発した。新パッケージは，異物混入を防ぐために３層密閉構造になっていた。また，タイレノールの売上回復のために，ジョンソン・エンド・ジョンソンは，事件直後から約２ヶ月間に渡り，可能な限りの対応策を行った。その対応策は，消費者だけにとどまらず，営業担当者による医師へのプレゼンテーションなど多方面に渡った。その結果，事件後２ヶ月で，事件前の80％まで売上を回復することができた。

　しかし，1986年，２回目のタイレノール事件が発生した。この時のジョンソン・エンド・ジョンソンの対応も迅速であった。事件から８日後には，ジョンソン・エンド・ジョンソンは全てのタイレノールカプセルを回収し，今後はカプセルを使用しないことを決定した。そして，異物混入を防ぐ更なる強化策として，薬の形状を「錠剤（ジェルキャップ）」に変更した。この年，ジョンソン・エンド・ジョンソンは一連の対応に関して，約１億５千万ドルのコストを負った。

第12章　インテグリティ・マネジメント　217

図表12-4　ジョンソン・エンド・ジョンソン社の我が信条（Our Credo）

我が信条

　我々の第一の責任は，我々の製品およびサービスを使用してくれる医師，看護師，患者，そして母親，父親をはじめとする，すべての顧客に対するものであると確信する。顧客一人一人のニーズに応えるにあたり，我々の行なうすべての活動は質的に高い水準のものでなければならない。適正価格を維持するため，我々は常に製品原価を引き下げる努力をしなければならない。顧客からの注文には，迅速，かつ正確に応えなければならない。我々の取引先には，適正な利益をあげる機会を提供しなければならない。

　我々の第二の責任は全社員―世界中で共に働く男性も女性も―に対するものである。社員一人一人は個人として尊重され，その尊厳と価値が認められなければならない。社員は安心して仕事に従事できなければならない。待遇は公正かつ適切でなければならず，働く環境は清潔で，整理整頓され，かつ安全でなければならない。社員が家族に対する責任を十分果たすことができるよう，配慮しなければならない。社員の提案，苦情が自由にできる環境でなければならない。能力ある人々には，雇用，能力開発および昇進の機会が平等に与えられなければならない。我々は有能な管理者を任命しなければならない。そして，その行動は公正，かつ道義にかなったものでなければならない。

　我々の第三の責任は，我々が生活し，働いている地域社会，更には全世界の共同社会に対するものである。我々は良き市民として，有益な社会事業および福祉に貢献し，適切な租税を負担しなければならない。我々は社会の発展，健康の増進，教育の改善に寄与する活動に参画しなければならない。我々が使用する施設を常に良好な状態に保ち，環境と資源の保護に努めなければならない。

　我々の第四の，そして最後の責任は，会社の株主に対するものである。事業は健全な利益を生まなければならない。我々は新しい考えを試みなければならない。研究開発は継続され，革新的な企画は開発され，失敗は償わなければならない。新しい設備を購入し，新しい施設を整備し，新しい製品を市場に導入しなければならない。逆境の時に備えて蓄積を行なわなければならない。これらすべての原則が実行されてはじめて，株主は正当な報酬を享受することができるものと確信する。

出所：ジョンソン・エンド・ジョンソン株式会社HP（http://www.jnj.co.jp/entrance/index.html，アクセス日：2010年2月14日）。

　このような大きな事件があったにも関わらず，タイレノールは再び消費者からの信頼を勝ち得ることができた。それは，「消費者への責任」を第一に考えた行動をとったことに起因する。一連の事件の際に，ジョンソン・エンド・ジョンソンは同社の経営理念である「我が信条」の「第一の責任」に立ち，意思決定を行った（図表12-4）。このことが社会から高く評価されたのである。4日）。

第5節　インテグリティ・マネジメント[6]

　誠実な組織を構築することは非常に困難な作業である。しかし，企業が社会的責任を真に果たすためには，そうしたことに取り組まなければならない。組織のインテグリティを構築し，維持する活動をここではインテグリティ・マネジメントとよぼう。このインテグリティ・マネジメントには，「倫理の枠組みを作る」「組織を構築する」「行動で模範を示す」「外部からの挑戦に立ち向かう」という4つのステップがある（図表12-5）。

　第1の課題は「倫理の枠組みを作る」ことである。インテグリティは責任と理想についての体系を前提にしている。したがって，企業はそうした前提を明確に定義した倫理の枠組みを構築しなければならない。

　倫理の枠組みの原理を作成するにあたっては，責任の概念に含まれる以下の3つの要素についての検討を行う必要がある。第1は目的であり，具体的には

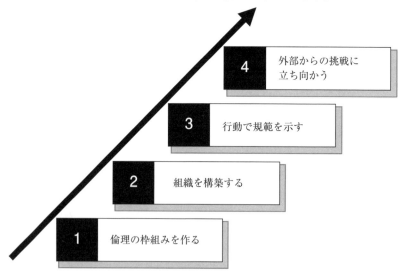

図表12-5　インテグリティ・マネジメントの4ステップ

出所：筆者作成。

第12章　インテグリティ・マネジメント　219

「この組織の究極の使命は何か」「その使命の達成を促進するために何を目標と
するか」という問いについての検討を通じて，組織の存在理由や価値観を明ら
かにしていくのである。第2は，原則であり，具体的には「この組織の義務は
何か」「この組織で正当な行動として許される権力の範囲はどの程度か」「どの
ような理想を掲げるか」という問いについての検討を通じて，組織の権利・義
務と価値観を確認していくのである。第3は，人間であり，具体的には「この
組織の重要な構成員は誰か」「それらの人々の権利，要求，正当な権利は何
か」という問いについての検討を通じて，組織が奉仕すべき社会の利益とは何
かを明らかにしていくのである。

　第2の課題は「組織を構築する」ことである。組織構造とシステム設計に注
意を払うことは，組織のインテグリティを構築し維持する上できわめて重要と
なる。組織構造やシステムが倫理の枠組みとの整合性を欠くことになると，組
織の構成員は混乱したメッセージを受け取ることになる。そうした状況に陥っ
た場合，組織の構成員は責任ある行動をとりにくくなる。逆に考えると，組織
構造，システムと倫理の枠組みとの間で整合性がとれている場合，組織の構成
員が責任ある行動をとる機会や能力，動機をもちやすくなる。このことによ
り，組織の中に倫理的な行動を促す状況を確立することができる。具体的に
は，リーダーシップと管理・監督，雇用と昇進，業績評価と報酬，計画立案と
目標設定，予算と資源配分，情報とコミュニケーション，監査と統制といった
システムについて，倫理の枠組みとの整合性を確認する必要がある。

　第3の課題は「行動で模範を示す」ことである。組織のインテグリティを構
築し維持する上で一番重要なことは，リーダーがそのことを行動で示すことで
ある。とりわけ，トップの行動はその企業の倫理的な姿勢をもっとも明確に示
すことになる。仮に，経営者，管理者が定められた倫理基準から明らかに逸脱
した行動をとった場合，従業員はそれ以降，その倫理基準を軽視するようにな
るだろう。また，自社の倫理基準，価値観にこだわることである種のリスクが
生まれる場合には，そうした価値基準，価値観を守り抜こうとするトップの強
力な意思表示が必要となってくる。前節で触れたジョンソン・エンド・ジョン

ソンのタイレノール事件の際の対応は，まさにこうしたケースにおける好例である。

第4の課題は「外部からの挑戦に立ち向かう」ことである。組織のインテグリティを妨げる要因が組織外部に存在することがある。例えば，競合他社が取引先に賄賂やリベートを渡している場合や競合他社が現場の安全性を軽視してまでコストを削減している場合には，自社が競争上不利な立場に追い込まれることから，組織のインテグリティの維持が困難になる可能性が高まる。そうした状況において，組織のインテグリティを維持していくためには，外部環境に対する働きかけが重要になる。具体的には，法律や規制を変えるように働きかけたり，業界慣行を変えるように働きかけたりするような行動が想定される。

以上のようなステップを踏むことで，組織のインテグリティの構築と維持が達成されることになる。

第6節　おわりに

本章ではインテグリティならびにインテグリティ・マネジメントについてみてきた。

倫理的な企業，あるいは社会的責任を果たす企業であるためには，コンプライアンス・アプローチを採用するだけでは不十分である。インテグリティ・アプローチを採用することが重要になる。

しかしながら，コンプライアンス・アプローチとインテグリティ・アプローチが対立するものであると考えてはいけない。両者は相反するアプローチではなく，むしろ相互に補完しあう関係だからである。その意味では，2つのアプローチを適切に組み合わせながら，組織のインテグリティを高めていく必要がある[7]。

とはいえ，インテグリティ・アプローチも万能ではない。経営者や管理者が前節で触れた4つのステップに基づき，インテグリティ・マネジメントを展開したとしても，自らが倫理的な失敗を犯したり，自社が大きな過ちを犯したり

第12章　インテグリティ・マネジメント　221

する可能性を完全に排除することはできない。

　高い水準のインテグリティをもつ組織を構築し，そういう状態を維持するためには，責任を受け入れ，正しいことを行うことに対する強い意志が必要である。こうした取り組みが成功するか否かは，経営者，管理者の知識，技能，努力に依存している。また，非倫理的な行動や無責任な行動は組織の構造やシステムのいずれかに不備があることの証明でもある。経営者，管理者には，そうした組織構造やシステムの不備や不十分さに対する不断のチェックも必要である。

　インテグリティ・マネジメントは継続的な取り組みである。経営者は，コンプライアンス（法令遵守）のみを意識するのでなく，インテグリティ（誠実さ）を意識して，企業経営に取り組むことが社会から求められているのである。

【注】

（1）リン・シャープ・ペイン著，梅津光弘・柴柳英二訳（1999）『ハーバードのケースで学ぶ　企業倫理』慶應義塾大学出版会，79〜82ページ，ドーン–マリー・ドリスコル＆W．マイケル・ホフマン著，菱山隆二・小山博之訳（2001）『ビジネス倫理10のステップ』生産性出版，166〜167ページ。

（2）リン・シャープ・ペイン著，梅津光弘・柴柳英二訳（1999）『ハーバードのケースで学ぶ　企業倫理』慶應義塾大学出版会，82〜85ページ，ドーン–マリー・ドリスコル＆W．マイケル・ホフマン著，菱山隆二・小山博之訳（2001）『ビジネス倫理10のステップ』生産性出版，48ページ。

（3）Carroll, A. B., A. K. Buchholtz（2006）*Business & Society: Ethics and Stakeholder Management*, South-Western, p. 39.

（4）Carroll, A. B., A. K. Buchholtz（2006）*Business & Society: Ethics and Stakeholder Management*, South-Western, pp.40–41.

（5）Post, et al.（1996）*Business and Society: Corporate Strategy, Public Policy, Ethics 8th ed.*, McGraw-Hill, pp.558–575, ジョンソン・エンド・ジョンソン株式会社 HP（http://www.jnj.co.jp/entrance/index.html, アクセス日：2010年2月14日）.

（6）リン・シャープ・ペイン著，梅津光弘・柴柳英二訳（1999）『ハーバードのケースで

学ぶ　企業倫理』慶應義塾大学出版会，86〜92ページ。

（7）ドーン–マリー・ドリスコル＆W. マイケル・ホフマン著，菱山隆二・小山博之訳（2001）『ビジネス倫理10のステップ』生産性出版，34〜36ページ。

【参考文献】

企業倫理研究グループ（2007）『日本の企業倫理』白桃書房。

ドーン–マリー・ドリスコル＆W. マイケル・ホフマン著，菱山隆二・小山博之訳（2001）『ビジネス倫理10のステップ』生産性出版。

リン・シャープ・ペイン著，梅津光弘・柴柳英二訳（1999）『ハーバードのケースで学ぶ企業倫理』慶應義塾大学出版会。

第4部

環境経営

第13章
地球規模での課題と企業経営

第1節　背景（環境問題，持続可能な開発に関するこれまでの動向）

　地球規模での環境問題に関し，我が国での関心が高まり，環境保全への認識が強まったのは，1987年，環境と開発に関する世界委員会（WCED）が発表した報告書「我々共通の未来」（Our Common Future）を一つの契機としている（環境省[1]）。環境省は，地球環境問題を，一，「地球的規模の環境問題」（大気環境（温室効果，オゾン層の破壊），海洋生態系（海洋汚染，湿地等の減少），陸上生態系（熱帯林の減少，砂漠化等），野生生物の種の減少），二，「国境を越える環境問題」（酸性雨，地域海の汚染，廃棄物の越境移動等），三，「開発途上国の公害問題」と分けているが（環境省[2]。鈴木，1991年），点としての環境問題が，原因を作り出した場所や国に留まらず，面としての広がりを持っていく深刻な課題であることを述べている。また，これら環境への影響が，相互に因果関係を持つこともあり，更には，自然界との現象との効果もあり，影響の発生状況，時間的な変化，今後の影響等を予測していくことが難しい課題であると言われている（野村他編，2014年，勝田，2016年）。よって，これらの地球規模的な，または国境を越える問題は，一国の環境状態や数社の企業経営のみならず，最終的には，世界の人間の安全保障の問題や生存にも，直接関係しうる課題である。

　環境問題や持続可能な開発に向けた人類の努力の流れを振り返ると，大きく6つの時代に分けることができる[3]。過去を振り返り，個別の，または局地的な環境問題が，どの様に地球規模の問題として捉えられ，局地レベルのみな

らず，地球規模でも対処していくべきという流れになったかを考えて行きたい。また，同時に，環境問題への取組みが，「持続可能な開発」や「持続可能な社会」を考えていく際に，重要な示唆を与えてきたことも留意する必要がある。

1950〜1960年代
公害問題の顕著化

　日本での四大公害問題[4]をはじめ，米国や欧州での公害問題が顕著化した時代である。米国では，農薬や殺虫剤として使われていた化学薬品が，生態系全体に及ぼした影響についてレイチェル・カーソン（Rachel Carson）が『沈黙の春』で，その脅威を訴えている。春の季節に，森や町から鳥の鳴き声が消えた。鳥の姿も消えた。また，川に魚がいなくなった状況である[5]。これらの問題は，局地的な公害問題として捉えられていた。また，欧州では，工場，火力発電所，車から排出される大気汚染物質（主に硫黄酸化物と窒素酸化物）が原因で，大気汚染や酸性雨の問題が深刻になっていった時期でもある（バーバラ・ウォード（Barbara Ward）他著，1972年）。

1970年代
環境行政・法制度の確立，公害対策の進展。地球規模の環境問題への意識醸成

　日本では，1970年7月に公害対策本部が設置され，11月，所謂，公害国会が開催され，公害対策に関する14本の法案が提出され，その全てが可決された。また，それまで厚生省，通商産業省などの各省庁に分散していた公害規制に関する行政を一元的にとりまとめ，自然環境の保全・管理をあわせた環境庁が1971年に設置され，環境行政が動き始めた（地球環境経済研究会，1991年）。

　地球規模での環境問題への意識が明確になったのは，国連の下，初めて「国連人間環境会議[6]」（ストックホルム会議）が，1972年に開催されたことに象徴される（ウォード他著，前掲）。これは，上述の大気汚染や酸性雨の公害問題のみならず，人間の活動により悪化した環境が，喫緊の課題になりつつある中，1968年5月，スウェーデンが，人間環境について協議し，国際協力を進めて行

第13章　地球規模での課題と企業経営　227

くための会議を国連総会に提案したことが契機となっている[7]。同会議の開会スピーチでは，モーリス・ストロング（Maurice Strong）議長は，清潔な水の供給，海洋汚染，急速な都市化の影響による人々の都市での定住問題が優先事項と訴えている[8]。環境の悪化や公害による生態系への影響は，当然ながら，当初は局地的であっても，それが起きた場所にのみ留まるものではない。地球環境問題として，人々が取り上げ，議論するようになってきた背景には，ある一国で起きた環境問題が他国に影響を与えたり，または他国の公害や環境問題と相乗して負の影響が一層拡大し面的な課題になってきたからである（ウォード他著，前掲）。この様な面的広がりを持つ課題は，当然，一国のみで解決することは難しく，国際協力が必須であるからでもある。

　ローマクラブが，MIT（Massachusetts Institute of Technology）のメドウズ（Donella H. Meadows）らに委嘱した研究成果の『成長の限界』が，1972年に発表された。これは，「人類の危機に関するローマクラブのプロジェクトの報告」という副題が付いているとおり，特に先進国に対し大きな反響があった。結論には，「今日の世界人口，従来の工業化，汚染の排出，食糧生産，及び資源の活用をもって，現在の成長率が不変のまま続くならば，来たるべき100年以内に地球上の成長は限界点に到達するであろう[9]」と述べられており，これまで，成長のみを念頭においた政策を促進してきた先進国は，その様な政策を再検討する契機となった。まさに，従来通りの工業への投資，人口増加を続けて行くと，資源が枯渇し，環境は汚染され，成長は限界に達する。即ち，成長には限界がある。また，「緑の革命」[10]で穀物の増産に成功したように，技術で乗り越えられると過信していた我々に，技術のみでは解決できない問題があること，更に，技術をもってしても成長には限界があることを，ローマクラブの報告書は指摘したのである（鈴木，1991年）。

　この様に，我々の経済成長，社会開発の方針について，再考することが必要なタイミングで，スウェーデンは，開発の環境への影響について協議する会議の開催を国連に提案し，国連で初めて環境問題を扱う国際会議を開催することになり，特に，人間環境への影響について協議することとなったのである。

228

　よって，個別の，また局地的な公害問題について議論が進む中で，地球規模
での環境問題も協議され始め，且つ，この唯一の地球を守り，大切にしていく
責任があるとの共通意識の醸成が始まったのが，1970年代初頭である（バーバ
ラ・ウォード他，前掲）。他方，会議においては，環境保護を訴える先進国と，貧
困が環境破壊の原因と訴える途上国との間で，南北問題が露呈したと言われて
いる。しかし，世界の首脳が一堂に会し，環境について協議したことは，次の
ステップへの布石となった[11]。

1980年代
持続可能な開発の概念の登場

　1970年代の議論や教訓を経て，国際自然保護連合（IUCN）は，国連環境計画
（UNEP）と世界自然保護基金（WWF）と共に，「世界保全戦略：持続可能な開
発の為の生物資源保全[12]」を1980年に発行し，生物資源の「持続可能な利
用」の為には，生態系の自然回復のプロセスを尊重し，且つ地球上の生命を支
える生態系を保全する戦略を策定し，実施していく重要性を訴えた（勝田，
2016）。その後，「持続可能な開発」についての定義が，ブルントランド委員会
報告書（Brundtland Report）で初めて提示され，次世代のことも考慮した上での
開発，即ち世代間の公平を考えて開発していく必要性を強調した。

　「持続可能な開発とは，将来世代のニーズを満たす能力を損なうことなく，
現在の人々のニーズを満たす開発」と定義されている（ブルントランド委員会報告
書，1987年）。世代間の公平を考えると，限りある資源を，現在，どのように活
用するか，またどこまで活用できるのかが大きな課題となってくる。また，こ
れは，自国のみならず，他国のこと，他国の次世代のことも考えていく必要が
ある概念である。

1990年代
人間開発という概念。持続可能な開発に向けた行動基盤の確立

　これまで「開発」と言うと，経済開発がその目的であったが，1980年代か

ら，その考え方は，先進国を中心に徐々に拡大し，1990年には，アマルティア・セン（Amartya Sen），マフブーブル・ハック（Mahbub ul Haq）を中心として提唱された「人間開発」がある。これは，国連開発計画（UNDP）が1990年『人間開発報告書』と言う形で発表し，「開発」の指標は，従来の経済指標である国民総生産のみではなく，教育及び寿命（健康面）を考慮した３つの指標で考慮すべきと言う人間開発指標の重要性を訴えた。ここに環境面の指標はないが，健康で，快適な生活を営む結果の寿命を考慮すると言う点は，公害問題がなく，清浄な大気環境や水環境，バランスのとれた生態系も間接的に考慮されていると言うことになる。重要な点は，これまでの様に「経済」面のみを重視するのではなく，人間が，人間らしく生活をしていく為に必要な指標として，経済に加え，健康面と教育面を加えたことである。また，特に人間の能力開発に焦点を当てた開発という点である。経済開発は経済成長が真の目的ではなく，「人間」自身が，持っている能力を発揮していく為の自由や選択の機会を広げ，人間自身が成長していくことが重要と訴えている（セン『*Development as Freedom*』(1995年)）。

　また，1990年代は，途上国では，貧困であること，開発途上であることが，環境破壊の原因であるので，まず経済成長することが最優先との議論が，1980年代に引き続き，一層，盛んになった時期でもある。環境汚染に関するグズネッツ曲線[13]の概念を使った議論は，1990年代はじめに持ち出された。世界銀行の『世界開発報告書』(1992年) で，所得と安全な水，衛生状況，二酸化硫黄，二酸化炭素等の関係を検証しているが，報告書は，経済が成長していても，適切な政策と制度・組織があれば，環境を管理し，環境への負荷を避け，緩和していけることを説いている。要すれば，開発と環境保護は相反するものではなく，両方において，"win win"の状況を作り出していけると説明している。正に，開発と環境との関係を議論したのが，1992年の「国連環境開発会議」(リオサミット)[14] であり，この会議では，「環境と開発に関するリオ宣言」が発表され，地球規模でのパートナーシップを促進すると共に，持続可能な開発の為には，環境保護が開発過程において不可分であること等が宣言された。

230

他方，開発途上国，特に最貧国に対しては，それらの国が抱える特別な状況やニーズが最優先されるべきこと等も記述され，国ごとの現状やニーズに配慮された形になっている。また，リオ宣言を実施していくための行動計画，「アジェンダ21」も採択され，持続可能な開発に向けた行動基盤を作り，確立していくこととなった。更には，「気候変動枠組み条約」（UNFCCC），「生物多様性条約」（CBD）も採択されている。また，地球規模の環境保全活動の為の資金調達を目的とし，地球環境ファシリティ（Global Environmental Facility Trust Fund: GEF）が世界銀行の中に設置された。即ち，調達した資金を，地球規模の環境保護の為のプロジェクトに活用し，結果的に，環境に配慮した持続可能な経済開発を促進していくことを目指す基金であり，組織である。更には，「国連持続可能な開発委員会」（UNCSD）が創設され，持続可能な開発に向けた各国の努力をフォローし，促進していく役割を担った。

　以上の通り，リオサミットの結果，持続可能な開発を行動に繋げて行く為の体制作りが始まったことがわかる。同時に，この会議前には，ビジネス界との重要な準備があったことも述べておきたい。リオサミットに先立ち，国連環境開発会議（UNCED）事務局は，実際に開発事業を実施する企業の参画が重要であるとの観点から，産業界から会議に対しての提案を求めることを目的に，「持続可能な開発のためのビジネス会議」（World Business Council for Sustainable Development: WBCSD）を1990年に発足させ，世界から50人の経営者が参加した。翌年，WBCSD は，「ビジネスにおける持続性のある技術導入及びその推進のために環境の国際規格は重要な手段となり得る。国際標準化機構（International Organization for Standardization: ISO）は，この計画を実施するための適切な機関である」という提案を UNCED 事務局に行った（井上，2018年）。このビジネス会議からの提案を受け，ISO は検討を始め，1996年9月から10月にかけて，5種類の環境マネジメントシステム及び環境監査に関わる国際規格（ISO14000）が発行された。これを受け，同環境マネジメントシステムは，同年10月，日本で JIS 規格として制定された（井上，2018年）。右を契機に，ISO14001の日本企業の取得数は，1995年5件から，1997年に560件，1998年に

急増し1,500件を超え，2001年4月には6,261件，（三橋編，2001年）となり，2018年10月末現在，17,824企業が取得している[15]。よって，日本では，「環境経営」という言葉が普及し，まさに企業に浸透したのは，国際環境管理規格ISO 14001が発行され，認証取得で，日本が第1位になる1998年と言われている（井上，2018年）。

　更に，1990年代は，世界銀行等の国際金融機関のプロジェクト支援に対する説明責任が，非政府機関（NGOs）や市民団体から厳しく問われ，具体的な対処が取り始められた時期でもある。背景は，世界銀行等が融資したインフラ開発等のプロジェクト[16]により環境が悪化したり，住民移転の発生で，返って貧困に陥った人々が発生したという問題が取り上げられる様になったからである（クラーク，フォックス，トリケル編（Clark, Fox, Treakel），2003年，*"Demanding Accountability"*）。世界銀行では，1993年にインスペクション・パネルが設置された。これは，被害者が世銀に問題を指摘し，一定の手続きを踏むと，同パネルの専門家が，世銀と独立した形で現場を検証し，悪影響が出ている場合には，世銀に対し助言をし，改善を求める仕組みである。途上国政府による責任のみならず，国際機関による開発事業の支援の過程で引き起こされる環境問題も，国際的な問題として，特にNGOsにより取り上げられ，国際金融機関に対して対処を求める運動が増加していった時期でもある。

2000年代
貧困削減。ミレニアム開発目標に向けた動き

　1990年代後半より，国際通貨基金（IMF），世界銀行は，貧困や付随する社会問題の解決に向け，従来の経済成長のみではなく，貧困削減を重視する様になり，2000年代初頭より，包括的な開発を目指し，また，広くステークホルダーと議論し，「貧困削減戦略ペーパー」（Poverty Reduction Strategy Paper: PRSP）作りと，同戦略への資金供与を開始する。これは，「ペーパー」と名前がつくが，実際は，貧困削減に焦点を当てた国家の開発戦略である。

　また，2000年，国連ミレニアムサミットが開催され，「ミレニアム開発目

標[17]」（MDGs）が2001年に採択された。ここでは，途上国が達成すべき課題として，貧困や飢餓の削減，初等教育の普及，そして7番目の目標として，「環境の持続性の確保」が含まれている。また，先進国や国際機関は，途上国の持続可能な開発に向けた努力を支援し，協力していくことも含まれている（8番目の目標）。

　また，コフィー・アナン（Kofi Annan）国連事務総長が，世界のトップの経営者や財界人を対象に，1999年の世界経済フォーラムで，人権，労働，環境，汚職防止の原則（国連グローバル・コンパクト）を尊重した企業活動の実践を提唱[18]したことを受け，企業は，国際条約で担保されている普遍的価値をあらためて注視し，実践していくことになった。アナン事務総長は，全ての人が，平和と経済的な繁栄を享受できるようにするには，「人間の顔を持つグローバル市場」を選択すべきで，国連機関にとって，世界の経済・社会活動に大きな影響を与える企業とのパートナーシップが必須であり，且つ企業による積極的な実戦が重要であることを訴えている[19]。よって，この時期には，企業の社会的責任（CSR）としての役割が，社会でも注視される様になり，CSRとしての活動が，推進された時期でもある（勝田，2016年，堀内，2005，佐久間・田中編，2011）。

2010年代
持続可能な開発目標。気候変動対策を念頭にした脱炭素社会，循環型社会構築への動き

　MDGs の達成状況や教訓を踏まえ，様々なステークホルダー会議等を行い，最終的に「持続可能な開発目標」（SDGs）が，2015年9月，国連サミットで採択された[20]。正式な名称は，「我々の世界の変革：持続可能な開発の為の2030アジェンダ」である。名称の如く，正に現在の生活スタイルを含め，我々の社会，世界を転換，変革して行くことを皆で決意している[21]。MDGs と異なり，全ての国が達成の為の努力をする必要があり，包括的な目標となっている。SDGs の序文では，「このアジェンダは，人間（People），地球（Planet），繁

栄（Prosperity）の為の行動計画である」と述べている。また，「一人として取り残さない」という精神が基本方針となっており，上記の３つのＰに加え，普遍的な平和（Peace）を強化すること，パートナーシップ（Partnership）を拡大・強化することでの実施を強調しており，５つの「Ｐ」がキーワードとなっている。よって，今後の開発の方途が，「持続可能な開発」であり，その目標達成には，貧困対策，教育，ジェンダーの平等のみならず，持続可能な生産と消費，水資源，海洋資源，森林資源，気候変動等，環境分野に関する目標が多く含まれていることがわかる。

　また，2010年代は，気候変動に関する国際的な議論においても非常に重要な時期である。地球温暖化の影響が様々に起きる中，具体的に対応していく為に，政府レベルでの交渉と枠組み作りが進み，気候変動枠組条約第21回締約国会議（COP21）で，新たな法的枠組であるパリ協定が採択され（2015年12月12日），2016年11月４日に発効した[22]。パリ協定は，全ての国が参加し，公平且つ実効的な枠組みになるとの期待を受けて採択されたのである。パリ協定は，世界共通の長期目標として「産業革命前から，世界の平均気温上昇を２℃未満に抑えることを再確認しつつ，平均気温上昇を1.5℃までに制限することを目指す」（第２条）[23]としている。また，「全ての国は，国の削減目標（NDC[24]）を作成し，共有し，維持して行くこと，及びその目標を達成するために国内措置をとることを義務づけている」（第４条）。

　この様に，2015年は，持続可能な開発にとっても，気候変動にとっても，どちらも地球規模での課題であるが，非常に重要な取り決めがなされ，政府，企業，市民，全ての団体と個人が実践をしていかなければならないという時代に入った。そして，最大の課題は，単に気候変動やSDGsを意識するというのではなく，企業においては，SDGsを「主流化」していく，即ち，ビジネス戦略の中心に据えて実践していくことが求められる時代に入ったことである。その意味では，従来の慈善的なCSRを超えた，本来の意味での企業の社会的責任を果たすべく，持続可能な開発に貢献するというコミットメントになりつつあると言えよう。

第2節　新しい地球規模の課題及び視点

1. 生物多様性の危機，生態系サービス

　昨今の便利な生活をしていると忘れがちであるが，人間は，自然の営みと，その恩恵に大きく依存しながら，生産活動を行い，生活を営んでいる。他方，人間は，経済活動により公害を引き起こし，また生態系にも多大な負荷を与えてきた。生態系の重要性を知り，適切に保全して行くためには，まず，その重要性と人間の生活との関係性を正確に理解することが重要との目的で，デイリー（Gretchen C. Daily）編（1997年）は，地球の生命を支えている生態系サービスの重要性と，人間の健全な生活との関係性を，経済的価値による評価のみならず，生態系サービス全体を包括的に捉えようと試みている。自然の生態系サービスは多様であるが，大きく四つのカテゴリーに分けることができる[25]。

供給：食糧，水，木材，繊維，燃料等
調節：気候の調節，洪水の抑制，疫病の抑制，水の浄化作用等
基盤：養分循環，土壌の生成等
文化：精神的な安らぎ，リクリエーション等

　生態系サービスの各々の作用，人間及び自然界に対する裨益を検証して行くと，人間の生命それ自体，そして経済活動が，地球の自然生態系サービスが作り出すモノやサービスに，いかに大きく依存しているかを，あらためて理解することができる。例えば，蜜蜂により受粉がされ，花が実をつけ，結果的に人間がその果実を食することができる。これも生態系サービスの一つであるが，この試算方法は，もし，蜜蜂ではなく，人間が人工的に全ての作業を行った場合，どれぐらいのコストがかかるかを試算し，そのコストが，生態系サービスの価値と同等と考えるやり方である（デイリー編，1997年）。全てのコストをお金に換算することは不可能であるが，概ね，どれぐらいの恩恵を自然から受けているかが理解できる。デイリーをはじめとする複数の学者が導き出した主な結果は（前掲），（1）生態系サービスは，人類の生活には必須であること，

第13章　地球規模での課題と企業経営　235

（２）生態系サービスが提供している全サービスを，現代の技術が足りていると仮定して人工的に置き換えると，法外な費用がかかること，（３）生態系サービスの詳細や多面性を含めた全体像に関しての，我々の科学的，経済的な理解は未だ浅薄であること，（４）生態系の悪化により，特に，増え続ける悪影響により，いつ，どのような事態になるかが不明である為，慎重に考慮しなくてはいけない，ということである。簡潔に纏めると，生態系サービスを全て人工的なやり方に置き換えることは不可能なので，生態系サービスを良い状況で維持していくべきと言えるのではないだろうか。デイリーは，上記の結果を，より多くの人達と共有することにより，地球の生命を支え，維持している生態系サービスの重要性を，迅速に且つ適切に保全する方向に政策を改善していく必要性を訴えている。

　その自然界の生態系サービスの現状について，更に警鐘を鳴らした重要な報告書がある。国連が主導した，『ミレニアム生態系サービス評価』[26]である。これは，2001年から2005年の間に，世界の1,360名以上の科学者により，生態系サービスの現状を評価し，変化した生態系が，人間の良好な生活に，どのような影響を与えるかを評価し，科学的な根拠をもとに，生態系サービスを保全する為，及び持続可能な形で活用する為の行動について提案している。実際は，同評価の結果は，生物多様性の消失の進展等，我々に，生態系サービスの悪化の現状を突きつけ，一層深刻な警告を与えるものである。以下が，統合報告書で指摘されている４点である。

　（１）過去50年，人類は，急速に増加する食糧，水，木材，繊維，燃料の需要を満たす為，人類の歴史で比較のないほど，生態系サービスを急激に，且つ広範囲にわたり変化させた。これにより，地球上の生物多様性の非常に多くの，且つほぼ取り返しのつかない損失を引き起こした。

　（２）生態系サービスを変えた変化は，人間の良好な生活と経済開発にとって大きな利益をもたらしたが，この利益は，多くの生態系サービスを悪化させ，複雑なリスクの増加，貧困の悪化という増加するコストの上に得たものである。これらの課題に対処しなければ，将来の世代が

生態系サービスから得る恩恵を，大きく損なうことになるであろう。

（3）生態系サービスの悪化は，次の50年で甚大に進み，ミレニアム開発目標を達成する上での障害になる。

（4）生態系サービスへの増え続ける需要を満たす一方，生態系サービスの悪化を止めることは，本評価が検討した幾つかのシナリオで部分的には可能かもしれないが，その為には，現在，実施されていない政策，制度・組織，行動を取るという非常に大きな転換が必要である。悪影響を与えるトレードオフを減らす，または，他の生態系サービスとの相乗効果を考慮し，特定の生態系サービスを向上する，または保全するというオプションは存在する。（以上,『ミレニアム生態系サービス評価』
"Ecosystem and Human Well-being, Synthesis"）

　上述の通り，これは，我々の経済形態，生活形態に対して警告するものであり，且つ，次世代の生態系サービスの状況についてまでも警告をしている。

　更に，もう1つの新しい視点は，2009年，ヨハン・ロックストローム（Johan Rockström）等が提示した「プラネタリーバウンダリー」（地球の限界）と言う概念である[27]。これは，人類が，地球システムに起こした変化と負荷が限界に達していることを科学的に示した上で，地球規模での持続可能性を念頭にした新しいアプローチ，即ち人類が安全に生活できる範囲である「プラネタリーバウンダリー」を提案した。要すれば，世界の開発のための新しいパラダイムは，「安定的で回復力がある地球を定義する安全なプラネタリーバウンダリーの範囲内で，貧困の緩和と経済成長を追求する発展パラダイム」[28]が必要ということである。そして，監視していくべきバウンダリーが9つあり，それらは（1）気候変動，（2）新規化学物質，（3）成層圏オゾンの破壊，（4）大気エアロゾルの負荷，（5）海洋の酸性化，（6）生物地球化学的循環（リン，窒素），（7）淡水の消費，（8）土地利用の変化，（9）生物多様性（生物種の絶滅率，生態系機能の損失）である。このバウンダリーに対する現状について，2014年に更新され，生物種の絶滅率，リン，窒素の循環は不確実性を超えて「リスクが高い」領域になっており，気候変動，土地利用の変化は，「リスクが増大

第13章　地球規模での課題と企業経営　237

する」不確実性の領域との評価である[29]。ロックストローム（Rockström）他は，世界に向けて，地球システムが限界に近付きつつあるという警告を発し，人類の経済及び社会活動を，地球に再び結びつけることにより，「プラネタリーバウンダリー」の範囲内で，持続可能な開発を目指していくべきことを訴えている。要すれば，人間と自然が調和する，バランスが取れた関係の再構築である。プラネタリーバウンダリーの考え方は，国連やNGOsも取り入れており，日本の「第5次環境基本計画」[30]でも，その概念が使われている。

2．地球温暖化

　地球温暖化や気候変動は，地球科学の分野で論じられ，環境問題と捉えられる傾向が強かったが，ニコラス・スターン（Nicholas Stern）が，『気候変動の経済学に関するスターン報告』（2006年）で，「気候変動が，成長と開発に深刻な影響を与えうる」こと，また気候変動の最も深刻な影響は，最貧国に起きるが，先進国にも影響が起きることを示したことで，気候変動による経済への影響も，徐々に議論されるようになって行く。特に，途上国では，その懸念が強くなっていく。ノードハウス（William Nordhaus）は，地球温暖化は，市場取引の外にある「外部経済」であり，人間の経済活動や生活から排出される二酸化炭素によって生じる損失であると述べている（ノードハウス，2013年）[31]。また，地球温暖化が，非常に特別で，難しい問題であるのは，地球規模の外部性で，世界の人々の生活や経済活動が引き起こしている点であり，且つ長期にわたり，地球や人類，自然システム，生態系に影響を与えうる課題である為とも述べている（前掲）。この様に難しく，成長と開発に負の影響を与えうるが，スターンは，今，果敢な行動をとって行けば，気候変動の最悪の影響は避けることができる，また，気候を安定させるためのコストは莫大であるが，管理可能であり，遅れた場合は危険であり，より一層のコストがかかるであろうと予測した。その為，いち早く行動をとっていくことが経済的にも社会的にもコストを抑えることができると提案したのである（前掲）。ただ，気候変動対策に関する政府間交渉の合意は，2015年のパリ協定まで待つ結果となった。

気候変動のリスクについては，気候変動に関する政府間パネル（IPCC）の第5次評価報告書（2014年）によると，「人間の影響が20世紀半ば以降に観測された温暖化の支配的な要因であった可能性が極めて高い（95％以上）[32]」と述べており，第4次評価報告書での「可能性が高い（90％以上）」と比べても，より断言に近い形で言及している。また，政策策定者向けの要約では，「気候システムへの人間の影響は明確であり，ここ数年の人為的な温室効果ガスの排出は歴史上，最大である。最近の気候変動は，人間と自然システムに多大な影響を与えている [33]。」「気候システムの温暖化は明白であり，1950年代以降，観測された変化の多くは，数十年から数千年間にわたり前例がない [34]」としている。

また，世界のトップレベルの経営人や財界人が集う世界ビジネスフォーラムは，『グローバルリスク報告書』を専門家や政策決定者と共同で作成しており，人類が直面する最も喫緊なリスクを洗い出し，分析している。2012年から2017年の間で，発現可能性の高いリスクとして，上位3位までに，「温室効果ガスの排出量」や「極端な気象現象」が挙げられている。最新の『グローバルリスク報告書2018年』では，影響があり，発現可能性が高いものは，第1に極端な気象現象，第2に自然災害，第3に気候変動対策の失敗となっている。このように，ビジネスの世界でも，気候変動のビジネスへの悪影響の可能性，リスクの可能性が高いと分析されていることが理解できる。

更に，銀行，保険業界での話を一つだけ紹介する。2015年9月，イングランド銀行の総裁マーク・カーニー（Mark Carney）は，ロイズ（Lloyd's; 保険業界）の集まりで，「ホライズンの悲劇を打破する：気候変動と金融の安定」と言うスピーチを行い [35]，「気候変動はホライズンの悲劇」であり，迅速に対応を取らないと，気候変動が金融の安定を脅かすと訴えた。要すれば，人々は，既存の活動範囲や，通常のビジネスや政治サイクル等の時間軸を超えることに対し無頓着になるが，それを打破していくべきと訴えている。気候変動については，正に世代を超えて考える視点が必要であるが，長期的視点になればなるほど，その「ホライズン」（水平線）が見えなくなるので，結果的に対応をなおざりにする傾向が悲劇となることを警告している。また，市場が適切に機能でき

第13章　地球規模での課題と企業経営　239

るよう，透明性を確保し，必要な情報を提供することが重要であり，そのような市場によって，低炭素な活動に金融が流れる仕組みにして行くことが必要と述べている。

　気候変動について最新の情報では，2018年10月１日から６日にかけて開催されたIPCC第48回総会で議論された『1.5℃特別報告書』[36]であり，その政策決定者向け要約が参加国により承認され，報告書本編が受諾されたことの意義は大きい。右報告書により，以下の要約[37]が発表され，再度，我々に真剣な対応を考えさせる機会となった。IPCCは，これまでも気候変動交渉のベースとなる科学的な根拠や分析情報を提供してきたが，これらの最新情報は，2018年12月，ポーランドで開催されるCOP24の交渉のみならず，各国政府が気候変動対策を見直していく為，また企業や国民が行動をとって行く為にも貴重な科学的な情報となっている。

・人為的な活動により工業化以前と比べ現時点で既に約１℃（可能性のある範囲は0.8-1.2℃）温暖化しており，このペースで温暖化が続けば，2030年から2052年の間に1.5℃に達する可能性が高い。

・産業革命以前から現在までの人為的な排出による温暖化は，何百年から何千年にかけて続き，気象システムに一層長期的な変化を起こし続けるであろう。

・地域ごとの気候特性（気温，降水量等）は，現在1.5℃の地球温暖化との間，1.5℃と２℃の地球温暖化との間には有意な違いがあると予測された。

・1.5℃と２℃の地球温暖化の影響予測でどのような違いが生じるかの例は以下の通り。

　−海水面の上昇は，1.5℃の場合，２℃よりも約0.1m低くなる

　−夏季における北極の海氷の消滅は，1.5℃の場合は100年に１回程度，２℃の場合は10年に１回程度

　−サンゴへの影響は，1.5℃の場合70〜90％死滅，２℃の場合はほぼ全滅

240

・気温上昇が1.5℃を大きく超えないような排出経路は，世界の二酸化炭素排出量が2030年までに，2010年水準から約45％削減され，2050年前後には正味ゼロとなっている。

・その為には，エネルギー，土地，都市，インフラ（交通と建物を含む）及び産業システムにおける，急速かつ広範囲に及ぶ（脱炭素への）移行が必要であろう。

・パリ協定の下で，各国が現在提出している目標による2030年の排出量では，1.5℃に抑制できず，将来の大規模な二酸化炭素除去技術（Carbon Dioxide Removal: CDR）の導入が必要になる可能性がある。(IPCC, *Global Warming of* 1.5*C, Summary for Policymakers,* 2018)

　上述の通り，報告書によると，気温上昇を1.5℃以下にするか2℃以下にするかで，大きな違いが現象として現れることが理解でき，脱炭素社会に向け，我々の一層迅速で，一層大胆な取組が求められている。

第3節　非営利団体，非政府機関，企業，政府の動き

1．気候変動

1-1．非営利団体，非政府機関，企業の動き

　気候変動については，日本では，当然ながら，政府が関係する政策の調整や計画策定を行ったが，ここで最も注目すべきことは，国際的な規模では，欧米の非営利団体（NPOs）や非政府機関（NGOs）が積極的に動き出し，脱炭素化に向けた行動の重要性と必要性を訴える会議やセミナーを通じて，脱炭素化への賛同の輪作りの拡大，企業への後押しや意識向上の為のセミナー，企業の行動を促す為の枠組作りや技術的な協力等を実施して来たことである。これは，結果的に，世界規模で企業を後押しし，その波及効果が日々拡大している。具体的には，2014年9月23日，国家元首，民間企業経営者の代表，市民社会の代表を集め，ニューヨークで国連気候サミットが開催されたが，その直前に，

NPOs, NGOs は，脱炭素化に向けた流れに賛同する世界のビジネスリーダーを集め，産業界の取組みへの姿勢とコミットメントを表明し，大きなモメンタムを作った。この企画を担当したのは，英国の非営利団体で専門家グループである The Climate Group [38] であるが，対政府のみならず，産業界に対しても，非常に大きな反響を起こす結果となった。それは，登壇者を見ても理解できる。潘基文（Ban Ki-moon）国連事務総長をはじめ，ケリー（John F. Kerry）国務長官，クック（Tim Cook）Apple CEO，ポールマン（Paul Polman）ユニリーバ（Unilever）CEO 等である。また，元ニューヨーク市長で実業家のブルームバーグ（Michael Bloomberg）も，このイベントを支援してきている。そして，このイベントから，"WE MEAN BUSINESS COALITION [39]" という非営利の国際的な連合（プラットフォーム）が誕生した。この連合は，最も大きな影響をもたらすビジネス，企業とともに，低炭素経済への転換に向け，政策を高め，転換を加速していくことを目的としている。企業に対して働きかけ，企業が具体的な行動をとっていくことを後押しすることが活動の主体である。この連合の主要なパートナーであり，様々なイニシアチブを促進し，支援しているのは，7 つの非営利団体である。それらは，BSR（Business for Social Responsibility），CDP，Ceres，The B Team，The Climate Group，The Prince of Wale's，wbcsd である。

　更に，具体的なプログラムには，実施パートナーもおり，企業が気候変動対策をとっていくことを技術的にアドバイスし，支援している。以下の 7 分野で，具体的なイニシアチブが生まれた。NPOs や NGOs が先導するイニシアチブに，自主的に賛同し，実施していく企業が増えて来ているが，それは，気候変動による影響の深刻さを理解し，且つ対策を他企業より先じて取ることにより，ビジネス機会を獲得して行けると考える企業が増えている証ではないだろうか。

　以下のイニシアチブ [40] は，自主的に賛同した企業が，まずは「参加」を表明し，その後，例えば，RE100 であれば，再生可能エネルギー 100％ に転換していく為の具体的な目標と計画を作成し，それが，WE MEAN BUSINESS の

主体パートナーから認証されると，その企業が，RE100に参加したと公表され，また自社においても，RE100の会社であるとアピールしていける仕組みになっている。現在，アップル社をはじめ，世界155社[41] が認証を受けている。日本からはイオン，アスクル，積水ハウス，COOP SAPPOROが認証を受けている。

（1）ネットゼロ（Net-Zero）

　パリ協定に基づき，世界の平均気温の上昇を摂氏2度未満に抑えるために，企業が温室効果ガス削減目標を策定し，実施する。提出された削減目標が科学的な分析と整合性があるとSBTに認定されると[42]，その会社の目標は，「SBT（Science Based Targets）」となり，且つそれに向けて温室効果ガス削減努力をしていると，SBTの実施企業となる。現在，498社がSBT認証を得た科学的根拠を持つ気候変動対策の行動をとっており，151社が，SBT認証を得た科学的根拠に基づく温室効果ガス削減の為の目標をそれぞれ作成している[43]。日本では20社が削減目標をそれぞれ作成している[44]。

（2）エネルギー

　RE100[45]：再生可能エネルギーに100％転換することをコミットするイニシアチブ。現在，155社[46] がコミットしており，日本企業は，AEON Mallが2050年までに再エネに100％転換すると宣言している。その他の日本企業は，積水ハウス，大和ハウス，富士通，ソニー，ワタミが宣言しているが，目標達成年は様々である。ソニーは，米国においては，2030年までに100％再生可能エネルギーに，世界レベルにおいては，2040年までに100％再エネに転換することをコミットしている。

　EP100[47]：エネルギー効率の向上を目指すイニシアチブ

　エネルギー効率を倍増することにより，温室効果ガスの排出を削減し，クリーンな経済の構築を加速する取組。35社が加盟し[48]，日本企業としては，大和ハウスが2018年3月に初めて参加し，NTTも続いて参加している。大和ハウスは，2015年のベースラインと比較し，2040年までにエネル

第13章　地球規模での課題と企業経営　243

ギー生産性を倍増することを目標としている。

（3）都　市

BELOW 50 [49]：最も持続可能な燃料の国際市場を拡大することを目指す
企業や団体が連帯して行う国際的なキャンペーン

　従来の化石燃料と比較し，二酸化炭素の排出量を50％以下に抑えることが
できる持続可能な燃料の為のバリューチェーン全体を拡大していく。即ち，
バイオ燃料や二酸化炭素の排出量を50％以下に抑えることができる燃料の需
要と市場を作り，拡大して行くことを目的とする。

EV100 [50]：2030年までに，使用する車両を全て電気自動車にするという
目標

　目標に賛同し，実際に具体的な目標と計画を提示し，認証されると，
「EV100にコミットした企業」として発表され，また自社でもアピールでき
る。現在，IKEA, Unilever 等を含め26社がコミットしており，日本企業で
は，AEON Mall, アスクル，NTT の3社がコミットしている [51]。

（4）土　地

　森林伐採

　世界の温室効果ガスの約15％が，森林伐採による排出が占めていることを
踏まえ，2020年までに，全てのサプライチェーンから商品に押された森林伐
採を止めることを目指す。例えば，ブラジルで大豆栽培や牛の放牧地を拓く
為にアマゾンの森林が伐採され [52]，インドネシアでのパーム椰子栽培の為
に森林が伐採されているが，その様な持続可能でない農業を持続可能な方向
に転換し，森林伐採を止めるという運動である。

（5）産　業

　産業のカーボンフットプリントの削減

大規模な産業の操業現場を持つ企業は，国際規模での温室効果ガス削減に際

し，大きな役割を担っている。特に，短命な大気汚染物質（Short-lived Climate Pollutants（SLCPs））[53] の排出削減が重要であり，その為に具体的な行動をとっていくことである。

（6）実現に向けての推進力

　気候変動対策に強い会社の構築，カーボンプライシングの導入，気候関連財務情報開示タスクフォースによる提言へのコミットメントをし，実践していくこと。

（7）レジリアンス

　気候変動の影響を管理することであるが，この取組では，水の安全保障の改善を目指している。

　食糧，水，エネルギー供給について，気候変動による影響が既に出ている地域がある。よって，気候変動の影響に適応出来るよう対処していくことで，企業は，そのビジネス活動，サプライチェーンの活動，そして企業で働く人たちの生計を守ることができる。気候変動による影響に適応していく中でも，特に，水の安全保障の改善が必要で，省エネルギーで，品質の良い水供給を促進していく取組である。

　現在，WE MEAN BUSINESS には，世界の1,353社が，気候変動対策の為に大胆な行動をとることにコミットしており，日本企業は74社が参加している[54]。注目すべきは，WE MEAN BUSINESS が，「プラットフォーム」であり，その活動をコミュニケーションを取りながら調整し，支援し，促進しているのは複数の非営利団体である。しかし，世界の著名な金融機関や企業が参加し，その加盟社数は，日々，増加の傾向にある。また，このプラットフォームに賛同する企業を増やしていくことで，気候変動の対策を波及効果的に広げていこうという意図もある。地球規模の課題に対し，非営利団体や民間企業が，これだけ自主的に動き，且つ真剣な行動をとってきた課題は，

第13章　地球規模での課題と企業経営　245

気候変動をおいて，他には，まだないと言っても過言ではない。これは，政府間交渉に前進の為の圧力をかけ，また，いまだ気候変動対策に関心が薄い企業にも，刺激を与える運動となっている。

　日本の環境省は，「脱炭素経営による企業価値向上促進プログラム[(55)]」を設置し，これら上述のイニシアチブに参加を希望する日本企業への支援を始めている。これらの取組は，当然，任意であるが，企業が，自主的に，これらの取組に参加することで，自分達が気候変動に真剣に向き合い，行動していることを示すという宣伝効果もある。同時に，気候変動対策は，新しいビジネスチャンスでもある。また，科学的な情報の普及により，これ以上，対策を遅らせてはいけないという逼迫した意識の反映ともとれる。政府間の交渉，調整には，多くの時間を必要とするが，ビジネスが動き，変わり始めた意義は非常に大きい。実際に，私達が日々，生活に必要な製品や商品を製造，流通，販売しているのは企業なので，産業界の脱炭素に向けた自主的な動きは大いに歓迎すべきで，経済・社会構造の転換に繋がっていくことを期待したい。

　上記のような企業による自主的，主体的な動きに一層拍車をかける動きが，カリフォルニア州サンフランシスコでもあった。2018年9月に開催された「気候行動サミット[(56)]」であり，気候変動に対して強いコミットメントを持つ個人，自治体，企業，市民団体やNGOs等が主体となり開催された。会議の位置付けは非政府であるが，カリフォルニア州知事のジェリー・ブラウン氏（Jerry Brown）が共同議長の一人となっており，その他，マイケル・ブルームバーグ（Michael Bloomberg）等も共同議長となっている。会議では，今世紀半ばまでに，脱炭素化を目指し，実践している活動を共有し，参加者間で鼓舞しあった。また，このような非政府機関による集いの中で，参加者達は，パリ協定に基づく各国の削減目標達成へのコミットメントを強く持つように促し，一層の行動をとって行くことを訴えた。まさに，政府による具体的な政策や指示を待つのではなく，世界レベルで，企業や市民が，自ら動きだし，行動をとり始めたことは，大いに歓迎すべきことである。

上述の通り，WE MEAN BUSINESS の下，企業が具体的に行動を取れるイニシアチブや枠組が NGOs や NPOs により提供され，ビジネスの自主的な参加も進んできている。更には，政府や企業の行動を継続的に鼓舞し，促し続ける気候サミットや気候行動サミットの役割も重要である。この様な動きは，従来の政府が規制を策定し，それに対し，産業界は遵守するように努めるという，これまでの流れを変える新しい動きである。正に，市民レベル，企業レベルの自主的な運動と行動が発展してきていることを示している。更に，自主的に実践を進めている企業の動きは，今や，CSR という従来の枠を超え，気候変動対策を主流化し，「脱炭素化」に向けて動き始めている。

1-2. 政府による目標設定

　日本の企業や国民にとって，気候変動対策について，最も重要な方向性と目標設定となったのは，2015年12月の国連気候変動枠組条約第21回締約国会議（COP21）の開催前に，政府が策定した，2020年以降の温室効果ガスの排出削減目標を含む「約束草案（Intended Nationally Determined Contributions: INDC）」である。これは，国連気候変動枠組条約第19回締約国会議（COP19）の決定により，各国に求められていたものである。日本の約束草案については，中央環境審議会地球環境部会やワーキンググループ等での検討を経て，第29回地球温暖化対策推進本部（2015年6月開催）で政府原案を取り纏め，その後，パブリックコメントを経て，最終的に，第30回地球温暖化対策推進本部で決定された（2015年7月17日）。

　約束草案は，以下の通りである。
「2020年以降の温室効果ガス削減に向けた我が国の約束草案は，エネルギーミックスと整合的なものとなるよう，技術的制約，コスト面の課題などを十分に考慮した裏付けのある対策・施策や技術の積み上げによる実現可能な削減目標として，国内の排出削減・吸収量の確保により，2030年度に2013年度比▲26.0%（2005年度比▲25.4%）の水準（約10億4,200万 t-CO_2）にすることとする。

第13章　地球規模での課題と企業経営　247

対象範囲：全ての分野（エネルギー（燃料の燃焼（エネルギー産業，製造業及び建設業，運輸，業務，家庭，農林水産業，その他），燃料からの漏出，二酸化炭素の輸送及び貯留），工業プロセス及び製品の利用，農業，土地利用，土地利用変化及び林業（LULUCF）並びに廃棄物）

・対象ガス：CO_2，CH_4，N_2O，HFCs，PFCs，SF_6及びNF_3。
　カバー率：100%

温室効果ガス排出量の削減に関するエネルギー起源二酸化炭素：
我が国の温室効果ガス排出量の9割を占めるエネルギー起源二酸化炭素の排出量については，2013年度比▲25.0%（2005年度比▲24.0%）の水準（約9億2,700万$t\text{-}CO_2$）であり，各部門における2030年度の排出量の目安は，以下の表の通りである。

図表13-1　エネルギー起源，二酸化炭素の各部門の排出量の目安

	2030年度の各部門の排出量の目安	2013年度（2005年度）
エネルギー起源CO_2	927	1,235（1,219）
産業部門	401	429　（457）
業務その他部門	168	279　（239）
家庭部門	122	201　（180）
運輸部門	163	225　（240）
エネルギー転換部門	73	101　（104）

出所：「日本の約束草案」地球温暖化対策推進本部決定（2015年7月17日）
（単位：百万$t\text{-}CO_2$）

　当然ではあるが，「産業部門」によるエネルギー起源二酸化炭素排出量が圧倒的に多く，その後に「業務その他部門」が続いている。但し，削減目標の割合で見ると，「業務その他部門」と，「家庭部門」は，2013年度比で約40%の削減を見込んでいるが，「産業部門」は，約6.6%となっており，経済への考慮から，排出量が多い部門から，より多くの排出削減をするというアプローチにはなっていない。

248

　また，2013年度の電源エネルギーミックスと2030年の削減目標における電源エネルギーミックスの比較は，以下の通りである。

図表13-2　2013年度の電源エネルギーミックスと2030年度の削減目標におけるエネルギーミックス

	2013年度	2030年度（目標）
再生可能エネルギー	10.7%	22-24%程度
原子力	1%	20-22%程度
天然ガス	43%	27%程度
石炭	30%	26%程度
石油	15%	3%程度
（再生可能エネルギーの内訳）		
太陽光		7%程度
風力		1.7%程度
地熱		1.0-1.1%程度
水力		8.8-9.2%程度
バイオマス		3.7-4.6%程度

出所：「日本の約束草案」地球温暖化対策推進本部決定（2015年7月17日）[57]

　なお，約束草案（INDC）は，パリ協定発効後は，「削減目標」（NDC）[58]となり，日本をはじめ，各国は自分達で掲げた目標達成の為に，現在，施策を実施中であるが，UNEP の報告書（UN Emissions Gap Report 2018）は，世界各国が掲げている削減目標では，2100年までに世界の平均気温が3℃上昇し，その後も上昇するであろうと指摘している。また，2℃未満のシナリオを達成するには，世界レベルで今の削減目標の3倍の，1.5℃シナリオを達成するには，今の5倍程度の努力が必要であろうと予測しており，各国の一層の削減努力が求められている[59]。

2．持続可能な開発目標（SDGs）に向けた政府，企業の動き

　国連総会での SDGs の採択を受け，国内では，内閣に「持続可能な開発目標（SDGs）推進本部」の設置が2016年5月20日に閣議決定され[60]，内閣総理大臣

を本部長，内閣官房長官及び外務大臣を副本部長，他の全ての国務大臣を本部員とする実施体制となった。右体制を受け関係省庁で，様々なアプローチを以ってSDGs達成に向けた努力の後押しをしている。例えば環境省では，2016年8月より，ステークホルダー会議を定期的に開催し，国内外の企業の現状や先駆的な取組を紹介しつつ，研究者や市民団体の代表等との対話を進め，一部の企業の具体的な取組が，他の企業を刺激し，波及効果が広がって行くように後押しをしてきている[61]。

　また，SDGs推進本部は，「ジャパンSDGsアワード」の表彰を2017年9月から開始し，SDGs達成に向け尽力している企業・団体等の取組を促し，優れた取組を行っている企業・団体等を表彰している[62]。2017年度は，北海道下川町がSDGs推進本部長表彰を受けている。下川町は，森林総合産業の構築（経済），地域エネルギー自給と低炭素化（環境），超高齢化対応社会の創造（社会）に取組んできたこと等が大きく評価された[63]。また，企業では，サラヤ株式会社がウガンダとカンボジアで，手洗いを基本とする衛生の向上の為の取組を推進，持続可能なパーム油類の使用や，アブラヤシ生産地の生物多様性の保全，消費者へのエシカル消費の啓発を実施した等の理由でSDGs副本部長賞を受けている。サラヤは，SDGs達成の為の取組を前面に押し出し，各事業をSDGsと関連づけ，具体的に行動して行くことにコミットをし，SDGsの主流化に向けて努力を続けている[64]。

　その他の企業では，例えば，損保ジャパン日本興亜ホールディングズ株式会社では，いち早く経営層向けの勉強会を始め，2012年に策定したCSR重点課題の見直しを行い，SDGs達成への貢献を見据え，新たな課題を設定した。5つの重点課題は，（1）防災・減災への取組み，（2）健康・福祉への貢献，（3）地球環境問題への対応，（4）よりよいコミュニティ・社会づくり，（5）ダイバーシティの推進・啓発である。上記の通り，SDGs達成により貢献できる形での課題と戦略づくりをしている[65]。更に，タイ，インドネシア等で，「東南アジアの天候インデックス保険」を国際協力機構（JICA）や，JBICの協力を得て実施し，気温，降水量での天候指標が，事前に定めた一定条件を満たした場合に

定額の保険金を支払う保険商品を始めている[66]。これらは，気候変動の影響を受ける途上国の小規模農家の生計を守ることに貢献していると言われている。

　国内外のSDGs達成に向けた様々な動きに鑑み，個別企業のみならず，経団連は，「Society 5.0[67]の実現を通じたSDGsの達成を柱として企業行動憲章を改定する」と発表し，企業行動憲章を7年ぶりに改定した[68]（2017年11月8日）。前回の改定は2010年のISO26000（企業の社会的責任に関する国際規格）の制定に対応したものであった為，企業の社会的責任が強調されていた。しかし，今回の改定では，「会員企業は，持続可能な社会の実現が企業の発展の基盤であることを認識し，広く社会に有用で新たな付加価値及び雇用の創出，ESG（環境・社会・ガバナンス）に配慮した経営の推進により，社会的責任への取組みを進める。また自社のみならず，グループ企業，サプライチェーンに対しても行動変革を促すと共に，多様な組織との協働を通じて，Society 5.0の実現，SDGsの達成に向けて行動する[69]」と明記しており，会員企業が，SDGs達成に向けて，自社のみならず，サプライチェーン内の行動も促進しつつ，努力して行くことが明示され，日本国内の個別企業のみならず，経団連としても，SDGs達成の為に加速的に動き出したことが示されている。

　上記の官邸主導で始まったSDGs推進の動き及び民間企業への後押しに加え，社会のビジョンを提示し，企業や国民の努力を支援する政府の役割も，これまでにも増して重要である。環境省は「第5次環境基本計画」を取りまとめ，2018年4月17日，同基本計画は閣議決定された。同基本計画は，我が国が抱える環境，経済，社会の問題を統合的に解決していくことを目指し，持続可能な社会に向けた基本的方針を，「第4次環境基本計画」より，一層明確に打ち出している。アプローチとしては，森，川，里，海という自然の生態系が持つ豊かさをベースに，都市と農山漁村が連携，共生することによる「地域循環共生圏」の確立を目指している。また，6つの重点戦略は，それぞれがSDGsの複数の目標と連動している。第1の重点戦略は，「持続可能な生産と消費を実現するグリーンな経済システムの構築」であり，より具体的な施策としては，（1）企業戦略における環境ビジネスの拡大・環境配慮の主流化，（2）国内資

源の最大限の活用による国際収支の改善・産業競争力の強化，（3）金融を通じたグリーンな経済システムの構築，（4）グリーンな経済システムの基盤となる税制である。上記の重点施策を見ると，今後は，企業戦略における環境配慮の主流化，徹底した省エネや再エネの推進，更に，金融や税制を活用したマクロレベルでの，経済・社会活動の転換が求められていく方向性であることがわかる。更に，技術においても「持続可能性を支える技術の開発・普及」（第5重点戦略）となっており，一貫して持続可能な経済・社会づくりを位置づけている。

第4節　これからの企業経営と展望

　上述のとおり，現代社会は，様々な深刻な地球規模的な課題に直面している。日本が，自国においてSDGsを完全に達成していく為に尽力することは当然であるが，自国で達成する為の努力のみならず，途上国とも協働し，途上国でのSDGsを達成していく為のパートナーシップに基づく行動も必要である。また，気候変動対策，更にはプラネタリーバウンダリーの視点から見た地球の危機，更には，その視点に基づく新たな開発のパラダイムも考慮しなくてはならない。これらは，持続可能な資源の活用や環境問題を，もはや国レベルで考えるのではなく，人類という視点に立ち，地球レベルで考えていかなければ，人類にとって，取り返しがつかなくなるであろうとの考え方であり，今を生きる我々にとっての大きな挑戦でもある。また，そうでなければ，既に地球レベルでは，赤信号とみなされている窒素の排出や，二酸化炭素の排出，生物多様性損失の危機について，十分な対処が出来ず，結果的に，人類にとって生産，生存の基盤を失ってしまうという逼迫した危機感に立たなければならない。その意味で，今後の企業経営は，これら逼迫した地球規模的な課題を踏まえ，持続可能な視点や行動を，経営戦略及び事業計画に主流化した形で対応していくことが，一層，強く求められていくであろう。そうでなければ，持続可能な社会，循環型社会，脱炭素社会という新たな時代を拓くビジネスチャンスを逃すのみならず，地球にとっても，取り返しのつかないことになってしまうであろ

う。上述の社会を構築するには，法律による規制のみならず，市場経済のツール，そして技術革新による貢献も期待されている。また，倫理面で律する力や教育も重要である。更に，消費者をはじめとするステークホルダーは，企業の地球規模的課題への取組を，一層，厳しく監視し，消費活動を通して，その企業製品やサービスを選択していく時代になりつつある。これまで，日本企業の取組の多くで見られた慈善的，または限られた社会貢献的な CSR ではなく，今後は，SDGs の達成，脱炭素化社会の構築というビジョンの下，企業の経営戦略の中に，これらの視点が統合され，商品やサービスの提供のみならず，ビジネス活動そのもの及びプロセス全体が，社会にプラスの効果を創出していく活動が求められる時代になって行くであろう。結果的には，ビジネス活動そのものが，循環型経済に基づき，脱炭素による製造プロセスや物流システムが構築され，SDGs 達成に直接的に貢献して行くことになるであろう。日本のより多くの企業が，この波に乗り，成功して行くことを期待するとともに，これらの重要な視点を深く理解し，行動できる人材の育成も急務である。

【注】

（1）『平成元年版 環境白書』。

（2）『昭和63年版 環境白書』。

（3）環境省パンフレット「環境省の歩み」（2010年）参照。

（4）水俣病，新潟水俣病，イタイイタイ病，四日市ぜんそく。

（5）1958年前後に，イリノイ州，ミシシッピ州，ルイジアナ州，アラバマ州で鳥の姿が消えたことが書かれている。また，カーソンは，カナダ東部のミラミッチ川，米国メイン州でも，DDT の大量散布の影響で，鮭やマスの姿が消えたことにも言及している。

（6）https://sustainabledevelopment.un.org/milestones/humanenvironment

（7）国連 HP　legal.un.org/avl/ha/dunche/dunche.html

（8）http://www.mauricestrong.net/index.php/speeches-remarks3/103-stockholm

（9）日本語版 大来佐武郎監訳『成長の限界』（ダイヤモンド社）。

（10）途上国の飢餓に対処する為，ロックフェラー財団が，1940年代から1960年代にかけて，ノーマン・ボーローグ（Norman E. Borlaug）等と推進した農業技術革命。高収量

品種，化学肥料，灌漑技術の導入により，穀物生産量を増加することに貢献した。但し，近年では，環境負荷への批判や社会的コストについての批判も指摘されている。

    https://rockfound.rockarch.org/agriculture

(11) Report of the United Nations Conference on Human Development, U. N., 1972.

(12) 英文正式名は "World Conservation Strategy: Living Resource Conservation for Sustainable Development"。同戦略は，政府の政策策定者，保全活動家，開発案件の実施者（援助機関等を含む）向けに作成された。「持続可能な開発」という言葉は使われているが，明確な定義はなく，「生物資源の持続可能な利用」を念頭に，生命を支える生態系維持の為の保全活動を重視することを強調している。

(13) 一人当りの収入が低い時は環境負荷が増加するが，一定の収入，豊かさになると，それ以降は，環境改善に力を入れることができるので，環境改善が進むという概念。

(14) http://www.un.org/geninfo/bp/enviro.html

(15) http://www.jab.or.jp/system/iso/statistic/iso_14001.html

(16) 典型的な事例として，大規模な水力発電所や高速道路建設の為の森林伐採や住民移転が挙げられる。

(17) http://www.un.org/millenniumgoals/

(18) 国連グローバル・コンパクトは，人権，労働，環境，汚職防止に関する10原則を掲げ，企業が，この10原則に沿って責任あるビジネスを実践して行くとをサポートするイニシアティブ。https://www.unglobalcompact.org/what-is-gc

(19) https://www.un.org/press/en/1999/19990201.sgsm6881.html

(20) https://sustainabledevelopment.un.org/sdgs

(21) https://sustainabledevelopment.un.org/post2015/transformingourworld

(22) https://unfccc.int/process/the-paris-agreement/status-of-ratification

(23) https://unfccc.int/process-and-meetings/the-paris-agreement/what-is-the-paris-agreement

(24) Nationally Determined Contribution

(25) *Millennium Ecosystem Assessment*, 2005

(26) https://www.millenniumassessment.org/en/Reports.html

(27) "A safe operating space for humanity", *Nature*, Vol 461, Issue no. 7263, 24 September 2009

(28) Johan Rockström and Mattias Klum (2015) *"Big World Small Planet"*. 同書は，2009年，*Nature* での発表後，検証を重ね，広い読者を対象にした書籍。和訳版は谷淳也・森秀行ほか訳『小さな地球の大きな世界』（丸善出版，2018）を参照。

(29) 和訳版（前掲）参照。

254

(30) 環境基本法第15条に基づき，環境の保全に関する総合的かつ長期的な施策の大綱等を定めるもの（環境省ホームページ）。

(31) 和訳版 藤崎香訳参照。

(32) IPCC, AR 5 WG I SPM p.17

(33) IPCC Climate Change 2014 Synthesis Report, Summary for Policymakers, SPM1

(34) IPCC 同上，SPM1.1

(35) https://www.bankofengland.co.uk/speech/2015/breaking-the-tragedy-of-the-horizon-climate-change-and-financial-stability

(36) http://ipcc.ch/report/sr15/
　　　正式タイトルは，「気候変動の脅威への世界的な対応の強化，持続可能な発展及び貧困撲滅の文脈において，工業化以前の水準から1.5℃の気温上昇にかかる影響や，関連する地球全体での温室効果ガス排出経路に関する特別報告書」)（環境省訳)

(37) http://ipcc.ch/pdf/special-reports/sr15/sr15_spm_final.pdf。環境省の仮訳参照。

(38) https://www.theclimategroup.org

(39) https://www.wemeanbusinesscoalition.org

(40) "WE MEAN BUSINESS COALITION" の HP（前掲）参照。

(41) 2018年11月24日現在。http://there100.org/companies

(42) CDP, UN Global Compact, World Resources Institute（WRI），WWF に所属する専門家が，SBT として目標の審査と認定を行なっている。

(43) 2018年11月24日現在。https://sciencebasedtargets.org/companies-taking-action/

(44) 2018年11月24日現在。

(45) http://there100.org/companies

(46) 2018年11月24日現在。

(47) https://www.theclimategroup.org/project/ep100

(48) 2018年11月24日現在。https://www.theclimategroup.org/ep100-members

(49) https://www.wbcsd.org/Programs/Climate-and-Energy/Climate/Transforming-Heavy-Transport/below50

(50) https://www.theclimategroup.org/project/ev100

(51) https://www.theclimategroup.org/ev100-members

(52) 世界の環境情報，現状分析を発信する Mongabay ホームページを参照。https://data.mongabay.com/brazil.html, https://news.mongabay.com/2017/02/soy-invasion-poses-imminent-threat-to-amazon-say-agricultural-experts/

(53) メタン，ブラックカーボン，対流圏オゾン，HFCs

(54) 2018年11月24日現在。

（55）同プログラムは，（1）SBT や RE100などの目標設定の支援，（2）SBT や RE100などの目標に向けて削減行動の支援，（3）TCFD に沿った気候変動リスク・チャンスを織り込む経営の支援が実施される（環境省ホームページ）。

（56）https://www.globalclimateactionsummit.org/step-up/

（57）https://www4.unfccc.int/sites/submissions/indc/Submission%20Pages/submissions.aspx

（58）NDC: Nationally Determined Contributions

（59）https://www.unenvironment.org/resources/emissions-gap-report-2018

（60）http://www.kantei.go.jp/jp/singi/sdgs/

（61）環境省 HP。

（62）https://www.mofa.go.jp/mofaj/gaiko/oda/sdgs/award/index.html

（63）https://www.mofa.go.jp/mofaj/gaiko/oda/sdgs/pdf/award1_1.pdf

（64）https://www.saraya.com/csr/csr/message.html

（65）2016年 8 月開催された「SDGs ステークホルダーミーティング」（環境省開催）で，損保ジャパンが発表した資料による。

（66）同上。

（67）内閣府が，「第 5 期科学技術基本計画」において，我が国が目指すべき未来社会の姿として提唱した。Society 5.0は，狩猟社会（Society 1.0），農耕社会（Society 2.0），工業社会（Society 3.0），情報社会（Society 4.0）に続く新たな社会。IoT（Internet of Things）で全ての人とモノが繋がり，様々な知識や情報が共有され，新たな価値を生み出すことで，課題や困難を克服して行く社会。

（68）http://www.keidanren.or.jp/policy/cgcb/charter2017.html

（69）http://www.keidanren.or.jp/policy/cgcb/charter2017.html#ref1

【参考文献】

井上尚之（2018）『サステナビリティ経営』大阪公立大学共同出版会。

勝田悟（2016）『環境責任：CSR の取り組みと視点』中央経済社。

佐久間信夫編（2002）『よくわかる企業論　第 2 版』ミネルヴァ書房。

佐久間信夫・田中信弘編（2011）『現代 CSR 経営要論』創成社。

鈴木幸毅（1991）『環境問題と企業責任：企業社会における管理と運動』中央経済社。

地球環境経済研究会編著（1991）『日本の公害経験：環境に配慮しない経済の不経済』合同出版。

野村佐智代・佐久間信夫・鶴田佳史編著（2014）『よくわかる環境経営』ミネルヴァ書房。

堀内行蔵・向井常雄（2006）『実践環境経営論：戦略論的アプローチ』東洋経済新報社。

三橋規宏編（2001）『地球環境と企業経営：環境経営をリードする経済人たち』東洋経済新報社。

D.H. メドウズ，D.L. メドウズ，J. ラーンダズ，W.W. ベアランズ三世著，大来佐武郎監訳（1972）『成長の限界―ローマクラブ「人類の危機」レポート』ダイヤモンド社。

Carson, R.（1962）*Silent Spring*, Houghton Mifflin Compnay.（レイチェル・カーソン，青葉簗一訳『沈黙の春』新潮文庫，1974年）

Clark, D., Fox, J., and Treakle, K.（ed.）（2003）*Demanding Accountability: Civil-Society Claims and the World Bank Inspection Panel*, Rowman & Littlefield.

Daily, G.C.,（ed.）（1997）*Nature's Services: Societal Dependence on Natural Ecosystems*, Island Press.

Intergovernmental Panel on Climate Change（IPCC）（2018）*Global Warming of* 1.5℃, *Summary for Policymakers*.

Millennium Ecosystem Assessment（2005）*Ecosystems and Human Well-being: Synthesis*, Island Press.

Nordhaus, W.（2013）*The Climate Casino: Risk, Uncertainty, and Economics for a Warming World*, Yale University Press.（藤崎香里訳『気候カジノ：経済学から見た地球温暖化問題の最適解』日経 BP 社，2015年）

Rockström, J. et al.（2009）"A safe operating space for humanity", *Nature*, Vol. 461, No. 24, September, pp.472-475.

Rockström, J. and Klum, M.（2015）*Big World Small Planet: Abundance within Planetary Boundaries*, MAX STROM PUBLISHING.（谷淳也・森秀行他訳『小さな地球の大きな世界：プラネタリーバウンダリーと持続可能な開発』丸善出版，2018年）

Sen, S.（1999）*Development as Freedom*, Anchor Books.

Stern, N.（2007）*The Economics of Climate Change（The Stern Review）*, Cambridge University Press.

United Nations Development Programme（UNDP）（1990）*Human Development Report* 1990*: Concept and Measurement of Human Development*.

Ward, B., and Dubois, R.（1972）*Only One Earth: The Care and Maintenance of a Small Planet*, W. W. Norton.

World Bank（1992）*World Development Report 1992: Development and the Environment*.

World Commission on Environment and Development（1987）*Our Common Future*, Oxford University Press.

World Economic Forum（2018）*The Global Risks Report 2018, 13th Edition*.

第14章
環境会計と環境監査

第1節　はじめに

　環境問題に対する社会的関心がこれまでにないほど高まっている現在，企業には，その活動にともなって生じる環境への悪影響を低減させるため，環境経営の実践が求められている（環境経営については第15章を参照）。本章では，その環境経営を実践するための具体的なツールである，環境会計と環境監査について説明する。

　環境経営を効率的・効果的に実践するにあたっては，環境経営の程度を数値で把握することが必要不可欠である。たとえば，地球温暖化防止のためのCO_2排出量削減を考えてみる。ある企業がCO_2排出量の削減をしようと試みたとしても，もし自社が排出しているCO_2を定量的に（数値で）把握していなければ，数値目標すら設定することができず，効率的なCO_2削減活動が不可能であることは想像に難くない。CO_2排出量に限らず，環境経営を実践するにあたっては，企業の環境活動に関連して，さまざまな数値的表現が必要になる。この数値化の手続きを担っているのが環境会計と呼ばれる領域である。

　一方で，企業が継続的に環境保全を進めるにあたっては，組織内にそのための仕組みである環境マネジメントシステムを構築し，その取り組み状況について，可能な限り客観的な立場からチェックを実施する必要もある。この手続きが環境監査と呼ばれる。

　本章の構成を述べる。第2節では，環境会計を支える理論的基礎，第3節で

は，環境会計の領域を概観する際の見取り図になることを意図して，環境会計の諸分類を説明している。第4節では環境会計の手法の一例として，最近になって話題になることが多い，温室効果ガス（GHG）会計を取り上げて解説している。第5節では，環境監査と第三者保証について説明し，第6節でまとめとしている。

第2節　環境会計の成立基盤

そもそも企業が環境会計を実施するのはなぜであろうか。このような根本的な問題を論じるにあたって，アカウンタビリティ理論，正統性理論，意思決定有用性理論ならびに企業目標論が，環境会計の議論に援用され，環境会計の理論的成立基盤となっている[1]。

1．アカウンタビリティ理論

株主，顧客，従業員，取引先，競合会社，政府自治体ならびに債権者といったステークホルダーに対し，企業はアカウンタビリティ（説明責任）を有する。従来，このアカウンタビリティの内容は主に企業の財務的・経済的側面に限定されて語られることが多かった[2]。ところが，現在では，自社の社会的ならびに環境的側面に焦点をあてた報告書を公表する企業の数が劇的に増加し，実に1,000社を超える日本企業が，環境報告書[3]を作成・公表している[4]。財務的・経済的側面に限定されたアカウンタビリティの概念では，この現状を説明することはできず，アカウンタビリティ理論の立場からは，アカウンタビリティの内容が社会や環境にまで拡大しており，それが企業を環境報告や社会報告へと誘導していると考える。この考え方をアカウンタビリティ拡充論と呼ぶ[5]。

2．正統性理論

企業が，社会のなかで存在し続けるためには，社会の構成員に対し，当該社

第14章 環境会計と環境監査 259

会の規範に従って行動していることを示し，自己の正統性を確保せねばならない。社会の規範には，法律ももちろん含まれるが，それ以外に環境の保護など，むしろ社会の価値観に属する事柄も含まれる。正統性理論の立場からは，企業が環境会計を実施するのは，その行為が社会的な規範として求められているからであり，企業が市場のなかで自身の正統性を示し，長期的な経済的利益を確保するためであると説明される。アカウンタビリティ理論においては，ステークホルダーからの要求に応じる形で企業が環境会計を実施すると理解されるのに対して，正統性理論においては，企業が自らの長期的経済利益のために環境会計を実施すると理解される[6]。

3．意思決定有用性理論

企業の環境問題への対応の状況は，当該企業の将来の財務的収益性にも影響を与える可能性がある（環境問題への対応を怠っていれば，将来になって多額の出費を求められ，収益性を悪化させる，など）。そのように考えると，環境経営の度合いを数値的に表現する環境会計の情報は，企業の将来的な収益性を見込んで意思決定を行う投資家の意思決定に利用されることもできる。もしくは，企業の財務的収益性のみならず，環境問題への貢献など，社会的責任の状況を考慮しながら行う社会的責任投資（SRI）（第7章を参照）の意思決定に対しても，環境会計は有用な情報を提供するかもしれない。こういった考え方は，環境会計が提供する情報の有用性に注目しており，現在の財務会計の拠り所の1つとされる投資意思決定有用性理論を環境会計のコンテクストに敷衍したものである[7]。

4．企業目標論

企業目標論[8]では，企業には利益獲得や市場シェア拡大といった各種の目標が存在し，その目標の達成のために企業活動が行われている点が強調される。この立場からは，企業が環境経営や環境会計といった，従来には存在しなかった活動を実施する原因は，企業の目標に変化が生じているためだと説明される。

すなわち，環境保護に貢献すべきである，という従来は今日ほど重要ではなかった，いわば環境保護目標が，企業の目標体系のなかに出現し，この目標から環境経営や環境会計の実践が誘導されている，と考える[9]。

第3節　環境会計の諸類型と諸手法

本節では環境会計の諸類型を説明しながら，可能な限り環境会計の具体的な手法にも言及し，本領域を概観する。これにより，環境会計の諸類型と諸手法について学ぶ。

1．狭義と広義の環境会計

環境会計という用語は，狭義の意味と広義の意味とで使用される。狭義の意味での環境会計は，環境省が環境会計のための基準として示した『環境会計ガイドライン（2005年版）』[10]あるいは，本基準に従って作成された情報を指す。わが国における環境会計という用語の普及には，本ガイドラインの貢献が非常に大きいといわれる。

広義の意味では，環境会計は，上記の『環境会計ガイドライン（2005年版）』に限定せず，企業の環境対策に関連する数値情報と，その情報の作成過程を指す。環境問題という多面的な問題を数値化し，企業経営に役立てるためには，さまざまな数値化の方法が必要とされる。本章では環境会計を，それらのさまざまな数値化の方法を包含する，広義の意味で用いている。

2．内部環境会計と外部環境会計

誰のために環境会計を実施するのか，この観点からの分類が内部環境会計と外部環境会計である。ところで，会計学では，会計を管理会計と財務会計に分類する。内部環境会計と外部環境会計の分類は，会計学におけるこの分類を環境会計に援用したものである[11]。内部環境会計は，経営者や従業員といった企業内部のステークホルダーの経営意思決定のために実施される環境会計であ

第14章 環境会計と環境監査 261

る。内部環境会計は，環境管理会計とも呼ばれ，具体的な手法としては，たとえば，マテリアルフローコスト会計，ライフサイクルコスティング，環境配慮型設備投資決定，環境配慮型原価企画，環境予算マトリックスならびに環境配慮型事業評価などが知られている[12]。一方で，外部環境会計は，株主，投資家，政府，地域住民，消費者など，企業外部のステークホルダーのために実施される環境会計をいう。

3．財務報告における環境会計と環境報告における環境会計

前述の外部環境会計は，財務報告における環境会計と環境報告における環境会計に，さらに分類される[13]。企業の環境経営の状況は，将来の企業の財務状況にも影響を与える可能性がある。たとえば，環境汚染を発生させた企業が，その修復のために多大なコストを負担せねばならないこともありうる。そのため，有価証券報告書やアニュアルレポートといった企業の財務状況を報告する目的で作成されてきた報告書においても，環境問題に関連する数値情報が開示されるようになってきた。これを財務報告における環境会計と呼ぶ[14]。一方で，従来からの財務報告のための報告書とは別に，環境報告書やCSR報告書といった名称で呼ばれる，環境・社会報告を主たる目的とした報告書を作成し，そのなかに環境問題に関連する数値情報を開示する実務も存在する。これを環境報告における環境会計と呼ぶ。

4．貨幣的環境会計と物量的環境会計

環境会計の具体的な計算において使用される単位の視点からの分類が，貨幣的環境会計と物量的環境会計である。貨幣的環境会計では，円やユーロなどの貨幣数値が使用される。物量的環境会計では，キログラムやトンなどの物理的な計算単位や，EIP (Environmental Impact Point，環境負荷単位)[15]といった環境会計独自の計算単位が使用される。

貨幣的数値と物量的数値では，それぞれ表現できる内容が異なる。そのため，両者の特性を活かしながら，組み合わせて使用することも必要になる。貨幣的

環境会計と物量的環境会計の両者を融合した手法を統合的環境会計と呼ぶ[16]。

第4節　温室効果ガス（GHG）会計

　本節では，環境会計の1つの手法である温室効果ガス（Greenhouse Gasの頭文字をとってGHGと略す）の会計を取り上げて説明する。GHG会計とは，企業のGHG排出量を定量的に把握するシステムであり，炭素会計，カーボン会計などの名称でも呼ばれている[17]。

　まず，GHG会計について，前節での環境会計の諸類型の観点から説明する。狭義か広義かの観点からみると，GHGの排出総量ならびに削減量の計算・表示は，『環境会計ガイドライン（2005年版）』にも定められている。したがって，GHG会計は狭義の環境会計にも含まれる。

　内部環境会計と外部環境会計の視点からは，GHG会計は企業の内部ステークホルダーと外部ステークホルダーの両者にとって有用な情報となりうる。この点から，GHG会計は，内部環境会計と外部環境会計のいずれの枠組みにおいても議論されることができる。

　財務報告と環境報告の観点からみると，GHGの排出量は，1990年代から2000年初頭まで，環境報告書やCSR報告書といった環境報告の枠組みのなかで主に実施されてきた。しかし，最近ではGHG排出が企業財務に与える影響を重視し，財務報告の枠組みにおいてもGHG情報を開示しようとする意見もある[18]。

　物量か貨幣かの観点からは，GHG排出量は物量で評価されることが多いので，通常，物量的環境会計に属するといえる。本章で説明するのも，物量数値での把握を前提にしたGHG会計である。ただし，GHG排出による被害を貨幣換算して把握する手法も存在する。したがって，GHG会計は貨幣的環境会計としても構築可能である[19]。

1. 地球温暖化係数

　地球温暖化問題の原因といえば，GHG よりも CO_2 のほうが馴染みが深いかもしれない。GHG は，地球温暖化を引き起こす諸物質の総称であり，このうちの1つが CO_2 である。したがって，GHG と CO_2 は同義ではない。ところが，一般的な用語法では，両者はほぼ同義の意味で用いられることもある。その理由の1つは，GHG 会計において，CO_2 が基準物質となっているからである。

　基準物質の意味を理解するには，地球温暖化係数を知らねばならない。GHG の量には，図表14-1に記載されている6種類のガスが含まれるが，各物質の1単位当たりが引き起こす，温室効果の作用の大きさは異なる。そこで，GHG の量を計算する際には，1単位当たりの温室効果の作用の大きさを定量的に評価した係数を使用する。それが図表14-1の最右列に示された地球温暖化係数[20] である。以下，設例を用いて地球温暖化係数の使い方を示す。

【設例1】

　企業 A は，昨年度，下記の GHG を排出した。これを図表14-1の地球温暖化係数を用いて評価し，GHG の排出量を計算しなさい。

CO_2	1,000t
SF_6	4 t

【解答・解説】

CO_2	1,000t × 1 = 1,000t - CO_2
SF_6	4 t × 23,900 = 95,600t - CO_2
合計	1,000CO_2- t ＋95,600CO_2-t = 96,600t - CO_2

　設例で与えられた条件では，GHG の排出量は，物理的な単位である t（トン）で示されている。これらの数値に，図表14-1に示されている地球温暖化係数を乗じ，温室効果を引き起こす作用の大きさに換算する。地球温暖化係数を乗じた後の数字は，温室効果への作用を，CO_2 を基準に換算したものであり，単位としては通常，t-CO_2 が使用される。t-CO_2 に換算後の CO_2 排出量な

らびに SF_6 排出量を合計することにより，GHG排出量の総量が算定される。

　ところで，CO_2の地球温暖化係数は1となっている。したがって，この地球温暖化係数で評価するということは，CO_2以外のGHGを温室効果の作用の観点からCO_2に換算していることになる。これがCO_2がGHG会計における基準物質であることの意味である。

図表14-1　地球温暖化係数一覧

	温室効果ガス		地球温暖化計数
1	二酸化炭素	CO_2	1
2	メタン	CH_4	21
3	一酸化二窒素	N_2O	310
4	ハイドロフルオロカーボン	HFC	－
	トリフルオロメタン	HFC－23	11,700
	ジフルオロメタン	HFC－32	650
	フルオロメタン	HFC－41	150
	1・1・1・2・2-ペンタフルオロエタン	HFC－125	2,800
	1・1・2・2-テトラフルオロエタン	HFC－134	1,000
	1・1・1・2-テトラフルオロエタン	HFC－134a	1,300
	1・1・2-トリフルオロエタン	HFC－143	300
	1・1・1-トリフルオロエタン	HFC－143a	3,800
	1・1-ジフルオロエタン	HFC－152a	140
	1・1・1・2・3・3・3-ヘプタフルオロプロパン	HFC－227ea	2,900
	1・1・1・3・3・3-ヘキサフルオロプロパン	HFC－236fa	6,300
	1・1・1・2・2・3-ペンタフルオロプロパン	HFC－245ca	560
	1・1・1・2・3・4・5・5・5-デカフルオロペンタン	HFC－43-10mee	1,300
5	パーフルオロカーボン	PFC	－
	パーフルオロメタン	PFC－14	6,500
	パーフルオロエタン	PFC－116	9,200
	パーフルオロプロパン	PFC－218	7,000
	パーフルオロブタン	PFC－31-10	7,000
	パーフルオロシクロブタン	PFC－c318	8,700
	パーフルオロペンタン	PFC－41-12	7,500
	パーフルオロヘキサン	PFC－51-14	7,400
6	六ふっ化硫黄	SF_6	23,900

【根拠条文】政令：第4条

出所：環境省（2009）『算定・報告・公表制度における算定方法・排出係数一覧』，17ページ。

2．直接排出と間接排出

　企業のGHG排出量を計算する際，直接排出と間接排出の2つの区別が問題になる。ある企業にとっての直接排出とは，当該企業が所有もしくは支配している源泉からの排出である。一方，間接排出とは，当該企業の活動の結果によるものであるが，その他の企業によって所有もしくは支配されている源泉からの排出をいう。

　直接排出と間接排出の区別が最も大きな問題となるのは，発電にともなうCO_2の排出であるので，この例に基づいて解説する。たとえば，ある製造会社が，電力会社から電力を購入・消費し，生産活動を行っているとする。電力会社は，自社が保有する火力発電所で発電を行っており，そこでは燃料の燃焼によりCO_2が発生している（図表14-2）。

図表14-2　発電におけるCO_2排出

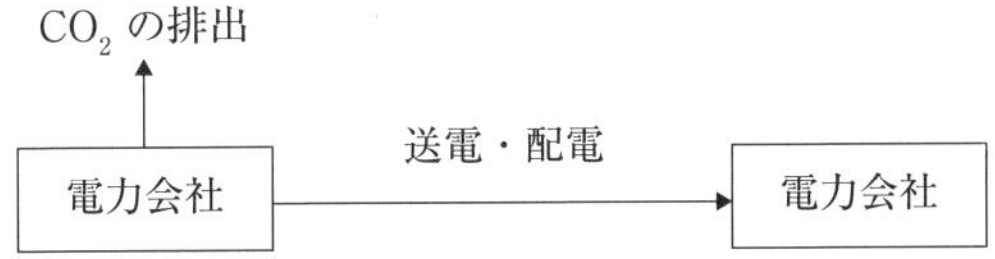

出所：筆者作成。

　このとき，発電にともなって生じたCO_2について，電力会社と製造会社のどちらが排出したと考えるべきであろうか。直接排出の考え方の場合には，このCO_2は，電力会社が保有している発電設備から生じているので，電力会社が排出したと考える。一方で間接排出の考え方の場合には，このCO_2は，製造会社によって電力が消費された結果として生じたものであるから，製造会社が排出したものと考える。発電にともなう消費電力に関して，一般にわが国においては，間接排出の考え方が強いといわれ，わが国企業の環境報告書やCSR報告書においては，多くの場合，間接排出分を含めたGHG排出量が開示されている[21]。

3．電力消費に伴う間接排出を把握するための排出係数

CO_2の排出量を把握する方法として，大きく，実測による方法と排出係数による方法の2つがあるが，実測による方法は経済的ではないため，通常，排出係数による方法が採られる。例を用いて具体的に説明する。

たとえば，自動車を走らせ，ガソリン10ℓを燃焼させたときのCO_2排出量の把握を考えてみる。このとき，自動車の排気口に測定器を取りつけ，CO_2の排出量を直接的に把握すれば，それは実測による方法である。一方，ガソリン1ℓを燃焼させたとき排出されるCO_2の量をあらかじめ排出係数として算定しておき（ガソリンの燃焼の場合には，2.32kg/ℓ [22]），実際の活動量（この例の場合にはガソリンの消費量10ℓ）にこの排出係数を乗じることにより，CO_2の排出量を間接的に計算することもできる（この例の場合には10ℓ×2.32kg/ℓ＝23.2kg）。これが排出係数による方法である。多くの場合，実測による方法ではなく，排出係数による方法が採られることになる [23]。

排出係数は多くの場合，自然科学的な知見に基づいて客観的に決定される。しかし，なかには社会的な判断が必要とされる排出係数も存在する。その典型が以下で説明する電力消費にともなう間接排出を計算するための排出係数である。

電力消費にともなう間接排出は，次の公式で計算する。

消費電力（kWh）×排出係数（kg-CO_2/kWh）

1kWhの電力を発電するのに排出されるCO_2の量をあらかじめ計算しておいた数値が排出係数であり，これを消費電力に乗じることにより，CO_2の間接排出量が計算できる仕組みになっている。この排出係数の決定方法を説明する。

発電の方法には，火力，原子力，水力，風力，太陽光などがある。発電設備を建設する際には，いずれの方法による場合でも，CO_2が発生するが，排出係数の計算には，通常これらの設備建設段階のCO_2は算入されない。

第14章　環境会計と環境監査　267

　原子力，水力，風力，太陽光その他の発電方法は，発電そのものを実施する
ときには，CO_2を発生させない。火力発電のみが，燃料の燃焼により，発電
そのものの実施においてCO_2を発生させる。そこで，排出係数に算入される
のは，火力発電における燃料消費のCO_2排出のみとなる。通常，電力会社は
複数の方法を組み合わせて事業を行うか，その電力会社が発電する電力のうち
のどれだけの割合が火力発電によってまかなわれているか，によって排出係数
が変化することになる。

　たとえば，環境省が公表している東京電力（株）の排出係数（2007年度実績）
は0.425kg-CO_2/kWh である。したがって，東京電力（株）から1,000kWh を購
入して消費した際のCO_2の間接排出量は以下のように求められる。

　　1,000kWh ×0.425kg-CO_2/kWh ＝425kg-CO_2

　また，環境省が公表している関西電力（株）の排出係数（2007年度実績）は
0.366kg-CO_2/kWh である。この場合，1,000kWh を購入して消費した際の
CO_2の間接排出量は以下のように求められる。

　　1,000kWh ×0.366kg-CO_2/kWh ＝366kg-CO_2

　以上の計算にみられるように，同じ1,000kWh を購入・消費した場合でも，
いずれの電力会社から購入したかによって，CO_2の排出量は異なって計算さ
れる。また，排出係数はその年度の発電設備の運営状況によっても変化する。
例えば，東京電力（株）の2007年度実績には，2007年7月の新潟県中越沖地震
によって柏崎刈羽原子力発電所の運転が停止し，その分を火力発電でまかなっ
たことも大きく影響していると推測される（東京電力（株）の2006年度実績は
0.339kg-CO_2/kWh であり，2007年度実績の0.425kg-CO_2/kWh を大きく下回っていた）。

　さらに詳しくみると，電力消費にかかわる排出係数の計算方法には，使用端
と発電端の2種類がある。電力会社によって発電された電力量のすべてが，電
力会社の顧客によって消費されるわけではない。発電された電力のうちの一部
は，送配電ロス，発電所・変電所内電力として，顧客に販売されずに消滅す

る。わが国の電力会社では，発電電力量と販売電力量の間には10％弱程度の差があることが多い。そこで，この10％弱をどのように扱うか，について判断が求められることになる。

使用端の排出係数では，この送配電ロスならびに発電所・変電所用電力の発電にともなって発生したCO_2も間接排出に含まれるように排出係数が算定される。すなわち，使用端の排出係数は，「火力発電の燃料燃焼によるCO_2排出量／販売電力量」で決定される。一方，発電端の排出係数では，送配電ロスならびに発電所・変電所用電力の発電にともなうCO_2排出は，間接排出には含まれないように排出係数を決定する。すなわち，「火力発電の燃料燃焼によるCO_2排出量／発電電力量」である。以下，単純化した例を用いて説明する。

【設例 2】

電力会社 A は，火力発電を行っており，利用者 B のみに対して電力を供給している。201X 年において，電力会社 A は100kWh を発電し，それにともなってCO_2が40kg 排出された。発電端のうち，5 kWh は発電所内電力，5 kWh は送電ロスとして消費され，残りの90kWh が利用者 B によって購入・消費された。この関係を図示すれば，図表14-3 のようになる。

電力会社 A について使用端と発電端の排出係数を算定し，それぞれの排出係数で利用者 B の間接排出量を算定しなさい。

図表14-3　使用端と発電端の排出係数のための設例

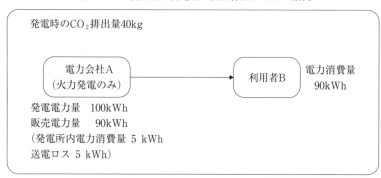

出所：筆者作成。

第14章 環境会計と環境監査　269

【解答・解説】

　　＜使用端の場合＞

　　排出係数（使用端）＝40kg-CO_2÷90kWh＝0.44kg-CO_2/kWh

　　利用者Bの間接排出量＝90kWh×0.44kg-CO_2/kWh＝40kg-CO_2

　　＜発電端の場合＞

　　排出係数（発電端）＝40kg-CO_2÷100kWh＝0.40kg-CO_2/kWh

　　利用者Bの間接排出量＝90kWh×0.40kg-CO_2/kWh＝36kg-CO_2

　使用端の排出係数の算定には，分母として販売電力量の90kWhが用いられるのに対し，発電端の場合には，分母として発電電力量の100kWhが使用される。その結果，使用端の排出係数は，発電端の排出係数よりも大きくなる。それに応じて，利用者Bの間接排出量も，使用端の排出係数を用いたときのほうが大きく算定される。

　使用端と発電端の排出係数のいずれを使用するべきか，の選択は発電後に失われる10%程度の電力の発電によって排出されたCO_2を，利用者に帰属させるかどうかの選択でもある。したがって，これは自然科学ではなく，社会的な判断となる。なお，わが国で一般的に用いられる排出係数は使用端である。一方で，GHGプロトコルと呼ばれるGHG会計の国際基準では，発電端の排出係数を使用することが要求されている[24]。

4．バウンダリ

　A社の昨年度と今年度のGHGの排出量を比較する（経年比較），もしくはA社とB社のGHG排出量を比較するとき（企業間比較），重要になるのがバウンダリ（集計範囲）である。GHG会計の数値を比較可能なものにするためには，バウンダリを一致させることが必要である。ところが，バウンダリを一致させるのは，簡単なことではない。というのも，GHG会計におけるバウンダリは，何通りかの視点から整理されるからである。以下，コーポレート・バウンダリ，プロセス・バウンダリならびにドメイン・バウンダリの3つの視点を説明する。

コーポレート・バウンダリとは，GHG 会計を実施する際に，親会社本体のみをバウンダリに含めるか，それとも国内・海外における子会社ならびに関係会社も含めるか，という視点である。繊維や化学など，素材系の業界における環境報告書では，コーポレート・バウンダリの考え方に基づいて GHG 会計が実施・開示される傾向がある。たとえば，次の東レの例がそうである。

図表14-4　GHG 排出量の推移（東レグループ）

出所：東レグループ（2017）『CSR レポート2017』59ページ。

次にプロセス・バウンダリである。製造業を念頭におくと，部品製造，製品製造，物流ならびに製品使用などに整理される企業活動の諸プロセスのうち，いずれのプロセスを対象にして GHG 排出量を把握・開示するか，が問題となる。これがプロセス・バウンダリの視点である。電気機器や精密機器をはじめとする，消費段階での CO_2 排出量が大きい業界においては，プロセス・バウンダリの考え方に従って GHG 会計が実施される傾向がある。たとえば，以下のキヤノンの例である。

図表14-5 キヤノンのGHG会計

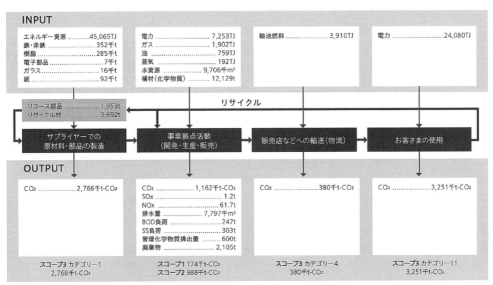

出所：キヤノン（2018）『サステナビリティレポート2018』41ページ。

　以上に述べたコーポレート・バウンダリとプロセス・バウンダリの考え方を併せると，図表14-6に示すようなマトリクスを描き，整理することができる。

図表14-6　コーポレート・バウンダリとプロセス・バウンダリの関係

コーポレート・バウンダリ	部品製造	組立製造	物流	製品の使用
海外子会社				
国内子会社			b	
親会社		a		

出所：筆者作成。

たとえば，親会社本体が組立製造を行ったとき発生する GHG 排出は a のセルに記載することができるし，国内子会社に委託された物流から発生する GHG 排出は b のセルに記載することができる。

最後にドメイン・バウンダリである。企業は多くの場合，複数の異なったドメイン（事業）を営んでおり，それぞれのドメインにおいて GHG が発生する。このドメイン・バウンダリの視点から GHG 排出を整理している例として，キリングループの事例を図表14-7にあげる。

図表14-7　キリングループの GHG 会計

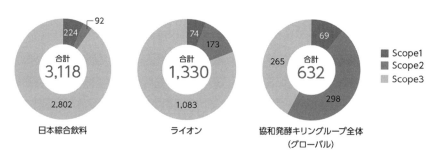

出所：キリングループ（2018）『環境報告書2018年』67ページ。

図表14-7においては，キリングループの GHG 排出量が，グループに属する会社ごとに開示されている。現在のように企業の持株会社化が進行すると，親会社の下に異なった事業を営む複数の会社が属するケースが多くなる。そのため，いずれの事業までが把握・開示の対象になっているか，も考慮しなければならない。そこで，図表14-6として示したマトリックスに，ドメイン・バウンダリの軸を付け加えて展開すると，図表14-8のようになる。

図表14-8 ドメイン・バウンダリを加えた立体マトリクス

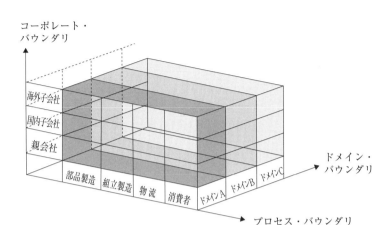

出所：筆者作成。

現在，各企業のGHG会計には，多くの場合，バウンダリに違いがあり，企業間での比較を困難にしている。また，年を追ってGHG会計のバウンダリを広げようとする企業もある。バウンダリを広げること自体はポジティブに評価されるべきであるが，その場合には，経年での比較において注意が必要である。

第5節　環境監査

会計学では，会計情報に信頼性を付与する手続きを会計監査と言う[25]。すなわち，情報を作成するための会計と，その情報をチェックするための監査である。しかし，一般的には，環境会計と環境監査は，そのような直接的な関係にはないことには注意が必要である。

組織が環境保全を継続的に実施するための仕組みを環境マネジメントシステムと呼び，その取組状況を可能な限り客観的な立場からチェックする手続きが環境監査と呼ばれる。環境マネジメントシステムとしては，国際的には，

ISO14000シリーズが有名であるし，日本の環境省が策定したエコアクション21という規格も存在する。いずれの規格においても，環境監査の考え方が採用されている。したがって，一般に環境監査というときは，会計情報ではなく，環境マネジメントの実態に関するチェックを指す場合が多い。

環境会計からみた場合には，企業の環境対策にかかわって数値化された情報に対して信頼性を付すための手続きとしての環境監査を構築することが重要となる[26]。環境会計の手法を用いて数値化された情報が常に正確であるとは限らない。意図しない誤謬以外にも，環境に関する自社の状況について，現実よりも良く見せたい，という誘因が企業に働くことがあるかもしれない。特に，企業の外部のステークホルダーに向けて開示する外部環境会計においては，そのような誘因が高くなる可能性があろう。

このような問題に対し，すでに実務においては，CSR報告書の第三者保証という手続が実施されている。この手続きを受けたCSR報告書には，「第三者保証報告書」という報告書が付されており，第三者保証を受けた報告書の数は増加しつつある。環境会計の実務が発展途上にあり，そのチェックである保証についても克服すべき課題は多いことが指摘されているが，将来的に環境会計情報の信頼性を担保する役割を担うことが期待されている。

第6節　おわりに

環境会計の理論的な研究には，すでに30年以上の歴史がある。たとえば，ドイツ語圏で環境会計研究の出発点とされているミュラーヴェンク（R. Müller-Wenk）の『エコロジー簿記（ökologische Buchhaltung）』という書物は，1978年に公表されている。その後，多くの研究者が環境会計の必要性を提唱し続けてきたが，環境会計を実際に行う企業の数が増加するまでには相当の時間を必要とした。

わが国では，1999年が「環境会計元年」とされており，この年を境に環境会計を実施する企業が劇的に増加した。その当初は，環境会計を「実施する」こ

第14章 環境会計と環境監査 **275**

とで，環境に対して配慮をしているという社会的な評価を得ることが可能であった。それから，およそ20年を迎える現在，環境会計を実施すること自体は所与となりつつあり，今後は，環境会計における具体的な数値の結果が問われることになるものと思われる。GHG 会計でいえば，今後は，経年や他企業との比較でみて，どれだけの GHG 排出量を削減することができたか，が問われる時代を迎えている。このように考えると，今後，環境会計の数値の内容がこれまで以上に重要となり，数値に信頼性を付す，保証の手続きが今まで以上に重視されてくるものと推測される[29]。

【注】

（1）環境会計には，さまざまな学問領域からのアプローチが可能である。本稿では経営学・会計学の立場からアプローチした環境会計について論じている。このほか，工学からのアプローチ（ライフサイクルアセスメント）についてはたとえば伊坪・田原・成田（2007）などを参照されたい。

（2）たとえば，有価証券報告書やアニュアルレポートなどを通じて企業が実施する財務報告が，（財務的）アカウンタビリティの視点から説明されてきた。

（3）企業の環境や社会的な側面を扱った報告書は，環境報告書以外にも，CSR 報告書，社会環境報告書，サステナビリティ報告書などの名称で呼ばれることもある。本章で言う環境報告書には，これらのすべてを含んでいる。

（4）環境省（2008）『環境にやさしい企業行動調査結果【詳細版】』71ページ。

（5）アカウンタビリティ拡充論については，山上（1999），71ページ，國部（1999），117ページなどを参照されたい。

（6）環境会計のコンテキストにおける正統性理論については，たとえば，宮崎（2001），232ページ，向山（1994），51ページなどを参照されたい。

（7）投資家のための環境会計については，水口（2002）を参照されたい。

（8）企業目標論は主としてドイツ経営経済学において発達した領域である。文献としては，邦訳があるものであれば，Bidlingmaier（1964）；鈴木・二神・小林訳（1971），原文に触れる場合には Heinen（1977）などがある。

（9）環境会計と企業目標論については，宮崎（2001），275ページを参照されたい。

（10）環境省（2005）『環境会計ガイドライン（2005年版）』。

(11) 國部克彦（2000）『環境会計（改訂増補版）』新世社，6 ページ。

(12) 経済産業省（2002）『環境会計手法ワークブック』7 ページ，國部克彦・伊坪徳宏・水口剛（2007）『環境経営・会計』中央経済社，34ページ。

(13) 阪智香（2001）『環境会計論』東京経済情報出版，56ページ。

(14) この領域で現在もっとも重要といわれるトピックの1つが，排出権の会計処理に関わる論点である。この点については，魚住（2007）や村井（2008）を参照されたい。

(15) EIP を用いた環境会計の手法である JEPIX については，宮崎（2008）を参照されたい。

(16) 宮崎修行（2001）『統合的環境会計論』創成社，621ページ。

(17) GHG 会計の詳細なガイドラインとしては，環境省・経済産業省（2009）がある。

(18) 日本公認会計士協会（2009）『投資家向け制度開示書類における気候変動情報の開示に関する提言』。

(19) GHG 排出量をはじめとする物量数値をその被害貨幣評価する手法として，わが国では LIME がある。LIME については，伊坪・稲葉（2005）を参照。

(20) Global Warming Potential の頭文字をとって GWP と略称されるときもある。

(21) 直接排出と間接排出の区別が問題になるもう1つの分野は，物流である。ある製造会社（荷主企業）が自社製品の輸送を運送事業者に委託しているとする。このときの輸送において，運送事業社が所有するトラックから排出される CO_2 を考えてみる。直接排出の考え方を採れば，この CO_2 は，運送事業社が排出したものであり，間接排出の考え方を採れば，この CO_2 は，荷主企業が排出したものとなる。なお，物流における GHG 会計については，経済産業省・国土交通省（2006）に詳しい。

(22) 環境省（2009）『算定・報告・公表制度における算定方法・排出係数一覧』，頁数なし。

(23) 環境省が公表している排出係数の一覧については，環境省（2009）を参照されたい。

(24) WBCSD&WRI（2004），*The Greenhouse Gas Protocol, A Corporate Accounting and Reporting Standard, REVISED EDITION*, p.87.

(25) 石田三郎編著（2005）『監査論の基礎知識（五訂版）』東京経済情報出版，17ページ。

(26) 環境マネジメントシステムの有効性を評価する環境監査と区別するために，環境会計に対する監査に対して，環境会計監査という用語を用いることもある（たとえば，矢部（1996））。

(27) 環境省（2003）『平成14年度環境報告の促進方策に関する検討会報告書』，11ページ。

(28) 環境省（2003）『平成14年度環境報告の促進方策に関する検討会報告書』，93ページ。

(29) 環境会計における数値には，NOx や SOx などいったん拡散してしまうと再現できない環境負荷物質も含まれる。こういった数値に対し，従来型の監査が機能するかについ

ては今後の判断を待たねばならない。上妻（2006），7ページ。

【参考文献】

石田三郎編著（2005）『監査論の基礎知識（五訂版）』東京経済情報出版。

伊坪徳宏・稲葉敦（2005）『ライフサイクル環境影響評価手法』産業環境管理協会。

伊坪徳宏・田原聖隆・成田暢彦（2007）『LCA概論』産業環境管理協会。

魚住隆太（2007）「温室効果ガス排出権取引について」『会計・監査ジャーナル』第19巻第8号，101〜107ページ。

環境省（2009）『算定・報告・公表制度における算定方法・排出係数一覧』。

環境省（2005）『環境会計ガイドライン（2005年版）』。

環境省（2003）『平成14年度　環境報告の促進方策に関する検討会報告書』。

環境省・経済産業省（2009）『温室効果ガス排出量算定・報告マニュアル ver. 2.4』。

キヤノン（2008）『サステナビリティレポート2008』。

経済産業省（2002）『環境会計手法ワークブック』。

経済産業省・国土交通省（2006）『ロジスティックス分野における CO_2 排出量算定方法　共同ガイドライン Ver.2.0』。

上妻義直（2006）「環境報告書の保証—問題の所在」上妻義直編『環境報告書の保証』同文舘，1〜9ページ。

國部克彦（2000）『環境会計（改訂増補版）』新世社。

國部克彦（1999）『社会と環境の会計学』中央経済社。

國部克彦・伊坪徳宏・水口剛（2007）『環境経営・会計』中央経済社，81〜105ページ。

阪智香（2001）『環境会計論』東京経済情報出版。

日本公認会計士協会（2009）『投資家向け制度開示書類における気候変動情報の開示に関する提言』。

水口剛（2002）『企業評価のための環境会計』中央経済社。

水口剛（1995）「環境保護と環境監査」山上達人・菊谷正人編『環境会計の現状と課題』同文舘。

宮崎修行（2008）『共生型マネジメントのために—環境影響評価係数 JEPIX の開発』風行社。

宮崎修行（2001）『統合的環境会計論』創成社。

向山敦夫（2003）『社会環境会計論』中央経済社。

向山敦夫（1994）「社会関連情報開示の二側面—アカウンタビリティと正統性」『社会関連会計研究』第6号，51〜62ページ。

村井秀樹（2008）「欧州排出量取引制度（EU ETS）の現状と会計基準の方向性」『企業会計』第60巻第12号，66〜74ページ。

矢部浩祥（1996）「環境監査から「環境会計」監査への途」『企業会計』第48巻第9号，18〜23ページ。

山上達人（1999）『環境会計入門』白桃書房。

Bidlingmaier, Johannes（1964）*Unternehmerziele und Unternehmerstrategien*, Wiesbaden.（鈴木英壽・二神恭一・小林俊治訳『企業の目標と戦略』丸善，1971年）

Heinen, Edmund（1977）*Einführung in die Betriebswirtschaftlehre, sechste, verbesserte und erweiterte Auflage*, Wiesbaden.

Müller-Wenk, R.（1978）*Ökologische Buchhaltung*, Campus Verlag.（宮崎修行訳『エコロジカルアカウンティング』中央経済社，1994年）

WBCSD&WRI（2004）The Greenhouse Gas Protocol, A Corporate Accounting and Reporting Standard, *REVISED EDITION*.

第15章

環境経営戦略

第1節　はじめに

　地球温暖化や気候変動をはじめとする環境問題が世界的な課題になっており，このような状況下で持続可能な発展を遂げる企業経営の在り様が問われている[1]。環境問題といっても，家庭や個人などの消費活動から生じる要因と，企業の生産活動から生じる要因の2つに大別される。環境問題の解決には両者の取り組みが必要になるが，大規模・グローバル化した企業活動の環境に対する影響は極めて大きくなっている[2]。さらに環境問題は，加害者と被害者が特定できる公害型と，地球温暖化のように両者の特定が困難なものに分けられる。加害者・被害者の関係は特定できないものの，温室効果ガス（greenhouse gas, 以下，GHG）排出と温暖化の関係にも科学的根拠が示されるようになっている（気象庁HP）。

　京都議定書の第一約束期間（2008～2012年）が終了した。日本は1990年比で−6％のGHG削減目標が設定されていたが，京都メカニズム・クレジット（クリーン開発メカニズム，共同実施，排出量取引での獲得分）を考慮しないと，GHG排出が+1.4％という状況になり目標を達成できなかった（地球環境センターHP）。ポスト京都議定書として，2015年11月には，パリで開催されたCOP21（第21回気候変動枠組条約締約国会議）においてパリ協定が採択され，2020年以降の各国のGHG排出削減について自主目標が設定されることになった。パリ協定のGHG削減は，努力目標であり達成義務ではないが，その締結国は159か国・地域と

なっており（2017年8月時点），世界のGHG排出量の約86%を占めるほどになっている（資源エネルギー庁HP）。そして，日本のGHG排出削減目標は，2013年度比で2030年までに26%削減と設定されており，日本企業も今後はこの方針に従ってGHG削減に取り組んでいく必要がある。

またCOP21に先立つ2015年9月には，国連主導の下に「持続可能な開発目標」（SDGs）が策定され，持続可能な開発へ向けた国際目標が設定されることになった。SDGsを達成するために17の目標（Goals）が定められているが，少なくともその6項目が環境問題に該当している。持続可能な発展を遂げるためにも，環境問題に取り組む必要性が問われているのである。現在，日本政府もSDGsを推進する体制を整えていることに符合して，企業もSDGsへの取り組みを活発化しつつある[3]。

環境問題を経営戦略に取り込んで環境経営戦略を策定・実行することは，規制適応を超えて企業の競争優位に寄与する経営行動である。一般的には，環境問題に取り組むことはコスト増加となり経済効率性を毀損すると考えられている。たしかに，先進的な環境問題への取り組みが業績を向上させるかについては，そこに明確な相関関係を見出せないと指摘されている（豊澄，2007, pp.144-151）。だからといって，プロアクティブ（先取り的）な環境対応は，企業と社会がともに持続可能な発展を遂げるために必要なことに論を俟たない。しかし，環境問題に取り組むことが当該企業の競争優位に結びつくプロセスが提示されなければ，企業をして環境経営戦略を実行する誘引にはならないであろう。このことを踏まえて，本章では経営戦略論に基づいて，環境対応とそれが競争優位に結びつく枠組み，さらには環境マネジメント・システム（Environmental Management System, 以下，EMS）の活用の側面から環境経営戦略を総合的に考察する。

以下では，まず経営戦略の枠組みについて企業戦略と競争戦略という2つの視点から整理する。ついで，企業の環境対応の変化について，経営戦略の観点から分類したハート（S.L. Hart）の所説に依拠しながら見ていく。このことを通して，環境経営戦略とそれが生み出す競争優位の枠組みを提示し，最後に

EMS と経営戦略について，宮城県の地域企業における取り組みからその実効性を検討していく。

第 2 節　経営戦略の枠組み

経営戦略は，「企業に関連する戦略の総称」であり（大滝ほか，2006, p.16），「企業の基本的長期目標・目的の決定，とるべき行動方向の採択，これらの目標遂行に必要な資源の配分を行うこと」と定義される（十川編著，2006, p.25）。この定義から，経営戦略は①企業の達成すべき目標の決定，②それに向けた活動の方向性の提示，そして③限られた経営資源の配分という 3 つの役割を担っていることが分かる。また，経営戦略は，「企業が具体的に活動するための大枠としての意義を持つ」と考えられ（十川編著，2006, p.25），企業全体の方向性や在り様を示すグランド・デザイン（全体構想）となるのである。

さらに，経営戦略はその実施レベルによって，「企業戦略」（corporate strategy）と「事業戦略」（business strategy）・「機能別戦略」（functional strategy）に大別される。企業戦略は，成長戦略とも言い換えられ，ドメイン（事業領域）の決定や事業展開における資源配分やグランド・デザイン（構想）の設定に関係しているため，経営戦略の中核を担っていると言える（高橋，2009）。これに対して，事業戦略および機能別戦略は，製品や地域別の事業ごと，または人事や生産などの機能部門ごとに展開され，競合他社に対して競争優位を構築するための具体的な取り組みであり，「競争戦略」（competitive strategy）とも呼称される。そして，競争戦略を実現するための経営計画（事業計画と機能別計画）が策定されて，経営戦略が企業行動として具現化されていく。

図表15-1 は，経営戦略を構成するそれぞれの要素について，その関係性と流れを示している。そもそも，企業の目的や存在は究極的には経営理念という使命や価値を実現することにあり，まず，成長の方向性やドメインを決定する企業戦略が経営理念（社是やミッションなどの名称もある）を考慮して策定される（中央職業能力開発協会編，2007, pp.115-118）。企業戦略によって長期的な目的・目標

や方向性が示された後に，事業部門および機能別部門ごとに，それらを達成するための具体的な戦略と計画が定められ実行される。事業戦略と機能別戦略は競合他社に対する競争優位の獲得に焦点を置いているが，そのような競争戦略を支える理論的な根拠が，ポジショニング・アプローチと資源ベース・アプローチになる。前者は，ポーター（M. Porter）らによって代表される理論であり，市場において有利なポジションを見出して競争優位を獲得しようとするものである。後者は，バーニー（J. Barney）らよって展開された理論で，競争優位の源泉を技術やノウハウなどの経営資源に求めている[4]。競合他社に対して，市場で有利なポジショニングをすることが競争優位に直結するとしても，そのような戦略は，企業が有する経営資源という裏づけがあってはじめて可能になる。それゆえ，ポジショニングと資源ベースは相互補完性を有しているのである。そして，競争戦略を実行するための経営計画（事業計画と機能別計画）が定められ，それが実行・評価されていく一連のプロセス（マネジメント・サイクル）が形成されることになる。

このように全社レベルでの企業戦略に基づいて，各事業と各機能が補完関係を有しながら競争優位を実現するための競争戦略が策定される。そして，目標を達成するための具体的な経営計画が立てられ，マネジメント・サイクルによって管理体制が構築されていく。経営戦略は，このような枠組みで大まかに捉えることができる。

図表15-1　経営戦略の枠組み

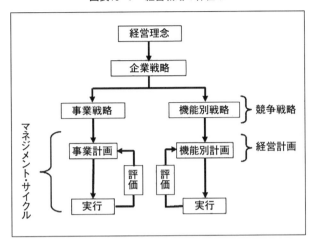

出所：Collis and Montgomery（1998），十川編著（2006）などを基に筆者作成。

第3節　環境問題への対応の変化―規制追随から経営戦略へ―

1．ハート（S.L. Hart）による環境対応の類型

ハートは，資源ベース・アプローチの観点から，経営戦略と環境対応について，汚染回避型対応，プロダクト・スチュワードシップ，持続可能な発展という3つに分類している（Hart, 1995, pp.993-998）。以下では，それら各分類の概要に基づきながら，企業の環境対応がいかに変化してきたのかを考察する。

（1）汚染回避型対応（pollution prevention）

まず汚染回避型対応であり，これは2つのタイプに類型される。その1つが，製品や製造過程から排出される環境汚染物質に対して受動的な対策を講じる「エンド・オブ・パイプ型」（end-of-pipe）である。これは，製品設計や製造過程そのものに環境配慮型のメカニズムを組み込むのではなく，結果として生じる排出物に対して事後的な対策を講じるものであり，排出物や廃液などを捕

獲・貯蔵・処分するに過ぎない。エンド・オブ・パイプ型は，競争優位につながる戦略的な行為ではなく，事後的に規制へ適応していく規制追随型の環境経営と言える。他方が「予防型」（prevention）であり，使用原材料の見直し，リサイクルの徹底，製造工程の改善など経営管理の向上を通して廃棄物や排出物を削減する取り組みである。エンド・オブ・パイプ型は環境汚染物質の発生後に講ずる「川下」での対応であるのに対して，予防型は環境汚染の発生源という「川上」での対応を行うものである。

　予防型は，継続的な改善や従業員のコミットメントを要求する点で多くの労力を必要とする一方で，エンド・オブ・パイプに要する技術や設備は一般的に高額でありコスト上昇要因になる場合が多いという。それゆえ，予防型の対応が可能になれば，競合他社に対してコスト面で競争力を高められる。両者とも基本的には規制追随的な取り組みであるが，予防型では環境対策費用を低く抑えられるため，コスト・リーダーシップ（cost leadership approach）の経営戦略を実行する企業にとっては有効な手段になるという（Buysse and Verbeke, 2003, p.453）。

（2）プロダクト・スチュワードシップ（product stewardship）

　ついで，プロダクト・スチュワードシップという分類である。これは，製品のライフ・サイクルを通して環境負荷を最小化するために，サプライチェーン全体から製品や製造工程を設計していく。LCA（Life Cycle Assessment）を実行して，法的規制を超えて環境負荷を最小化しようとする取り組みなのである。ここでは規制項目となっている汚染物質の排出削減だけではなく，GHG排出やごみ排出などのあらゆる側面から環境負荷が考慮されている。プロダクト・スチュワードシップは，製品の「揺りかごから墓場まで」において，原材料選定，製造，配送，梱包，消費，廃棄という製品が辿る過程を考慮に入れて，環境負荷を軽減する経営戦略と言える。

　1990年代には，ドイツが世界初の「製品引取りに関する法律」（product "take-back" law）を成立させたことを契機に，リサイクルを促進する法律が先進工業

国において広まっていった。日本でも，家電リサイクル法（1998年）や自動車リサイクル法（2002年）などが施行されており，製品回収・廃棄・リサイクルが企業の責任に加えられている。それゆえ，企業にとって，自社製品に関して処理の際の無害化やリサイクルを見込んだ設計・生産が必要とされている。また，製品ライフ・サイクルの環境負荷を低減させる取り組みは，環境汚染を生じる事業からの退出を促し，既存の生産システムを再設計させ，ライフサイクル・コストを低減させた新しい製品の生産を可能にする。プロダクト・スチュワードシップは，環境対応のための経営資源の獲得を可能にすることから，企業の競争力を強化することになるという。

（3）持続可能な発展（sustainable development）

　地球環境問題を考える際に，先進工業国と発展途上国の状況を同一視した取り組みでは持続可能な発展は達成できない。先進工業国では，リサイクル法のような環境規制が施行されており，企業は予防型やプロダクト・スチュワードシップを通して競争力を高めるとともに，持続可能な発展にも寄与することができる。発展途上国は，世界の総人口の80%以上を占めており急速な経済発展を遂げつつある。現状の環境技術のままで，中国やインドの全世帯に冷蔵庫と自動車が普及した場合には，大気圏を大規模に破壊してしまうと試算されるほどである。

　持続可能な発展を成し遂げる経営では，先進工業国だけでなく，途上国においても環境負荷を低減する企業活動を実践する必要がある。そのような活動を通して生産される製品は，環境問題への関心が相対的に低い途上国ではコスト上昇要因にしかならず，短期的には収益を低下させる可能性が高い。持続可能な発展戦略では，発展途上国で多額の投資と長期コミットをすることで，当該国を環境志向型の市場に変容させる必要があるのである。それでも，このような取り組みは，短期的には投資家からの評価を高め株式時価総額の上昇をもたらす可能性があり，長期的には製品コストの低下や製品それ自体の魅力向上につながり，企業の競争優位の源泉になると考えられている。

この戦略を実現するには，従業員を中心とするステークホルダーに共有される長期的ビジョンが要求されるため，それを明確に打ち出せる経営者の倫理的なリーダーシップが必要とされる。このようにして共有されたビジョンと，倫理的な経営者こそが，持続可能な発展という環境経営戦略を成功させる際の「希少資源」(rare resource) になるという (Buysse and Verbeke, 2003, p.454)。

上記のエンド・オブ・パイプや汚染予防という行為は，事後的または防衛的な対応であり，環境問題が経営戦略の重要課題として十分に取り込まれているとは言えない。これに対して，プロダクト・スチュワードシップや持続可能な発展というアプローチは，ステークホルダーとの協働を前提として，環境負荷を生じさせない製品設計などの事前対応や長期的な競争力向上の視点が含まれている。経営者をはじめ企業内部に環境への対応が制度化され，環境問題が経営戦略に取り込まれている状態なのである。

2．企業の環境対応の変遷

日本も含めて世界的に企業の環境対応は，1960年代以降，公害防止型，公害予防型，経営戦略型（プロダクト・スチュワードシップ），そして持続可能型へと段階を辿っている（堀内・向井，2006, pp.77-80)。その第 1 段階が，日本では1960から70年代の公害防止への対応である。同時期には，水俣病や四日市ぜんそくなど企業活動の排出物によって引き起こされる環境被害と健康被害に注目が集まり，日本政府は「環境法」を整備して規制を強めた。当該期の企業の対応は，一部の先進的企業を除くと，エンド・オブ・パイプに基づく事後的な対応であったという。当時の日本政府は，公害を防止するため産業に関与して公害防止を進め，企業も政府規制に追随する形で環境対応を行ったことから，経営戦略的な性格はほとんど見られなかった[5]。

第 2 段階が，1980年代以降であり，世界的に企業は公害予防に重点を置いた環境対応を実施するようになった。つまり，環境汚染物質排出の川上において，環境効率と経済効率の両者の向上を図りながら予防型の環境対応が実行されるようになった。また，アメリカでは，TRI（有害物質排出目録）法が施行さ

れて，排出物に対する罰則強化や情報公開に対する要請が高まるに連れて，経営者のリスク・マネジメント意識も高まり，環境問題への戦略的な取り組みが徐々に進展していったという。

第3段階が現在であり，環境問題を経営戦略上の課題として認識するようになっている。企業はISO14001を認証取得することを目的に，EMSを確立して戦略的に環境経営に取り組んでいる。ISO14001の導入により，組織内で環境に対する意識が高まり，環境志向の経営を実現できると考えられているからである。実際に，日本における認証登録件数は26,315事業所（2018年4月時点）に達しており，中国に次いで世界第2位の水準にある（日本適合性認定協会HP）。さらに，高い環境技術や環境報告書の充実などの要因も加わって，日本企業は環境において高い評価を得ている。現在では，ISO14001の認証を通して企業経営をより環境志向にシフトさせており，またEMSの構築にともないLCAも実行されたりと，環境負荷そのものを削減する製品や事業の開発に取り組んでいる。プロダクト・スチュワードシップ型の環境経営が進展しているのである。

第4段階が，21世紀の課題としての持続可能な経営であり，これは社会全体の持続可能な発展とも密接に関連している。世界経済における発展途上国の存在感が高まるに連れて，そのような国々も含めた持続可能な発展に貢献する企業経営が要請されているからである。深刻化する気候変動については，先進工業国を中心とした京都議定書が終了し，発展途上国を含む全世界を巻き込んだパリ協定の発効へと歩みが進められている。さらに，環境・経済・社会という総合的な側面からは，SDGsによって目標が定められたことで，企業だけでなく様々な主体の関与と連携が重視されている。日本政府としても，これらを成し遂げるために，国内の推進体制と国際的な協調体制を構築していくことが求められている。

上記では，ハートが提示した環境対応と経営戦略の分類について考察したが，実際の企業行動も政策の影響を受けながら，エンド・オブ・パイプ型や予防型からプロダクト・スチュワードシップ型へ，そして持続可能な発展へとシ

フトしていることが分かる。①汚染物質を排出する末端での対応から，②サプライチェーンも含めた製造工程全体で環境汚染を防止する対応，そして，③膨大な人口を抱える発展途上国の経済成長と気候変動の抑制を同時達成する持続可能な発展というように，経営戦略の策定に際しても環境という課題事項の占める割合が大きくなっていると言えよう。環境経営戦略の策定と実行が企業に強く要請されているのである。それでは，環境問題を経営戦略に取り込むとはどのようなことなのか。以下では，環境経営戦略の枠組み，およびそれが競争優位に結びつく試論的なプロセスを提示していこう。

第4節　環境経営戦略の枠組みと競争優位

1．環境経営戦略の枠組みの前提

　環境経営戦略を策定し実行するには，経営者が環境問題に取り組む姿勢を明確にすることが第1歩となる。経営戦略は企業のビジョンを示すことから，経営者が環境問題にコミットする姿勢を打ち出し，企業として全社的かつ長期的に取り組む姿勢を明示する必要があるからである（堀内・向井，2006，p.85）。ついで，技術開発計画，設備投資計画，販売計画など主要計画の作成段階から環境問題を考慮に入れて，事業戦略や機能別戦略といった競争戦略が策定される。最後に，企業が販売する製品やサービス，または経営管理そのものに環境を反映することで競争優位が構築されていくと考えられる[6]。これを踏まえて環境経営戦略の枠組みを提示すると図表15-2のようになる。

　経営戦略は企業戦略と競争戦略の2つの側面に分けられるが，このことは環境経営戦略においても同様である。そして，環境経営における経営管理はEMSによって実行される。EMSを経営戦略に含めているのは，EMS自体が「環境経営システム」として，「経営業績向上と環境保全を両立させる … 中略 … 戦略的ツール」と捉えられているからである（堀内・向井，2006，p.111）。EMSの実施に際しては，経営者がその策定から評価まで責任を持つことから，EMS自体が企業戦略と大きく関係している（大浜，1998，p.116）。さらに，

環境方針の下で競争戦略を展開する際にも、EMSを通して環境が経営管理に組み込まれているか否かで、実施しうる競争戦略も大きく左右されるであろう。このように環境経営戦略において、企業戦略、競争戦略、EMSによるマネジメントの3者が相互に関係してくるのであり、以下ではこの枠組みを解説していこう。

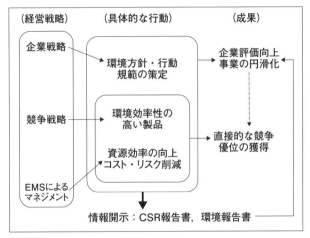

図表15-2　環境経営戦略の枠組み

出所：Buysse and Verbeke (2002)、堀内・向井 (2006) などを参考にして作成。

2．環境経営戦略が競争優位に結実するプロセス

　それでは、環境経営戦略がどのように具体化されてくるのであろうか。まず、長期的なビジョンやドメインを描く企業戦略においては、環境方針や行動規範が策定されて、企業全体として環境問題へ重点的に取り組むことが示される。例えば、自動車関連産業について見ると、三菱自動車工業の益子修CEOは、世界の環境規制に対応するために「電気自動車（EV）などの電動化対応は不可欠」と述べている（『日本経済新聞朝刊』2018年4月2日）。また、エンジン（内燃機関）を燃焼させるスーパープラグ製造の日本特殊陶業の尾堂真一会長兼社長も以下のように述べている。「ガソリン車から電気自動車（EV）や燃料自動

車（FCV）への移行」が進んでいるなかで，「スーパープラグを製造する会社の経営者として心の葛藤があり」，「決断を迫られることも多くなって」いる。しかし，今後も自動車は内燃機関に依存せざるを得ないのであり，同社としては，燃費向上センサーの開発を通して GHG 排出削減に取り組んでいくという（『日本経済新聞朝刊』2018年3月5日）。両社の経営者からは，「環境」を経営方針の要諦として位置づけていることが見て取れる。そして，今後は，環境関連の製品を収益源として長期的な経営戦略の策定・実行へ向かうと考えられる。このように環境を中心的な課題として位置づけ，企業の長期的方向性を示す役割を企業戦略は担っているのである。

　ついで競争戦略では，競合他社に対して有利なポジションを築いて競争優位を獲得するための企業行動が取られる。具体的には，競合企業よりも消費者への訴求力の高い製品の生産や販売が重要になる。環境経営戦略という視点に基づけば，製造工程の環境負荷低減だけに焦点を当てるのではなく，環境負荷の少ない環境効率性の高い製品（サービスも含めて）を生産し，消費者の環境意識を涵養したり購買意欲を訴求していく。有利なポジションを得るために，環境経営戦略では，環境効率性の高い製品生産と，それを訴求するマーケティング活動を実施することが競争戦略の1つになってくる。MM 総研が2012年1月に行った「環境対策に関する消費者意識調査」によると，「消費者の環境に対する関心度」では，約74% の消費者が「関心がある」と回答している。また，「値段が高くても環境に良い商品を選ぶ」消費者の割合も約39% に達しており，消費者の環境意識が高まってきていることが分かる（MM 総研 HP）。

　このような消費者動向は，英米では1980年代から「グリーン・コンシューマリズム」として表れていた。これは，環境に配慮した製品や環境保護に貢献している企業の製品を購入する市民運動であり，消費者の購入・利用選択において環境を基準とする傾向が高まっていた（中丸, 2007）。さらに，消費者環境教育の重要性が世界的にも指摘されており（水野, 2007, 150-151頁），このような教育が活発化していけば，消費者の製品購入において環境がより大きな選択基準の1つになると想定される。環境効率性の高い製品を提供することが，競争優

位の構築において大きな役割を担うことになる。

　しかし，環境効率性の高い製品を開発したとしても，そのことが大幅なコスト増加になることもありうる。それゆえ，環境経営戦略の下で競争優位を実現するには，環境効率性の向上とコスト低下の同時実現が必要になり，「エコ効率性」を高めるためのイノベーションが企業に求められる[7]。その技術的な要因について詳しく論じられないが，エコ効率性を向上させるイノベーションの達成のためには，基盤となる組織能力が存在しなければならない。つまり，環境方針や行動規範などを通して，経営者が環境を経営戦略に位置づけるビジョンを示して今後の方向性を提示する。また，EMS の構築や戦略的な活用を図ることにより，経営管理に資源効率の向上やコスト削減を実行するための制度が整い，環境に対する意識を組織全体で向上させる。環境に焦点を置いたR&D や製品生産はもちろんのこと，このような制度と意識が組織に醸成されることも，エコ効率性を高めるイノベーションの達成に大きな影響を及ぼすであろう。

　企業戦略の下で環境問題に取り組む姿勢を明示し，事業戦略や機能別戦略を通した環境効率性の高い製品提供に加えて，コストやリスクなども同時に削減することで競争優位を構築していく。もちろん，企業や産業ごとに経営環境も異なってくるため，すべてを包含した枠組みとは言えないが，環境経営戦略の大枠を示せたであろう。

3．競争優位を向上させる付随効果

　環境経営戦略の実行には，競争優位を向上させる効果も付随してくると考えられる。まず，環境問題への取り組みがプロアクティブであり，かつ情報開示を的確に行うことによって企業評価が向上すると指摘されている（豊澄，2007，226頁）。評価向上によって事業の円滑化を可能にしたり（矢口，2008，201-203頁），SRI 投資残高が拡大している今日では資金調達や株価にも大きな影響を及ぼすと考えられる[8]。

　企業が地域に存在することで，税収や雇用確保といった正の側面と，汚染物

質の排出や資源枯渇など負の側面の双方をもたらすことになる。それゆえ，自治体や地域住民などのステークホルダーにとっては企業の活動は不安要素となり，企業の活動を規制する方向に作用する可能性がある。例えば，宮城県仙台市では2017年に営業運転を開始した仙台パワーステーション（石炭火力）に対して，地域住民は，環境影響や健康被害に関する情報開示が不十分だとして操業差止訴訟を起こしている（仙台パワーステーション操業差止訴訟原告団事務局HP）。環境への取り組みを積極的に開示していき，環境経営に対する評価向上とステークホルダーからの信頼・承認を得ることが必要なのである。ステークホルダー・エンゲージメントが重要となっており，例えば英国BP社では，ステークホルダーとの関係構築と，そこから生ずる企業評価向上を活用して事業を円滑化する事例も見られる（矢口，2008）。さらに事業環境を改善するだけでなく，「環境」そのものが付加価値となって製品のブランド確立にも貢献すると指摘されていることから（豊澄，2007，226頁），競争戦略の策定・実施に正の影響を及ぼすと考えられている。

　環境経営により企業評価が向上して株価も上昇すれば，経営戦略それ自体にも大きな影響を及ぼすことになる。日本でも株主志向のコーポレート・ガバナンス体制が浸透してきており，株式交換によるM&A（合併・買収），三角合併の解禁，敵対的TOB（株式公開買付）の活発化，指名委員会等設置会社の選択採用，コーポレートガバナンス・コードの策定など株式市場からの影響が強まっている。とくにM&Aに注目すると，買収を防衛するだけでなく，買収側に立ったとしても，株価が大きく影響してくる。環境経営戦略を実施することは，当該企業にとって安定した経営環境の形成や，有利にM&Aを進める際にも一定の役割を有すると考えられる。

　このように環境経営戦略の実行は，経営環境を企業に対してより有利に変容させる性質を有している。環境経営戦略では，企業戦略と競争戦略を通して形成される直接的な競争優位に加えて，企業評価や株価上昇などによって形成される付随効果によって，シナジー（相乗効果）を創出して競争力が向上していく。このような経営戦略は，利益の最大化のみを追求する経営とは異なり，経

第15章 環境経営戦略　293

済効率と環境効率を両立させてエコ効率を追及するものであり，企業それ自体に加えて社会全体の持続可能な発展にも資することになろう。「環境」を保全すると同時に企業業績という「経済」も両立させることによって，雇用の安定やより良い地域社会（「社会」）の形成も可能になる。持続可能な発展の要素であるトリプル・ボトム・ラインが達成されるのである。

第5節　ISO14001を活用した経営戦略
―宮城県の中小企業の事例―

1．EMS の概要

　EMS とは，「事業活動に伴う環境負荷を継続的に改善することを目的とする経営システム」と定義される。実際には，PDCA サイクルを構築して継続的に環境への取り組みを改善していき，これによって環境負荷低減と同時に経営効率を向上できることが利点だという。近年では，国内的にも EMS の構築を取引条件とする企業や自治体も多くなっている（野村ほか編著，2014, pp.44-45）。

　EMS については，国際標準化機構（ISO）によって規格化された ISO14001（1996年）が最も代表的な規格として知られている。ISO14001は国際規格であるため，これを認証取得すれば，国際取引においても EMS を構築して環境問題に取り組んでいる企業だと認識されることになる。上記の通り，日本における ISO14001認証件数は2万6,314事業所に及んでいる。それは世界2位の水準にはあるものの，総事業所数が545万3,635か所であることを考慮すると（2012年時点），その割合は全体の0.48% に過ぎない（日本適合性認定協会 HP）。ISO14001では，高額な認証費用や煩雑な申請手続きを必要とするために，中小企業では認証取得が困難であると指摘されている。このことから，近年では，中小企業でも取得が容易な EMS 規格が策定されている（とやま環境財団 HP）。例えば，エコアクション21（環境省），KES 環境マネジメント・システム・スタンダード（KES 環境機構），エコステージ（エコステージ協会）などであり，これらは国内認証規格ではあるものの，中小企業でも取得が容易なように設計されている。

EMS の導入については，国際・国内取引に際しての単なるパスポートだけではなく，経営を改善するメリットがあることも指摘されている。例えば，東北産業活性センターの2009年の調査によると，EMS の導入によって，使用エネルギーや廃棄物処理量が削減されるなど，環境負荷低減とコスト削減を両立できた企業が多いという（『河北新報朝刊』2009年8月15日）。また，PDCA サイクルに基づいて EMS を実施していく際には，従業員の環境意識を高めることから，EMS の導入が従業員の環境教育を促進することも指摘されている（佐々木・箕輪，2007）。しかし，EMS の導入が経営戦略に作用して，競争優位にどのように影響を及ぼすか，さらに中小企業の EMS 活用については十分な検討が行われてこなかったようである。このことを踏まえて，本章では，中小企業の ISO14001への取り組みと，それを活用した競争優位の構築に関する事例として，宮城県仙台市のイシイ株式会社（代表取締役石井吉雄氏，以下，石井社長）の取り組みを最後に検討していく[9]。

2．イシイ株式会社の EMS 活用による環境経営戦略

イシイは「快適で安全な職場環境づくり」を事業ドメインとする仙台市の地域企業であり，業務用ユニフォームの企画・納入を主要事業として展開している。イシイの業務用ユニフォームの市場シェアは，宮城県では約50% を占めているだけでなく，東北地方でも1位の実績を残しており，同社は地域を代表する中小企業の1つとなっている。それ以外にも，ダブルストーンという現場労働者向けの作業服・用品小売を21店舗展開したり，近年では，環境関連事業も熱心に取り組んでいる。

写真15-1　仙台市若林区のイシイ本社　　写真15-2　ダブルストーン

出所：イシイ株式会社HP（http://www.ishi-i.co.jp/）

　ISO14001では環境方針の策定が求められるが、イシイは以下のような形で環境方針を定めている。まず冒頭では、石井社長による地球環境に対する「考え方」（方針）が述べられている。

「私達は、縁があってこの自然豊かな、すばらしい地球に生まれ育ってきました。しかし、…中略…地球が、人間の無関心さのあまり、すごいスピードで破壊されています。限られた貴重な資源を、大事にし大切にしながら、次の世代に渡していくのが、私たちの重大な使命と責任であると考えています。…中略…自分が今そのために何をしなければならないのか、又何が出来るのかを考えています」（「イシイ株式会社 ISO14001環境方針」）。

　このように次世代を見越した環境保全について、石井社長は大きな責任感を有しており、それを達成する強いリーダーシップに基づき、同社をしてISO14001の認証取得へと突き動かしたのである。そして、この「考え方」に基づいて、環境マネジメントの「基本理念」が示されている。それは、ユニフォームや安全用品などの開発・製造・販売というイシイの業務を通して、環境保全に取り組んでいくことである。具体的には、気候変動や自然環境破壊を阻止するために、その実行手段として、イシイそれ自体が省エネ、リユース、ゴミ削減などを積極的に実施していく。さらに、環境負荷を低減する事業を確立して、同社単独ではなく顧客や取引先といったステークホルダーを巻き込ん

で廃棄物削減に取り組んでいくことが定められている。

環境方針に基づいて，事業部ごとに環境改善の責任者が設置されて，それを達成するための PDCA サイクルが実施されていく。なお，実際の取り組みは極めて草の根的なものである。例えば，裏紙の活用，段ボールや紐などの再利用，節電・省エネなどの徹底から始まり，事業所内外における整理・整頓・清潔の徹底で効率的な作業環境を整えることであり，従業員の作業効率向上と使用資源量削減を同時に達成している。そして，四半期ごとに，各事業部が環境改善にどのように取り組み，成果が上がったかを評価して課題を析出し，改善に向けた取り組みをしている。イシイでは，このような取り組みを実現するために PDCA サイクルに基づく EMS を構築しているのである。

イシイの EMS 活用の特徴的な点は，環境への取り組みを同社の競争優位へと結びつけていることである。それは，石井社長による従業員環境教育の成果でもある。石井社長は，ISO14001の認証取得を契機にして，従業員の環境意識を高めるための教育に取り組んできた。なぜ同社が EMS を構築しているのか，ISO14001に取り組むことの意義は何のか，環境問題に取り組むことは企業としてどのような意味があるのかなどについて，OJT（仕事をしながらの研修）によって教育・研修をしてきたのだという。

省エネ・資源節約の推進と環境教育の実践によって，イシイでは，組織的な環境意識が高まり，このことが競争優位に資する環境保全型事業を創出している（図表15-3）。第1に，レンタル・ユニフォームという業務用ユニフォームの新業態の展開である。これは，同社がクリーニングとメンテナンスを行いながら顧客にユニフォームを提供し，使用終了後にはユニフォームを回収して再生あるいは再利用する事業である。これにより1枚のユニフォームを効率的に長く使用して，資源節約に貢献することができる。

第2に，イシイでは「在り切り商品」というカテゴリーを設定している。在り切り商品とは，ユニフォーム製造企業において廃版となった在庫品限りの商品であり，サイズや色なども不揃いになっている製品である。このような製品には，卸売や小売店からの需要が無くなるため，一般的にはメーカー側で廃棄

されることになる。もちろん，廃棄となれば，焼却されるため GHG を排出することになってしまう。イシイとしては，環境問題の改善を意図して，在り切り商品をメーカーから買い受けて，自社在庫としてストックし独自の流通網を通して販売している。これによって，メーカー在庫処分，廃棄物削減，自社の販売商品の拡充，多様な顧客ニーズの充足を同時に達成しているのである。

　第 3 に，イシイでは環境意識の向上が職場環境を改善する事業にも直結している。それが「ステリ PRO」という除菌消臭水であり，ノロウィルスやインフルエンザなどの予防に大きな効果を発揮する製品開発と提供であり，地域の宿泊・飲食・介護などの事業所において納入が進んでいる。また，これ以外にも，高効率 LED，メガソーラー敷設とメンテナンス装置の開発など，環境教育を発端に「環境」そのものを事業として展開するようになっている。

　このような事業は，イシイが ISO14001 を認証取得したことを契機に，環境問題に取り組む過程で創出されたものであり，EMS 構築と環境教育の成果と言うことができよう。結果的に，これら新規の環境関連事業は，同社の東北地域における高いマーケット・シェア獲得と維持に貢献しているという。石井社長の主導による ISO14001 への取り組みが，従業員を巻き込み組織的な環境意識向上へとつながった成果なのである。EMS を省エネや資源節約に留めるのではなく，新製品や新サービス創造へと結実させること，すなわち環境経営戦略を実践することの重要性がイシイの取り組みから見て取れるであろう。このことから，中小企業においても，EMS は経営戦略的なツールとして競争優位をもたらすと考えられる。

図表15-3　イシイの EMS に基づく競争優位構築

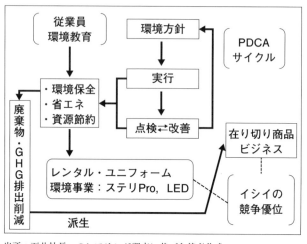

出所：石井社長へのヒアリング調査に基づき筆者作成。

第6節　おわりに

　本章では，企業の環境対応について規制追随型から環境経営戦略への変遷を示し，ついで，環境経営戦略の枠組みと競争優位へとつながるプロセスを考察してきた。環境経営戦略では，企業戦略と競争戦略を実行しつつ，EMS による環境マネジメントの構築が，環境効率性の高い製品提供や資源効率性の向上を可能とするだけでなく，消費者への訴求力も高めることになり競争優位に貢献していく。加えて，環境経営戦略は企業評価や株価上昇などの側面から間接的に競争力を向上させる。環境経営戦略は，企業の競争力を強化しつつ，社会の持続可能な発展にも資する "win-win" を達成する可能性を秘めている。その後，EMS を活用した環境経営戦略について，仙台市の地域企業イシイの ISO14001への取り組み事例から考察した。同社ではEMSを省エネや節約だけでなく，従業員への環境教育を通して，顧客に提供する製品やサービスと関連づけて活用しており，そのことが他社との差別化となり同社の競争力を高めていることが見て取れた。

第15章　環境経営戦略　299

　1960年代頃まで，企業は経済重視の経営をしてきた。大量生産・大量消費を前提とする社会の中で，環境は課題事項とは認識されず，売上と利益の最大化を追求することに主眼が置かれていたのである。それは，「ゆたかな社会」の実現を求める消費者からの要求だったのかもしれないが，それが到来する過程で環境問題を惹起することになってしまった。さらに近年では，気候変動に象徴されるグローバルな環境問題へと広がりを見せているなかで，企業経営の在り様にも変革が求められている。しかし，環境対応がコスト上昇要因としてだけ機能し，その競争力を低下させるとすれば，企業をして環境問題に取り組む誘因にはならない。結局のところ，環境規制とその対応が環境経営の争点に留まらざるを得なくなる。そのような視点ではなく，環境対応を経営戦略に位置づけることで，新たな製品開発や経営管理を構築して競争優位を獲得することが，環境経営戦略の役割なのである。本章では，試論的ながらも環境経営が競争優位に結びつく枠組みを提示できたと考えている。

　環境問題を経営戦略や経営管理に取り込むことは，規模の大小や業種を問わず，現在では全ての企業に求められている。それでは，経営資源的な余裕や技術・ノウハウを有する大企業に比べて，中小企業や地域企業はどのような環境経営戦略を実行していくべきか。ISO14001を始めとするEMSを単なる取引要件として受動的に取得するのではなく，イシイの事例のように，ポジティブに活用することが求められていると言えよう。中小企業もEMS構築を促進するために，エコアクション21のような制度を活用すべきである。そして何よりも，環境経営を進展させていくためには，経営者が環境問題にコミットする強い意志とリーダーシップ，さらにはその取り組みがステークホルダーから適切に評価されることが必要であろう。

【注】

（１）持続可能な発展は，経済・社会・環境という３つの要因が，どれ一つ欠落することなく，そのパフォーマンスを拡大させることで可能になる（SustainAbility Homepage）。

（２）日本の GHG 排出量のほとんどが，製造業，運輸，その他サービス部門といった企業活動から排出されていることが指摘されている。詳細については，全国地球温暖化防止活動推進センター HP を参照されたい。

（３）日本政府の SDGs に向けた体制構築，さらに企業の取り組み事例については外務省HP を参照されたい。

（４）ポジショニング・アプローチや資源ベース・アプローチについては，Porter（1985），Collis and Montgomery（1998），Barney（2006）などを参照されたい。

（５）1970年のアメリカでは，マスキー法（Muskie Act）が制定されたが，この規制に挑戦して市場開拓を試みたホンダのような企業も存在していた。このことから，環境対応を経営戦略に取り込んでいた企業が，当時の日本にまったく無かったわけではない。

（６）環境マネジメントのプロセスを企業経営に組み込むことは，コスト削減に加えて全社的な経営品質も高めると考えられている（Shrivastava, 1995, pp.954-956）。

（７）エコ効率性（eco-efficiency）の「エコ」には，エコロジーとエコノミーの２つのエコが含まれており，環境効率と経済効率をともに向上させる意味が含まれている（堀内・向井，2006，82頁）。

（８）環境問題も含めて CSR と株価の関係について，従来の研究からは明確な相関関係が得られていない。しかし，矢口（2008）では，環境問題に深い関係を有する石油産業の株価と業績について分析している。その結果，環境問題に積極的な取り組みを示したBP（旧英国石油）が，競合企業のロイヤル・ダッチ・シェルよりも株式時価総額で上回っていることが明らかになった。環境負荷の大きい産業に限定すると，環境経営と株価との間に一定の正の関係を見出すことができる。

（９）イシイの ISO14001 に基づく環境経営戦略については，主として石井社長へのヒアリング調査に基づいている（実施日：2018年５月24日）。

【参考文献】

大滝精一・金井一賴・山田英夫・岩田智（2006）『経営戦略―論理性・創造性・社会性の追求―』有斐閣。

大浜庄司（1998）『ISO14000環境マネジメントシステムの実務知識早わかり』オーム社。

佐々木和也・箕輪祐一（2007）「ISO14001取得企業における環境教育の現状」『宇都宮大学教育学部　教育実践総合センター紀要』第30号，337～349ページ。

十川廣國編著（2006）『経営学イノベーション2　経営戦略論』中央経済社。

高橋俊夫（2009）『企業戦略論の系譜と展開』中央経済社。

中央職業能力開発協会編（2007）『ビジネス・キャリア検定試験標準テキスト　経営戦略3級』社会保険研究所。

豊澄智己（2007）『戦略的環境経営―環境と企業競争力の実証分析―』中央経済社。

中丸寛信（2007）「日本の消費者の環境意識と行動」『甲南経営研究』第47巻第4号，1～45ページ。

野村佐智代・佐久間信夫・鶴田佳史編著（2014）『よくわかる環境経営』ミネルヴァ書房。

堀内行蔵・向井常雄（2006）『実践環境経営論―戦略論的アプローチ―』東洋経済新報社。

水野建樹（2007）「消費者環境教育の現状と課題」『日本 LCA 学会誌』第3巻第3号，150～156ページ。

矢口義教（2008）「企業戦略としての CSR―イギリス石油産業の事例から―」『現代経営学の新潮流―方法，CSR・HRM・NPO―〔経営学史学会年報第15輯〕』文眞堂，197～208ページ。

Barney, J.（2002）*Gaining and Sustaining Competitive Advantage*, Prentice Hall.（岡田正大訳『企業戦略論―競争優位の構築と持続―』ダイヤモンド社，2003年）

Buysse, K. and A. Verbeke（2003）"Proactive Environmental Strategies: A Stakeholder Management Perspective," *Strategic Management Journal*, No. 24, pp.453-470.

Collis, D.J. and C.A. Montgomery（1998）*Corporate Strategy: A Resource Based Approach*, The McGraw-Hill Companies.（根来龍之・蛭田啓・久保亮一訳『資源ベースの経営戦略論』東洋経済新報社，2004年）

Hart, S.L.（1995）"A Natural-Resource-Based View of the Firm," *Academy of Management Review*, Vol.20 No.4, pp.986-1014.

Porter, M.E.（1985）*Competitive advantage: creating and sustaining superior performance*, Free Press.（土岐坤・中辻萬治・小野寺武夫訳『競争優位の戦略―いかに高業績を持続させるか―』ダイヤモンド社，1985年）

Shrivastava, P.（1995）"The Role of Corporations in Achieving Ecological Sustainability," *Academy of Management Review*, Vol. 20 No.4, pp.936-960.

『日本経済新聞朝刊』2018年3月5日・29面「持続可能な社会には何が必要ですか」，2018年4月2日・26面「経営者の目」。

『河北新報朝刊』2009年8月15日・7面「競争力アップへ環境対策不可欠」。

【ホームページ】

SustainAbility　2018年5月28日アクセス
　　http://www.sustainability.com

MM総研　2018年5月8日アクセス
　　http://www.m2ri.jp/news/detail.html?id=144

外務省　2018年5月8日アクセス
　　http://www.mofa.go.jp/mofaj/gaiko/oda/about/doukou/page23_000779.html

気象庁　2018年5月27日
　　http://www.data.jma.go.jp/cpdinfo/chishiki_ondanka/index.html

資源エネルギー庁　2018年5月2日アクセス
　　http://www.enecho.meti.go.jp/about/special/tokushu/ondankashoene/pariskyotei.html

全国地球温暖化防止活動推進センター　2018年5月24日アクセス
　　http://www.jccca.org/chart/chart04_05.html

仙台パワーステーション操業差止訴訟原告団事務局　2018年6月23日アクセス
　　https://stopsendaips.jp/

地球環境センター　2018年5月2日アクセス
　　http://www.cger.nies.go.jp/cgernews/201407/284004.html

とやま環境財団　2018年4月18日アクセス
　　http://www.tkz.or.jp/ea21/hikaku.html

日本適合性認定協会　2018年4月18日アクセス
　　http://www.jab.or.jp/system/iso/statistic/iso_14001.html

第16章
気候変動と環境経営

第1節 低炭素社会から脱炭素社会へ

1. パリ協定への道のり

2015年、気候変動枠組条約第21回締約国会議（COP21）で採択されたパリ協定は、全締約国が地球温暖化対策の義務を負うことが約束された。パリ協定の国際条約としての発効には、55か国・地域以上、かつ世界の温室効果ガス（Greenhouse Gas：GHG）排出量の55%以上を占める国・地域の批准が必要であったが（UNFCCC, 2015）、インド、中国、米国などの世界の主要な二酸化炭素（Carbon Dioxide：CO_2）排出国が批准し、2016年11月4日に発効した。1997年に採択された京都議定書は、先進国のみに削減義務を課し、かつ、国連によるトップダウンアプローチであったため発効に8年を要したが、パリ協定は全締約国が自主目標を約束するというボトムアップアプローチで決定するため、現実的な目標の提出が各国の批准を容易にし、また世界の総排出量の計38%を占める米国および中国が同時批准したことが早期の発効につながった。

1994年に発効した「気候変動に関する国際連合枠組条約（United Nations Framework Convention on Climate Change：UNFCCC）」では、気候変動はこれまでの先進国の活動に起因するとする途上国の主張を尊重し、締約国の共通だが差異のある責任という原則を掲げ、その後1997年 COP 3において京都議定書が採択された。しかし、米国が京都議定書から離脱し、削減目標を持たない中国を始めとする途上国での排出量が急増したため（図表16-1参照）、2010年の

COP16において2020年以降新たな排出削減目標を設定するカンクン合意が採択され，2011年のCOP17のダーバン合意において，全締約国が法的拘束力のある協定を2015年のCOP21において決定することが採択された。パリ協定では，京都議定書を離脱した米国，豪州，ロシア，日本も含め全締約国は，産業革命前からの世界の平均気温上昇を2度未満に抑えるために，各国の国連に提出した自主削減目標を5年毎に見直し，対策を強化することが義務付けられる。我が国が国連に提出した，2020年以降のGHG削減の約束草案は，エネルギーミックスと整合的なものとなるよう，技術的制約，コスト面の課題などを十分に考慮した裏付けのある対策・施策や技術の積み上げによる実現可能な削減目標として，国内の排出削減・吸収量の確保により，2030年度に2013年度比マイナス26.0％（2005年度比マイナス25.4％）の水準（約10億4,200万 t-CO_2）にすると

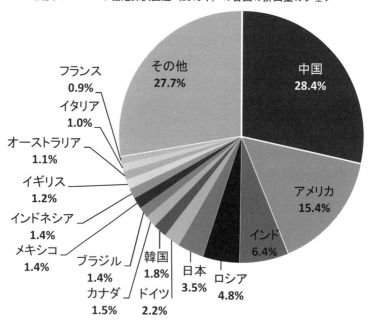

図表16-1　パリ協定採択直近（2015年）の各国の排出量のシェア

出所：EDMC／エネルギー・経済統計要覧2018年版
　　　全国地球温暖化防止活動推進センターウェブサイト（http://www.jccca.org/）より。

図表16-2　1992年～2014年の各国地域の GDP 当たりの排出量の推移

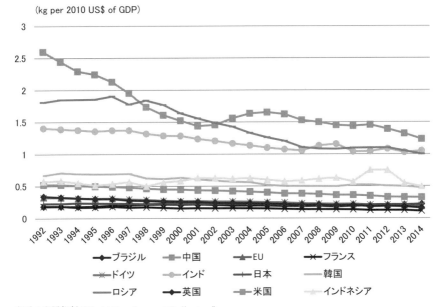

出所：世界銀行 "World Development Indicators"

している。

2．京都議定書以降の気候変動を取り巻く世界経済の変化

　京都議定書採択時の1995年から現在に至るまで，リーマンショック後の2009年を除き，GDP の成長率が右肩上がりの米国，中国，インド，ブラジルなどは GDP 当たりの排出量は経済成長とともに減少している（図表16-2参照）。

　また，人口増に伴い，CO_2排出量も増加しており，その一人当たりの排出量をみると，米国が低下している一方で，圧倒的に中国の増加率が高く，ブラジル，インドがそれに続く（図表16-3参照）。気候変動に関する政府間パネル（Intergovernmental Panel on Climate Change：IPCC）の第5次評価報告書の中で，今世紀末に何も対策を講じなければ4度上昇すると言われる現状の気候変動シナリオにおいて，先進国と途上国の各国は相応の責任を負う必要がある。

図表16-3　1992年～2014年の各国・地域の一人当たりCO₂排出量の推移

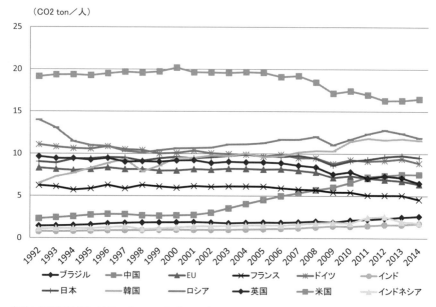

出所：世界銀行 "World Development Indicators"

　気候変動対策は，化石燃料の消費をいかに減じるかという点でエネルギー政策と密接に関係がある。原油価格のレベルは，生活安定および経済成長促進に影響し，各国の事情は異なるものの企業活動に様々なインパクトを与える。1990年から2015年までの原油価格の推移をみると，京都議定書の採択時から発効時までは上昇し，その後急激に上昇したものの，パリ協定採択前後の価格水準は京都議定書発効当時とほぼ同水準であった（図表16-4参照）。

　一方，エネルギー価格が安定していてもエネルギー効率は向上せず，需要が増加した場合は，産業のエネルギー消費を抑制することは困難である。国単位のエネルギー効率は，エネルギー消費1単位当たりのGDPで表し，世界銀行のデータによれば，1995年の京都議定書採択までは先進国を中心に落ち込んでいたが，途上国も含め今に至るまで各国の効率は向上しており，昨今その効率は各国拮抗している（図表16-5参照）。

第16章 気候変動と環境経営　307

図表16-4　1990年～2017年の原油価格の推移

出所：IMF "IMF Primary Commodity Price"

図表16-5　1990年～2014年の各国・地域のエネルギー効率の推移

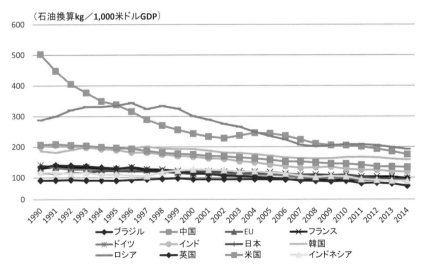

出所：世界銀行 "World Development Indicators"

図表16-6　2001年〜2016年の各国・地域の財政収支（対GDP比）の推移

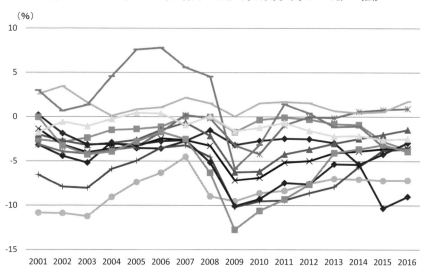

出所：IMF "World Economic Outlook Database, October 2018"

　中国は金属，化学などエネルギー多消費産業のシェアが高く，国内のエネルギー価格が低く抑えられていた。中国政府は電力不足，石油輸入の拡大などの問題と，大気汚染という環境問題を解決すべく，天然ガス，再生可能エネルギー容量の拡大を図っている。また，米国では，1998年にシェールガスの技術が確立したのを機にその後シェールガス革命がおこり，同時にクリーンエネルギー政策を打ち出すことにより新たな産業を構築する方針が出されている。このように原油価格は企業活動等に影響を与える一方，京都議定書採択以降，エネルギー供給源の多様化が各国のエネルギー政策および気候変動政策に影響を与えているといえる。また，2001年から2015年の各国の財政収支の推移をみると，リーマンショックから回復はしたものの，ギリシャショックなどにより，日本，欧州の財政収支は悪化傾向にあり，対GDP比において各国が拮抗しつつある（図表16-6参照）。気候変動交渉では，途上国への支援資金の交渉が難航

第16章　気候変動と環境経営　309

図表16-7　2001年～2015年の各国・地域の政府負債（対GDP比）の推移

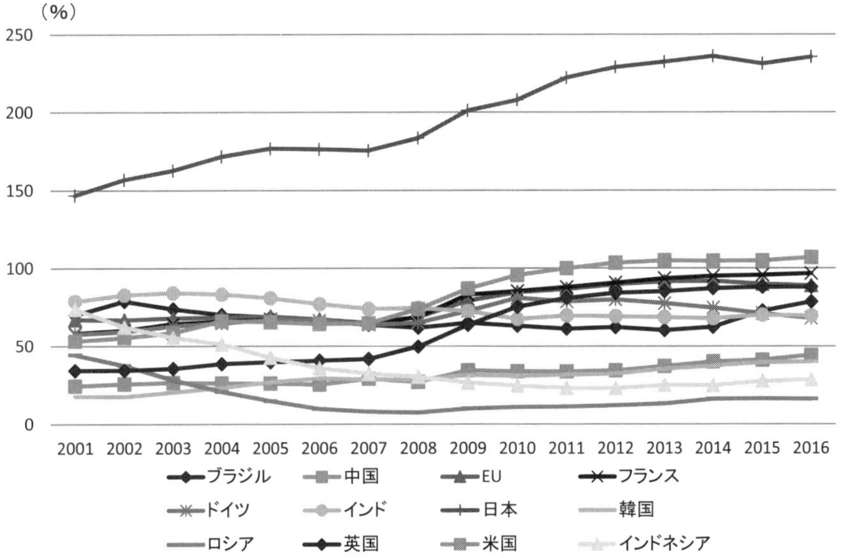

（％）

250

200

150

100

50

0

2001 2002 2003 2004 2005 2006 2007 2008 2009 2010 2011 2012 2013 2014 2015 2016

―◆―ブラジル　　―■―中国　　―▲―EU　　―✕―フランス
―✳―ドイツ　　―●―インド　　―＋―日本　　――韓国
――ロシア　　―◆―英国　　―■―米国　　―＋―インドネシア

出所：IMF "World Economic Outlook Database, October 2018"

すると言われるが，途上国に対して多額の援助をするほどの資金的余裕は先進
国にない（図表16-7参照）。このように，先進国と新興国の財政的国力の差が縮
まり，民間企業の活動のグローバル化において，企業活動を妨げない過大な排
出削減目標の設定をしない範囲で，途上国側でも排出削減目標を受け入れる体
制が進んでいく。

　1997年の京都議定書採択時から比べると，各国の再生可能エネルギー政策は
加速し，米国では2009年以降州レベルで，また，2010年頃には英国など先進国
で再生可能エネルギー買い取り制度が導入され始め，今では途上国においても
導入する国が増加している。各国の再生可能エネルギーへの新規投資額の推移
をみると，中国の増加が著しく，米国，アジアが増加している。ヨーロッパは
一時期に比べ多少低下しているものの引き続き，投資意欲は増加している（図
表16-8参照）。このように，明らかに再生可能エネルギーは，先進国のみなら
ず途上国においても，新たな産業市場として認識されつつあるといえよう。こ

図表16-8　2007年〜2017年の各国・地域の再生可能エネルギー・燃料への新規投資額推移

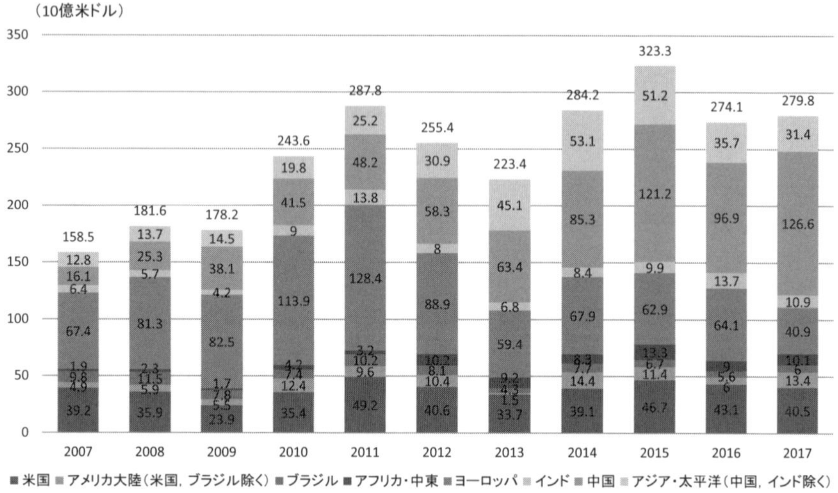

（10億米ドル）

■米国　■アメリカ大陸（米国，ブラジル除く）　■ブラジル　■アフリカ・中東　■ヨーロッパ　■インド　■中国　■アジア・太平洋（中国，インド除く）

出所：REN21 "Renewables 2018 Global Status Report"

のように，気候変動を取り巻く世界の経済環境は大きく変化している。

第2節　脱炭素経営への道のり

1．企業の CO_2 削減目標とパリ協定

　パリ協定は，世界の平均気温上昇を産業革命前と比較して「2度よりも十分に低く」抑えるという2度目標を定め，今世紀後半に，実質的にゼロにするというものである。企業経営において留意すべきパリ協定のポイントを図表16-9に示す。また，その中で特に企業の CSR 経営において，留意する点がいくつかある。例えば，②に示すように，既に国連に提出している2025年もしくは2030年に向けての排出量削減目標を，2020年以降，5年ごとに見直し・提出することになっている。日本のように，2030年度までに2013年度比26％減という目標を掲げている場合，2030年目標をレビューし提出しなおす。5年ごとの目標の提出の際には，原則として，それまでの目標よりも高い目標を掲げること

第16章　気候変動と環境経営　311

図表16-9　パリ協定の主な内容

①産業革命前からの世界気温上昇を２度未満の水準にし，1.5度までに抑えるために努力するという世界共通の長期目標を設定
②すべての締約国がGHG削減目標の提出（＝約束）をし，５年毎の更新が義務付けられ，その実施状況のレビューを受ける
③気候資金は先進国から途上国に引き続き支援するとともに，途上国も自主的に資金を提供する（2025年までの先進国から途上国への新たな資金動員目標を2025年に先立ち，1,000億ドルを下限として設定する。）
④複数の締約国が削減目標を達成するために自主的に協力し，削減効果を国際的に移転することを認知
⑤適応の長期目標の設定及び各国の適応計画プロセスと行動の実施
⑥イノベーションの重要性が位置づけられた

出所：筆者作成。

とされている。したがって，企業が，国の目標に沿って，自社のCO_2削減目標を設定する場合，パリ協定の目標達成の貢献に向けて活動を見なおす必要がある。③の気候資金の拠出は，気候変動に関連するビジネスを海外展開する企業にとっては重要であろう。京都議定書から引き続き，削減効果を国際的に移転することを可能にすること（④）が含まれたことは，CO_2の削減コストの高い我が国のような企業にとって，仕組みの構築次第でCO_2のコストを抑制する削減活動へのインセンティブとなりうる。削減効果の国際移転とは，排出量取引のことを含む。詳細については次節で述べる。

２．気候変動と企業・金融に関連する様々な動き

　筆者は，2006年ケニアのナイロビで開催されたCOP12から，ほぼ毎回COPに参加しているが，ここ数年顕著に感じる変化は，政府レベルでの気候変動交渉とは別に，自治体，民間企業，NGOなどの非政府団体の動きである。2014年頃から世界のトップクラスの年金基金やアマゾン，フェイスブックのようなIT企業がCOPに参加し，それぞれの活動についてアピールをしている。政治交渉の外側で行われている動きは，大きくカーボンプライシング，脱化石燃料，そして，情報開示の３つに分けることができる。

（1）カーボンプライシング

　カーボンプライシングとは，炭素税，排出量取引，電力の固定買い取り制度，自主的排出削減行動など，気候変動の原因となる CO_2 による社会的外部費用を市場に内部化するために，排出される炭素の量に対してコスト等を価格付けすることである。世界銀行によると，2018年9月時点では世界では41か国と25の州・地方が排出量取引制度や炭素税など何らかのカーボンプライシングを実施し，世界の排出量の約13.8％をカバーしており，我が国も地球温暖化対策税や東京都が排出量取引制度などを導入している。また，カーボンプライシングリーダーシップ連合（Carbon Pricing Leadership Coalition：CPLP）という国際的な連合体があり，カーボンプライシングの情報共有および促進を始めている。CPLP は，2018年10月時点で炭素排出に価格付けをする32の各国・州政府（英国，フランス，スペイン，ドイツ，オランダ，カナダの一部の州，米国カリフォルニア州，メキシコ等），150の民間企業（ブリティッシュペトロリアム，ミシュラン，ネッスル，フィリップス，シェル，ユニリーバ等），67の NGO 等の機関が参加している。参加企業では，炭素価格が現在または将来の事業活動に対して与える影響を定量化し，企業の自主的な炭素価格を設定しており，自らの排出量の管理や，実際の炭素価格の組み込み，シャドーカーボンプライス（投資計画・事業計画の策定の際に参考として設定する炭素価格）の設定等を実施している。このようなプライシングを，インターナル・カーボンプライシングといい，政策などで導入する炭素税や排出権取引などと区別をする（図表16-10参照）。

　カーボン・ディスクロージャー・プロジェクト（Carbon Disclosure Project：CDP，詳細は後述）が2017年10月に発行したレポートによれば，インターナル・カーボンプライシングを取り入れている企業は，世界で607社にのぼっており，その数は増加している。

　我が国では，再生可能エネルギーの導入や省エネ対策をはじめとする地球温暖化対策の強化目的で，2012年10月1日から「地球温暖化対策のための税」が段階的に施行されている。本税制は，石油・天然ガス・石炭といったすべての化石燃料の利用に対し，環境負荷（CO_2 排出量）に応じて課税される。パリ協定

図表16-10 カーボンプライシングの分類

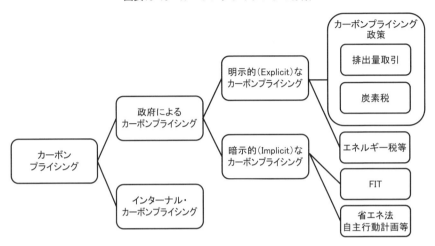

出所：経済産業省（2017）「長期地球温暖化対策プラットフォーム報告書―我が国の地球温暖化対策の進むべき方向―」（平成29年4月7日）

の目標を達成するために，さらなる，カーボンプライシングの導入について環境省などで議論されており，今後，日本企業のビジネスへの影響が懸念される。

（2）石炭火力に対するダイベストメント

石炭火力に対する動きとしてダイベストメントがある。ダイベストメントとは，燃やせない化石燃料に関連する資産は，企業にとって回収不能な座礁資産（stranded assets）として，投融資を控えるものである。炭素の貯留技術が大規模に普及しない限り，パリ協定の2度シナリオで2050年までに排出できるCO_2量の上限から推計して，石炭などの化石燃料の確認埋蔵量は3分の1しか燃焼できない。それらの燃やせない化石燃料に関連する資産は明らかに企業にとって回収不能な座礁資産であり，企業において気候変動リスクは，そのサプライチェーン全体のリスクとなる。巨額の運用資産を持つ米国のカリフォルニア州教職員退職年金基金（The California State Teachers' Retirement System：CalSTRS）は2016年2月に米国内のすべての発電用石炭関連企業からのダイベス

トメントを決定し，また翌年6月には米国外の全ての石炭関連企業からのダイベストメントを決定した。2014年9月に米国のロックフェラー・ブラザーズ・ファンドが化石燃料への投資からの撤退を発表して以来，図表16-11に示すとおり，ダイベストメントの動きが加速した。ノルウェー政府系ファンドGPFGが2016年4月責任投資としてのネガティブスクリーニング（投資対象からの銘柄除外）で，北海道電力，沖縄電力，四国電力といった日本の電力会社を投資先から除外したことは大きなニュースとして受け止められた。

図表16-11　主な化石燃料ダイベストメントの主な動向（一部）

2014年9月	ロックフェラー・ブラザーズ・ファンドが化石燃料への投資からの撤退を発表
2016年3月	JP Morgan Chase が先進国の石炭火力発電および石炭鉱業への新規ファイナンスの停止を発表
2017年1月	ドイツ銀行が新規の石炭火力発電所建設と石炭鉱山開発への融資の中止を発表
2017年11月	チューリッヒ保険が石炭関連企業からのダイベストメントと保険引受停止を発表
2017年12月	世界銀行が2019年以降の上流の石油とガスへの融資の停止を発表
2018年1月	ニューヨーク市が同市で管理している年金基金において化石燃料関連企業からの投資撤退を検討すると発表

出所：筆者作成。

（3）投資家の気候変動への関与

　ESG投資（第7章参照）における環境分野の評価軸において気候変動は重要である。CO_2排出量に関しては，CDP（Carbon Disclosure Project）と呼ばれる機関投資家が連携して運営するNPOが，2000年から主要国の時価総額上位500社（FT500）の企業に対して，環境戦略やGHG排出量の開示を求め，多くの企業が回答している。CDPは，世界の先進企業に情報開示を求めて質問状を送り，その回答を分析・評価している。データは基本的には公開され，取組み内容に応じたスコアリングが世界に公表されており，投資家が企業価値を測る一つの重要な指標となっている。

第16章　気候変動と環境経営　315

第3節　排出権の多様化

　前節で，民間の動きとしてカーボンプライシングについて述べたが，カーボンプライシングは，元来，環境経済学において環境問題を市場の外部不経済ととらえ，排出権取引とはその内在化の一手法である。パリ協定6条において，削減効果の国際的な移転として認められており，京都議定書において認められていた排出権取引の経験をもとに，詳細ルールについては今後決定する。本節では，多様化された排出権取引の現状について概観する。

1．京都メカニズム

　京都議定書において，削減の数値目標を課せられた先進国が，GHG排出削減を効果的に達成する経済手段として京都メカニズムという3つの柔軟性措置が認められた。

① 　クリーン開発メカニズム（Clean Development Mechanism：CDM）
② 　共同実施（Joint Implementation：JI）
③ 　国際排出量取引（International Emissions Trading：IET）

① 　**クリーン開発メカニズム（CDM）**（図表16-12参照）
　CDMでは，附属書Ⅰ国が，非附属書Ⅰ国（数値目標の設定されていない途上国）で排出削減事業に投資する。そのプロジェクトから生じた削減量（炭素クレジットと呼ぶ）を当該附属書Ⅰ国が自己の排出枠の上乗せとして獲得する。結果的には，京都議定書において先進国に許容された総排出枠が増加することになる。

② 　**共同実施（Joint Implementation）**（図表16-13参照）
　附属書Ⅰ国間で，GHG排出削減事業を共同で行なう。そこで生じた削減量

図表16-12 CDM のイメージ

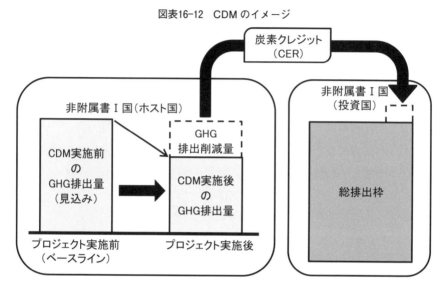

出所:炭素市場エクスプレスウェブサイト。

図表16-13 JI のイメージ

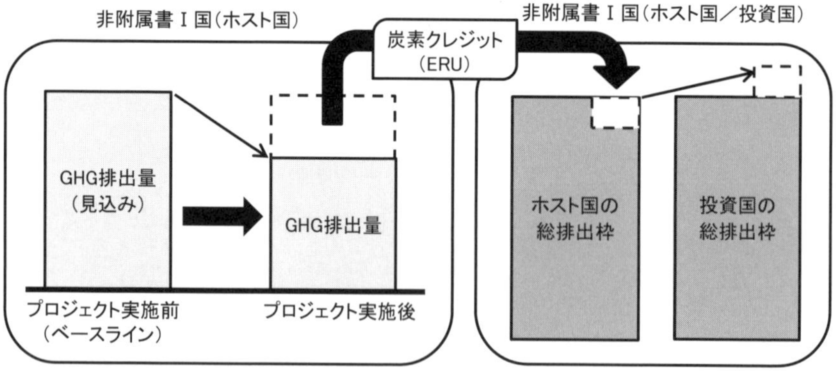

出所:炭素市場エクスプレスウェブサイト。

第16章　気候変動と環境経営　317

図表16-14　排出量取引のイメージ

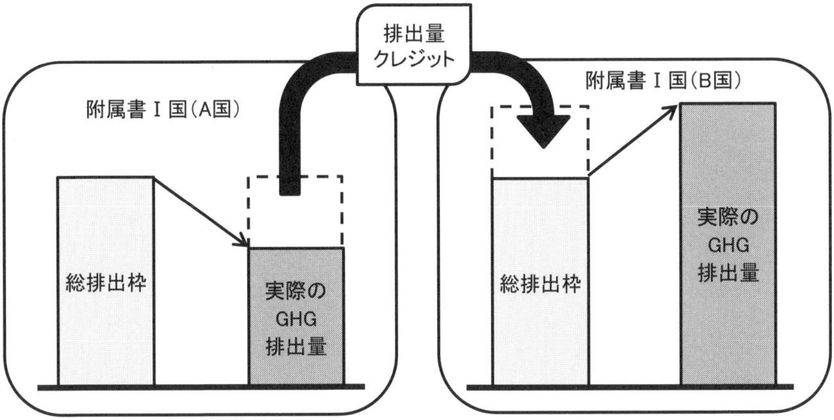

出所：炭素市場エクスプレスウェブサイト。

に基づき当時国間で枠を移転する。附属書Ⅰ国内での総排出量は変化しない。

③　国際排出量取引（キャップ・アンド・トレード）（図表16-14参照）

　GHG の排出量枠が附属書Ⅰ国に割り当てられ，国家間または企業間で枠内部分の移転が認められる。なお，附属書Ⅰ国内での総排出量は変化しない。

　狭義の排出量取引とは，③の削減目標を持つ附属書Ⅰ国（先進国）間で削減目標以上に削減できた余剰排出枠のある国から排出枠の足りない国へ枠を移転するものである。一方，CDM は，先進国（附属書Ⅰ国）が途上国（非附属書Ⅰ国，またはホスト国）で GHG 削減事業を実施し，当該事業が実施されなかった場合（ベースライン排出量）に比べて，追加的な排出削減があった場合，当該削減量（Certified Emission Reduction：CER）を，附属書Ⅰ国の削減目標達成に利用することができる。このように，CDM の目的の一つは，カーボンクレジットの金銭的価値を梃子として，民間資金を途上国の GHG 削減事業に流すようにすることにある。途上国での再生可能エネルギーなどの事業資金の調達はハイリスク・ローリターンであるため，一般に投資家は興味を示さない。そこで，炭素

図表16-15　京都メカニズムの概要まとめ

	CDM	JI	IET
性格	案件ベースの取引 (Baseline and credits)	案件ベースの取引 (Baseline and credits)	排出枠ベースの取引 (Cap and trade)
当事者： 買手 売手	附属書Ⅰ国 非附属書Ⅰ国	附属書Ⅰ国 附属書Ⅰ国	附属書Ⅰ国 附属書Ⅰ国
名称（tCO_2）	炭素クレジット (Certified Emission Reduction：CER)	炭素クレジット (Emission Reduction Unit：ERU)	初期割当量 (Assigned Amount Unit：AAU)
取引後の 世界総排出枠	増加	不変	不変

出所：筆者作成。

クレジットである CER は一般的に投資対象として魅力に乏しい事業に対し投資を呼び込むことを可能とする。3つの京都メカニズムについて図表16-15に整理する。

2．日本企業と京都メカニズム

　CO_2削減のコストを下げることは企業経営において重要であり，そのため，企業は排出権を補完的に活用することができる。EU には EU 域内排出権取引制度（EU emissions trading system：EU-ETS）と呼ばれるキャップ・アンド・トレード制度があり，EU の各国，そして各事業単位で絶対値で排出量の上限削減枠（キャップ）を義務付けてその排出権を取引（トレード）する市場が2005年から動いている。一方，我が国においては，国内に排出権取引制度は導入せず，京都議定書の第一約束期間において，政府や産業界は京都メカニズムを，CO_2排出削減目標の達成のために活用した。特に企業は，自ら設定した削減行動計画を遵守するために炭素クレジットを調達する企業と，CSR の観点から排出権を獲得する企業の2タイプがいた。前者は電力，鉄鋼，石油，化学等の業界が中心で，CO_2排出量の多い企業が多量の排出権の買い取りを行った。一方，排出量の厳しい削減を必要としていないが，株主や消費者に対して環境

貢献企業であることをアピールしたいと考えているのが後者のタイプで，CO_2排出削減はもとより，排出権を生む事業の社会貢献度合や環境に対するインパクトなどに多くの関心を示した。

3．カーボンオフセットの広まり

カーボンオフセットとは家庭，オフィス，交通利用などでの GHG 排出量を把握し，炭素クレジットの購入，または他の場所で排出削減活動を実施することにより，排出量の一部または全部に相当するクレジットで埋め合わせ（相殺）することをいう。カーボンオフセット商品を買うことによって消費者自身が CO_2 の排出削減に貢献し，外部不経済の内在化，すなわち価格への転嫁が図られる。雑誌，車，空調施設，サーバー，旅行など様々な商品に炭素クレジットが利用され，カーボンオフセット・プロバイダーという新しいビジネスが生まれた。国連で認証された国際的炭素クレジット以外に，我が国では，J-クレジット制度が導入され，カーボンオフセットが広まった。J-クレジット制度とは，国内での再生可能エネルギー，省エネルギー機器の導入や森林経営などの取組みによる，GHG の排出削減量や吸収量を国が認証する制度である。

4．二国間クレジット制度（JCM）

京都議定書の第二約束期間（2013年から2020年）を離脱した我が国は，国際的移転メカニズムとして二国間クレジット制度（Joint Crediting Mechanism：JCM）を提案した。二国間クレジット制度とは，途上国への優れた低炭素技術・製品・システム・サービス・インフラ等の普及や対策実施を通じ，実現したGHG 排出削減・吸収への我が国の貢献を定量的に評価し，我が国の削減目標の達成に活用するものである。国連の下で実施された京都メカニズムは，手続きの煩雑性などにより，実質的に我が国からの資金流出が主流になり，技術移転が進まなかった。そのため，本制度は二国間で実施することにより Win-Win の関係構築を目的としてデザインされ，すでに我が国はこれまでに，モンゴル，バングラデシュ，エチオピア，ケニア，モルディブ，ベトナム，ラオ

ス，インドネシア，コスタリカ，パラオ，カンボジア，メキシコ，サウジアラビア，チリ，ミャンマー，タイ，フィリピンの17か国と協定を結び，JCMを実施している（2018年8月現在）。

図表16-16　JCMの日本概念

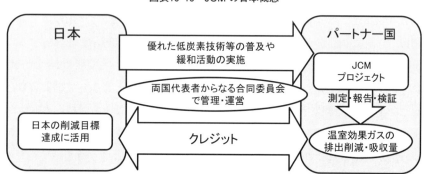

出所：日本政府発表資料「二国間クレジット制度（Joint Crediting Mechanism（JCM））の最新動向」（2018年8月）

5．国内排出量取引の議論

　国内排出量取引，すなわち，キャップ・アンド・トレードの国内での導入については，排出量のキャップを課せられるとエネルギーの使用量が制限され，それに伴って経済活動が制限され，産業の発展を妨げるとして産業界の反対が強い。東京都などの自治体の取組みとして一部実施されているが，国家レベルでの排出量取引は導入されていない。なお，3．で説明したとおり，国内の排出量をオフセットするための排出権があるが，図表16-17に国内で活用可能な排出権について整理をしたので参照されたい。

第16章　気候変動と環境経営　321

図表16-17　日本国内で活用可能な排出権の整理

	J-クレジット	CER（海外）	JCMクレジット（海外）
対象電力	自家消費電力	自家消費電力 系統電力	自家消費電力 系統電力
取引単位	t-CO$_2$	t-CO$_2$	t-CO$_2$
排出原単位	移行限界電源方式	案件タイプの方法論ごとに定義	案件タイプの方法論ごとに定義

（注）2018年より系統電力（FITおよび非FIT非化石燃料）を対象とした非化石価値証書市場が導入されているが，自家消費電力および系統電力（非FIT非化石）を対象としたグリーン電力証書と同様，電力の環境価値分の取引形態と排出権取引と区別し本表に含まない。
出所：筆者作成。

第4節　ESG投資の潮流と気候変動

　第1節で述べた通り，1997年の京都議定書採択からこれまで，世界の産業や企業を取り巻く経済及びエネルギー市場等の環境が大きく変化した。気候変動問題解決が，経済，エネルギー，金融市場の動きと表裏一体であり，経済政策の一環として位置づけられつつある。パリ協定の下，2020年以降全締約国が産業革命前からの世界気温上昇を2度未満の水準にすべくGHG削減目標を更新していく過程で，技術のイノベーションの促進とともに，長期的な新たなゲームチェンジが展開される。パリ協定は2025年までの先進国から途上国への新たな資金動員目標を2025年に先立ち1,000億ドルを下限として設定した（図表16-9参照）。この気候変動資金は公的資金だけでは到底足りず，その資金導入のけん引役として期待されるのが，民間による気候変動課題解決のための投資である。その一つの象徴がグリーンボンドである。グリーンボンドとは，グリーン事業に資金使途を限定した債券であり，2007年に初めて世界銀行などが発行した。その後，自治体や企業によるグリーンボンドの発行高は増加している（図表16-18）。主な資金使途として，再生可能エネルギー，省エネルギーなど気候変動に貢献する事業を対象としている債券が多く，OECDの試算によると，2035年までに必要な気候変動資金のうち，6,230～7,200億ドルはグリーンボン

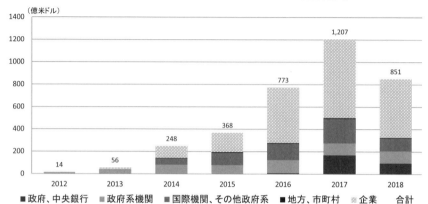

図表16-18 2012〜2018年におけるグリーンボンド発行高推移

(注) 2018年は10月末までのデータを集計。
出所：Thomson Reuter Eikon のデータを基に筆者作成。

ドの発行でまかなわれると見込まれる。このグリーンボンド発行急増の背景には，環境（Environment）・社会（Social）・企業統治（Governance）に関する非財務情報をもって企業を評価する ESG 投資家の出現が影響している。

1．ESG 投資と気候変動

　欧米では，宗教（キリスト教）的背景から1920年代より社会的責任投資が芽生え，60年代には人権運動や公害問題の増加の勢いから株主がこれらの課題を企業のリスクと考え議決行使が発動されるようになり，90年代の持続可能な開発とガバナンスなどの経営管理へと移行してきた。さらに，2008年のリーマンショック以降，短期的収益を追い求めるショートターミズムへの反省から，財務以外の情報である非財務情報による企業の中長期的な財務的インパクトを注視する動き，すなわち，ESG 投資が広まる。日本においても，安倍首相の投資促進政策の一環として，中長期的視点から日本の企業価値・資本効率向上を促すため，2014年の経済財政諮問会議にて機関投資家の ESG 投資への積極化が言及された。その後，日本の厚生年金と国民年金の年金積立金を管理・運用する機関である年金積立金管理運用独立行政法人（GPIF）が国連責任投資原則

(Principles for Responsible Investment：PRI) に2015年9月に署名したことが我が国において ESG 投資への大きな転換となった。GPIF が保有する国内株式は，東証1部上場株式の時価総額の約6％に相当し (2018年3月末時点)，わずか1％の国内株式増加でも，市場には1兆円を超える資金が流れ込むため，市場に与える影響は大きい。国連責任投資原則とは，国連が2006年に制定した機関投資家の意思決定プロセスに ESG 課題 (環境，社会，ガバナンス) を受託者責任に反しない範囲で反映させるべきとした国際ガイドラインである (第7章参照)。GPIF は ESG 投資を促進すべく，2017年7月国内株式を対象とした ESG 指数を採用，それぞれの指数に連動するパッシブ運用を1兆円規模で開始した。また2018年にグローバル環境株式指数 (S&P/JPX―カーボン・エフィシェント指数シリーズ) を選定し，従来の指数と併せて約2.7兆円の ESG インデックス運用を実施している。グローバル環境株式指数とは，同業種内で炭素効率性が高い，すなわち企業の GHG 排出量を売上高で除した値が小さい企業と GHG 排出に関する情報開示を行っている企業の投資ウエイト (比重) を高めた指数である。GPIF は，同業種内での競争原理を働かせ，気候変動リスクを抑制していくことを意図として同指数を採用している。

2．気候関連財務情報開示タスクフォース (TCFD)

　気候関連財務情報開示タスクフォース (Task Force on Climate-related Financial Disclosures：TCFD) とは，金融安定理事会 (Financial Stability Board：FSB) が投資家や貸し手等が重要な気候変動関連リスクを理解する上で有用となる情報の開示の枠組みを策定することを目的として，2015年12月に設置したタスクフォースである。金融安定理事会は，世界の金融システムの安定を担う当局間の協調の促進を実施する機関であり，主要25か国・地域の中央銀行，金融監督当局，財務省，主要な基準策定主体が参加している。TCFD が発足された2015年当時の議長は，イングランド中央銀行の総裁マーク・カーニー (Mark J. Carney) 氏であるが，世界で起こる異常気象により保険会社の支払いが多額に上り業界を圧迫しているという発言に見られるように，パリ協定とは異なる動機が

図表16-19 TCFDにおいて求められる開示内容

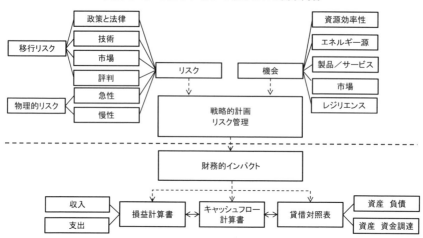

出所：TCFD "Final TCFD Recommendations Report, June 2017（Japanese）"

TCFD発足の背景にある。TCFDは，気候変動関連財務情報の任意の開示の枠組みに関する最終報告書（Recommendations of the Task Force on Climate-related Financial Disclosure）を2017年6月に公表した。金融機関および事業会社に対して金融の安定を脅かす新たなリスクのうち「気候変動が金融業界に及ぼす影響」として「移行リスク」と「物理的リスク」，及び「ビジネス機会」の財務的影響を把握し，開示を促す報告書を公表したのである。同報告書で求める開示内容は図表16-19で示す。これらのリスクに関して，企業や金融機関が財務的影響を把握しながら開示することは相当の準備を要する。今のところ，TCFDの提言は義務付けられるものではないが，フランスでは，エネルギー転換法173条において，企業及び金融機関の気候変動関連情報開示義務を明文化し，上場企業，銀行，機関投資家に対し，気候変動リスクに関する情報をアニュアルレポートの中で開示することを義務づけするなど，世界的に気候変動関連情報開示の動きが加速している。我が国でも多くの金融機関や企業がTCFDに賛同し（図表16-20），また金融機関は石炭に関する融資のポリシーを相次いで発表した（図表16-21）。TCFDは，債券，株式の発行主体すべてが対

第16章　気候変動と環境経営　325

象となるが，企業の CSR 部や環境部がこれまで行ってきた CO_2 排出量に関するデータ開示以外に，パリ協定の「2度目標或いは，それを下回る将来の異なる気候シナリオを考慮して，組織の戦略のレジリエンスを説明する」必要があ

図表16-20　TCFD に賛同している日本の企業・団体（2018年10月末時点）

金融（保険）	第一生命ホールディングス，MS&AD インシュアランスグループホールディングス，SOMPO ホールディングス，東京海上ホールディングス
金融（保険以外）	大和証券グループ本社，日本政策投資銀行，日本取引所グループ，三菱 UFJ フィナンシャル・グループ，みずほフィナンシャルグループ，日興アセットマネジメント，野村ホールディングス，三井住友フィナンシャルグループ，三井住友トラスト・ホールディングス，りそなホールディングス，滋賀銀行
金融以外の企業	大和ハウス工業，日立製作所，ジェイテクト，川崎汽船，国際航業，コニカミノルタ，三菱ケミカルホールディングス，三菱商事，日本電気，野村総合研究所，リコー，積水ハウス，双日，住友化学，住友林業
その他団体・機関	金融庁，日本公認会計士協会，環境省

出所：TCFD ウェブサイト「TCFD Supporters」。

図表16-21　日本の金融機関による石炭に関する対応方針（2018年10月末時点）

第一生命保険	海外の大型事業融資（プロジェクトファイナンス）について石炭火力発電の建設に融資しない
三菱 UFJ フィナンシャルグループ	石炭火力発電に係る新規与信採り上げに際しては OECD 等の国際的ガイドラインを参考に，各国ならびに国際的状況を十分に認識したうえで慎重に検討
みずほフィナンシャルグループ	環境・社会に対し負の影響を及ぼす可能性が高い業種（兵器，石炭火力発電，パームオイル，木材等）については，国際的な基準等を参考に，取引先の対応状況を確認した上で取引判断を行う
三井住友銀行	国内外の石炭火力発電事業への融資は「超々臨界圧」以上の高効率技術の案件のみに行う
日本生命保険	国内外の石炭火力発電プロジェクトに対する新規投融資（プロジェクトファイナンス）を禁止
三井住友信託銀行	国内外の石炭火力発電事業へのプロジェクトファイナンスに原則新規融資をしない
明治安田生命保険	2018年10月から石炭火力発電向けの国内外の新規投融資を原則中止し，超々臨界圧方式のみ新規の投融資を認める

出所：各社公表情報より筆者作成。

る。しかし，この長期のシナリオプランニングの構築は，企業の経営層の関与なくしては容易に対応できるものではない。金融庁は2017年8月にTCFDの報告書の説明会を開催し，経済産業省，環境省なども対応の検討会を開くなど企業に対して啓蒙啓発を開始した。

3．気候変動に関する情報開示に対する株主の動き

CDPは2000年ロンドンに設立された非政府機関である（第2節2.（3）参照）。CDPの2018年度の企業に対する質問状は，前述のTCFDの報告書の要素を取り入れており，多くのESG投資家や資産運用会社がこのCDPのデータを活用しているといわれる。一方，世界最大級のファンドである米国のブラックロックは，日本株の保有額ではGPIFに次ぐ規模であり，ブラックロックは「長期保有でパッシブ運用が多く自由に売却しにくいため，議決権行使や対話を通じて企業に変革を促すことを重視せざるをえない。」として，気候変動リスクに関する情報開示を，2017年から2018年に投資で優先すべき5つの責務として挙げ，同年12月に米国の120社に対して気候変動リスクの開示を要求している。なお，GPIFも，石炭採掘企業や電力会社などの環境負荷の大きい企業について形式的に銘柄除外を行う指数（ダイベストメント指数）は，ユニバーサルオーナー（巨額の運用資産を持ち，中長期的な視座にたって，幅広い資産や証券に分散投資を行っている投資家）の方針と合致せず，ポジティブスクリーニングによる指数，業種内での相対評価を行うことが望ましいとしている。

4．企業経営と再生可能エネルギー導入の促進

化石燃料ダイベストメントがある一方，投資家や株主が再生可能エネルギーの積極的導入を評価する動きが加速している。世界の気候変動問題に対して機関投資家がイニシアティブをとるために，世界規模でプラットフォーム（Global Investor Coalition on Climate Change）を形成するなど，影響力を強めている。また，ビル・ゲイツ氏らの著名投資家等が，バイオ燃料，炭素貯留技術，風力タービン等のクリーンエネルギー技術の事業化に積極的に投資するために，米

国で50億ドル出資のグループを形成し（Breakthrough Energy Coalition），新たなエネルギーイノベーションのための投資も増加している。企業経営において，最も注目に値するのが，事業運営を100％再生可能エネルギーで調達する企業群の動きである。国際環境NGOのThe Climate Groupが前述のCDPとともに2014年に「RE100」という団体を設立し，事業運営を再生可能エネルギー100％調達して行うことを目指している。2018年10月末現在で世界で154社が参加している。これらの企業は，1）自社施設内や他の施設で再生可能エネルギー電力を自ら発電するか，2）市場で発電事業者または仲介供給者から再生可能エネルギー電力の購入（電力購入契約）するか，3）電力事業者とのグリーン電力商品契約，グリーン電力認証などによって相殺するなどの手法で，ネット排出ゼロをめざし，第三者監査を受け認証される。海外企業においては，再生可能エネルギー電力のコストが下がり，低炭素社会への移行リスクや，価格が不安定な化石燃料への依存を引き下げることで，電力費用をより適切に管理するとともに，エネルギーセキュリティの向上，サプライチェーンでの管理などのビジネスリスク軽減に努めている。また，これらを実行することにより，ESG投資家などからの評価があがり，排出ネットゼロの経験に基づいて，自社対策の実績蓄積によるソリューションサービスの構築，技術イノベーション，サプライチェーン対応による新たなビジネスの創出に活用している。特に，グーグル，アップル，インテル，アマゾン，マイクロソフトなどのICT関連企業による排出ネットゼロ達成に向けた活動が目覚ましい。例えば，グーグルはRE100をコミットして，実際に自社の2017年の実績において使用電力の100％を再生可能エネルギーでまかなうことを達成したと発表した。また，アップルは再生可能エネルギー電力の利用率が2016年には96％まで達成しているが，再生可能エネルギー100％が達成できない理由として，日本企業などから再生可能エネルギー100％で製造していない部材を調達しているためだと言及した。そのような状況下，2017年3月イビデンがアップル向けの製造活動のすべての電力を再生可能エネルギーでまかなうと発表した。その後，2018年4月，アップルは自社の全使用電力において再生可能エネルギー100％を達成

328

したと発表した。このような動きは，再生可能エネルギーの電力コストが高い
我が国の企業経営におけるリスクであり，もし，日本企業が世界での脱炭素製
品製造のサプライチェーンから外され，生産工場の海外移転などが行われれ
ば，企業の財務的影響に直結するだけでなく，日本全体の経済にも影響する。
そこで，これらの動きが企業経営において将来大きなリスクとなりうると懸念
するとともに，新たなビジネス機会としてとらえる日本企業のRE100への参
加が増加している（図表16-22参照）。

図表16-22　RE100に加盟している日本企業（2018年10月末時点）

企業名	加盟時期	再生可エネルギー達成目標年
リコー	2017年 4 月	2050年
積水ハウス	2017年10月	2040年
アスクル	2017年11月	2030年
大和ハウス	2018年 3 月	2040年
ワタミ	2018年 3 月	2040年
イオン	2018年 3 月	2050年
城南信用金庫	2018年 5 月	2050年
丸井グループ	2018年 7 月	2030年
富士通	2018年 7 月	2050年
エンビプロ HD	2018年 7 月	2050年
ソニー	2018年 9 月	2040年
芙蓉総合リース	2018年 9 月	2050年

出所：筆者作成。

5．企業における気候変動の適応への対応

　パリ協定において気候変動の適応の対応とイノベーションの重要性が明記さ
れたことは，企業の新たな気候変動ビジネスへの促進の可能性を予見させる。
前述のTCFDの報告書では，異常気象災害に対する経営のレジリエンス対応
などの物理的リスク，法規制や政策変更などの移行リスクとともに，資源のレ
ジリエンス代替，多様化，サプライチェーンの信頼性向上などの適応ビジネス

図表16-23　日本の民間企業が適応で国際的に貢献できる7分野

①	自然災害に対するインフラ強靭化
②	エネルギー安定供給
③	食糧安定供給・生産基盤強化
④	保健・衛生
⑤	気象観測及び監視・早期警戒
⑥	資源の確保・水安定供給
⑦	気候変動リスク関連金融

出所：経済産業省（2017）「「温暖化適応ビジネスの展望」概要版」（2017年2月）。

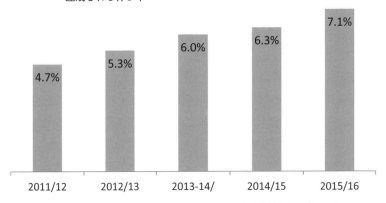

図表16-24　適応・強靭化製品の2011/12年の売上と比較して当該年度の翌年度に達成される伸び率

出所：経済産業省（2017）「「温暖化適応ビジネスの展望」資料編」（2017年2月）。

機会についても情報開示を求めている（図表16-19参照）。適応ビジネスには，すでに起こっている気候変動の現象に対し，気候変動から受ける影響のリスク低減や生産拠点での被災防止策，大規模災害防止対策などが挙げられ，英国の調査によればすでに世界では年間11兆円の市場規模があるという。日本は，元来四季があり，多くの災害の経験から防災・災害に対応する優れた技術・ノウハウを有し，様々な適応ビジネスの潜在性が高く，新たな適応ビジネス機会となりうる。そこで，経済産業省は，2017年，我が国の適応ビジネスの活性化を図るべく，適応ビジネス活性ビジョンを策定し，適応ビジネスの事例を公表し

た。また，我が国において「気候変動適応法」が2018年に施行され，企業の担う役割が明確にされている。

6．企業経営における気候変動対応の重要性

　企業が，中長期での企業価値向上を考える場合，気候変動問題のビジネスに対する影響は経営の重要課題の一つであり，ESG 投資家が求める将来のリスクへの対応とビジネス機会の情報開示に対応していかなければならない。図表16-25で示す通り，多くの企業が，我が国がパリ協定の目標達成に向けて設定している80% 排出削減の目標年の2050年までの長期ビジョンを開示しているが，ESG 投資において，定性的な情報のみならず，今後，定量的な情報開示が欠かせない。これらの動きに対応するためには，環境関連の法律や環境管理への対応，CSR 活動だけでは不十分であり，企業の経営戦略としてトップマネジメントが先導して関わり，気候変動を軸とした企業経営の変革が必須となる。

図表16-25　2050年をターゲットとして長期環境ビジョンの事例

会社名	コンセプト名
東芝	環境ビジョン2050
セイコーエプソン	環境ビジョン2050
コニカミノルタ	エコビジョン2050
ソニー	Road to Zero（2050）
カシオ計算機	カシオ環境ビジョン2050
日立製作所	日立環境イノベーション2050
リコー	リコーグループ環境目標（2030, 2050）
富士通	FUJITSU Climate and Energy Vision（2050）
パナソニック	パナソニック環境ビジョン2050
日本電気	2050年を見据えた気候変動対策指針
横河電機	サステナビリティ貢献宣言（2050）
ブラザー工業	ブラザーグループ環境ビジョン2050

本田技研工業	Triple ZERO（2050）
日産自動車	サステナビリティ戦略（2050）
トヨタ	トヨタ環境チャレンジ2050
アイシン精機	EVOLUTION for 2050
トヨタ紡織	2050年環境ビジョン
川崎重工業	Kawasaki 地球環境ビジョン2050
日野自動車	日野環境チャレンジ2050
積水ハウス	サステナビリティビジョン2050
大林組	Obayashi Green Vision 2050
大成建設	TAISEI Green Target 2050
鹿島建設	鹿島環境ビジョン：トリプル Zero2050
清水建設	エコロジー・ミッション2030 - 2050
キリン HD	キリングループ長期環境ビジョン（2050）
サントリー HD	サントリー環境ビジョン2050
味の素	味の素グループ環境長期ビジョン・環境目標（2030, 2050）
アサヒグループ HD	アサヒカーボンゼロ（2050）
川崎汽船	"K"LINE 環境ビジョン2050
日本郵船	中長期環境目標（2030, 2050）
イオン	イオン脱炭素ビジョン2050
三菱地所	三菱地所グループ長期環境ビジョン（2050）
ブリヂストン	環境長期目標（2050）
フジクラ	フジクラグループ環境長期ビジョン2050
東京製鐵	Tokyo Steel EcoVision 2050

出所：筆者作成。

【参考文献】

世界銀行「Carbon Pricing Dashboard」

世界銀行「World Development Indicators」

国際通貨基金（IMF）「IMF Primary Commodity Price」

国際通貨基金（IMF）「World Economic Outlook Database」

Renewable Energy Policy Network for the 21st Century（REN21）, Renewables 2018 Global Status Report.

Carbon Pricing Leadership Coalition ウェブサイト　https://www.carbonpricingleadership.org/

経済産業省「長期地球温暖化対策プラットフォーム報告書—我が国の地球温暖化対策の進むべき方向—」, 2017年4月。

経済産業省「温暖化適応ビジネスの展望」概要版資料編, 2016年。

CDP ウェブサイト　https://www.cdp.net/ja

CDP：Putting a price on carbon, Integrating climate risk into business planning（2017年10月）

炭素市場エクスプレスウェブサイト　https://www.carbon-markets.go.jp/

年金積立金管理運用独立行政法人（GPIF）ウェブサイト　https://www.gpif.go.jp/

Task Force on Climate-related Financial Disclosures（TCFD）ウェブサイト　https://www.fsb-tcfd.org/

RE100ウェブサイト　http://there100.org/

第17章
企業と環境ビジネス

第1節　はじめに

　2015年9月の国連持続可能な開発サミットにて「我々の世界を変革する：持続可能な開発のための2030アジェンダ」が採択され，「持続可能な開発目標（SDGs：Sustainable Development Goals），以下 SDGs」の取り組みが国際的に始まってきている。SDGs は，「ミレニアム開発目標（MDGs：Millennium Development Goals），以下 MDGs」を引き継いだものである。しかし，MDGs の目標は，社会課題を中心とし発展途上国を主な対象としていたが，SDGs の目標は，社会課題に環境問題や経済成長が加わり，また，すべての国が対象となっている。環境問題の現象と原因は複合的な問題であるだけに，一つの主体で解決できるものではない。行政，市民，企業といった様々な主体のパートナーシップが重要な要素となる。

　また，近年，気候変動によるリスクの増大，生物多様性の減少など環境破壊の進展に対して，行政，市民，企業において環境保全への対応が積極的に行われるようになってきている。2018年4月に閣議決定された「第5次環境計画」の6つの重点戦略の一つである「重点戦略①：持続可能な生産と消費を実現するグリーンな経済システムの構築」の「（1）企業戦略における環境ビジネスの拡大・環境配慮の主流化」では，環境ビジネスの拡大として環境ビジネスの市場規模の把握，優良事例の水平展開が施策としてあげられている。このように，現在，企業には，その事業活動を通じて，環境への影響を最小限とした持

続可能な社会を構築することが社会から求められている。そのためには，企業が，環境への影響を最小限とし環境破壊を回避・低減・修復するものへと事業活動をシフトしていくことが必要となる。しかし，企業は事業体であるため，利潤の獲得によって事業活動を継続していかなければならない。したがって，企業が事業活動を継続しながら，持続可能な社会の構築に貢献できることが重要となる。それを可能とするものが，環境保全に資する商品やサービスを提供することと利潤の獲得とを両立させる環境ビジネスである。すなわち，企業による事業活動の中で，市場を通じた持続可能な社会を構築するための働きかけの一つが，環境ビジネスであるといえる。

第2節　環境ビジネスの定義と類型

それでは，環境ビジネスとは，どのようなものだろうか。OECD[1] (1999) では，環境ビジネスを「"水，大気，土壌等の環境に与える悪影響"と"廃棄物，騒音，エコ・システムに関連する問題"を計測し，予防し，削減し，最小化し，改善する製品やサービスを提供する活動」と定義している。すなわち，企業によって行われる，環境保全に資する製品，技術，サービス等の提供が環境ビジネスである。なお，OECDでは，環境ビジネスを，「A.環境汚染防止」，「B.環境負荷低減技術及び製品」，「C.資源有効利用」に大別している（図表17-1）。

わが国でもOECDの環境ビジネスの定義をもとにしていたが，環境関連産業の実態が，持続可能性に関わるものへと領域の拡大したこと，市場規模が増大したこと，環境関連産業の領域を越えたさまざまな製品・サービスを提供する企業が現れたこと等から環境省は環境ビジネスを含む「環境産業」を次のように再定義した。「環境産業」とは，「地球環境保全，公害の防止，自然環境の保護及び整備その他の環境の保全（環境省設置法第3条[2]）に資する製品・サービスを供給する産業」（環境省, 2012）や「供給する製品・サービスが，環境保護（Environmental protection）及び資源管理（Resource management）に，直接的ま

第17章　企業と環境ビジネス　335

図表17-1　環境ビジネスの分類（OECD）

A. 環境汚染防止
装置及び汚染防止用資材の製造
1. 大気汚染防止用
2. 排水処理用
3. 廃棄物処理用
4. 土壌，水質浄化用（地下水を含む）
5. 騒音，振動防止用
6. 環境測定，分析，アセスメント用
7. その他
サービスの提供
8. 大気汚染防止
9. 排水処理
10. 廃棄物処理
11. 土壌，水質浄化（地下水を含む）
12. 騒音，振動防止
13. 環境に関する研究開発
14. 環境に関するエンジニアリング
15. 分析，データ収集，測定，アセスメント
16. 教育，訓練，情報提供
17. その他
建設及び機器の据え付け
18. 大気汚染防止設備
19. 排水処理設備
20. 廃棄物処理施設
21. 土壌，水質浄化設備
22. 騒音，振動防止設備
23. 環境測定，分析，アセスメント設備
24. その他
B. 環境負荷低減技術及び製品（装置製造，技術，素材，サービスの提供）
1. 環境負荷低減及び省資源型技術，プロセス
2. 環境負荷低減及び省資源型製品
C. 資源有効利用（装置製造，技術，素材，サービス提供，建設，機器の据え付け）
1. 室内空気汚染防止
2. 水供給
3. 再生素材
4. 再生可能エネルギー施設
5. 省エネルギー及びエネルギー管理
6. 持続可能な農業，漁業
7. 持続可能な林業
8. 自然災害防止
9. エコ・ツーリズム
10. その他

出所：OECD（1999）The Environmental Goods and Services Industry，pp.54-57及び環境省資料「OECDによる環境ビジネスの分類」より著者作成。

たは間接的に寄与し，持続可能な社会の実現に貢献する産業」（環境産業市場規模検討会，2018）と定義している。このように，環境省の定義は，OECDの定義を拡張したものとなっている。

　また，環境省は，これまでは「OECD（1999）の３つの項目（「A. 環境汚染防止」「B. 環境負荷低減技術及び製品」「C. 資源有効利用」）に大別して市場規模等を推計していたが，OECD分類には直接当てはまらないと考えられる環境配慮型の製品・サービス（省エネルギー自動車，家電等）や，資源利用抑制効果があるリース・レンタル，自然環境保全に関するエコツーリズムや国産材利用等について別途推計を開始し，これらの市場が成長したことを踏まえて2008年推計から分類に統合し，2012年に環境産業分類を「A. 環境汚染防止（B～Dに含まれるものを除く）」，「B. 地球温暖化対策」，「C. 廃棄物処理・資源有効利用」，「D. 自然環境保全」とした分類に改訂している（環境省，2012）（図表17-２）。

　環境産業市場規模検討会（2018）によれば，「環境産業の市場規模は，2016年に全体で104.2兆円と過去最大を記録し，前年比3.6％の増加となり，2000年（57.9兆円）の約1.8倍となった。特に，廃棄物処理・資源有効利用分野が大きく増加して」おり，環境産業の市場規模が拡大してきていることがわかる。また，「環境産業の雇用規模は，2016年に約260万人と，前年比2.6％の増加となり，2000年（約179万人）の約1.5倍となった。また，環境産業の付加価値額，輸出額，輸入額は2016年にそれぞれ約42兆円，11兆円，3.9兆円」であり，雇用は増加しており，海外貿易についても拡大してきている。

　環境ビジネスは，あくまでも企業が主体であり，製品，技術，サービス等を提供することであるため，市場の競争メカニズムにもとづいて活動が行われる。しかし，近年の環境問題の深刻化，市民や行政からの環境圧力への対応から，企業はその事業活動において「環境保全」と「経済性」の両立をさらに志向するようになってきている。このような変化に伴い，環境保全への配慮が経済的価値の創造へ，経済的価値の追求が環境保全への配慮へと，お互いが相乗効果を発揮する「環境経営」に企業が取り組むようになった。すなわち，企業は環境保全への対応が，利潤獲得に繋がると認識し始めたのである。そして，

第17章　企業と環境ビジネス　337

図表17-2　改訂環境産業分類（環境省）

A. 環境汚染防止（B～Dに含まれるものを除く）
装置及び汚染防止用資材の製造
a01 大気汚染防止用装置・施設 　　a02 下水，排水処理用装置・施設 　　a03 土壌，水質浄化用装置・施設 　　a04 騒音，振動防止用装置・施設 　　a05 環境測定，分析，監視用装置・施設 　　a06 その他の環境汚染防止製品・装置・施設
サービスの提供
a07 下水，排水処理サービス 　　a08 土壌，水質浄化サービス 　　a09 環境分析，測定，監視，アセスメント 　　a10 環境に関する研究開発・エンジニアリング 　　a11 環境教育，環境金融・コンサルティング等 　　a12 その他の環境汚染防止サービス
B. 地球温暖化対策
b01 再生可能エネルギー 　　b02 省エネルギー自動車 　　b03 省エネルギー電化製品 　　b04 高効率給湯器 　　b05 省エネルギーコンサルティング等 　　b06 その他
C. 廃棄物処理・資源有効利用
c01 廃棄物処理用装置・施設 　　c02 廃棄物処理・リサイクルサービス 　　c03 リフォーム，リペア 　　c04 リース，レンタル 　　c05 中古品・リユース 　　c06 リサイクル素材 　　c07 その他
D. 自然環境保全
d01 水辺再生 　　d02 水資源利用 　　d03 持続可能な林業，緑化 　　d04 持続可能な農業・漁業 　　d05 その他（生物多様性，エコツーリズム等）

出所：環境省（2012）「環境産業分類の改訂について」より著者作成。

その一側面として，環境における事業機会および利潤の獲得を目指し，環境ビ
ジネスが行われるようになった。環境問題を網羅している事業範囲の多様性，
市場規模，雇用規模からも，環境ビジネスによる環境負荷低減への貢献は多大

であると考えられる。また，環境ビジネスは，Society 5.0 [3] や SDGs との連携へと展開してきている。その中で，特に気候変動に関わる環境ビジネスを含む企業の対応がますます進んでいる。

第3節　気候変動への企業の対応

パリ協定，気候変動に関する政府間パネル（IPCC：Intergovernmental Panel on Climate Change）の「1.5℃特別報告書」，SDGs 等の影響により，環境ビジネスと企業活動における主要なトレンドの一つは，気候変動への対応である。これまで，企業の気候変動への対応については，気候変動枠組み条約及び京都議定書にもとづいた緩和策である温室効果ガス（以下 GHG）の排出削減の施策がほとんどであった。そのため，生産，物流による GHG の排出を削減することが主な取り組みとなり，企業にとって制約要因ともなっていた。しかも，企業における気候変動への対応は，CSR（Corporate Social Responsibility）の視点から語られることが多かった。しかし，気候変動に関する政府間パネルの第5次評価報告書等をきっかけとして，気候変動への対策として緩和と適応の2つの方向性があることが提示された。その中でも，適応の概念の提示は，企業にとって，経営上のリスク要因として気候変動を捉えることの手助けとなった。緩和と適応について，気候変動に関する政府間パネル（2017）は「適応と緩和は，気候変動に対応するための2つの補完的戦略である。適応は，現実の又は予想される気候及びその影響に対し，危害を和らげ又は回避し，もしくは有益な機会を活かすための調整の過程である。緩和は，将来の気候変動を制限するために，温室効果ガスの排出を低減又は吸収源を強化する過程である」と述べている。これまで，カーボン・ディスクロージャー・プロジェクト（CDP：Carbon Disclosure Project）により投資リスクとしての気候変動の位置付けが提示されていることや，UN Global Compact Office & Business for Social Responsibility（2010）にてサプライチェーンの持続可能性に関わるリスクの一部として気候変動が取り上げられてはいた。適応の概念が提示されたことにより，企業におい

第17章　企業と環境ビジネス　339

て気候変動への対応を生産や物流に関わることだけではなく，幅広く経営上の
リスク要因として捉えるようになってきたといえる。

　GHG 排出による気候変動への影響と適応の効果について，気候変動に関す
る政府間パネル（2016）は「GHG の継続的な排出は，更なる温暖化と気候シス
テムの全ての要素に長期にわたる変化をもたらす。これにより，人々や生態系
にとって深刻で広範囲にわたる不可逆的な影響を生じる可能性が高まる。気候
変動を抑制する場合には，GHG の排出を大幅かつ持続的に削減する必要があ
り，適応と併せて実施することで，気候変動のリスクの抑制が可能となるだろ
う」と述べている。緩和だけではなく，適応が気候変動のリスク抑制に効果が
あることがわかる。本章では，「気候変動のリスク」を気候変動により自然・
社会等が受ける正と負の影響とする。

　気候変動に関する政府間パネル（2017）によれば，気候変動のリスクに対処
する手法として，人間開発，貧困緩和，生活保障，災害リスクマネジメント，
生態系管理，空間あるいは土地利用計画，構造的／物理的，制度的，社会的，
変化の領域の10の項目が述べられている。これらすべてが，企業活動に影響す
ると思われるが，特に，生態系管理，空間あるいは土地利用計画，構造的／物
理的，制度的，社会的，変化の領域は，事業活動に影響を与えると考えられ
る。

　多国籍企業やサプライチェーンが国外との連携で成り立っている企業は，気
候変動のリスクへの対応の必要性が，国内企業よりも高いと思われる。Busi-
ness for Social Responsibility（2015）は，サプライチェーンは，大規模な多国
籍企業にとり，GHG 排出量の削減と適応能力の開発との両面において気候レ
ジリエンスを構築する最も重要な機会の1つとなる指摘している。レジリエン
ス（強靭性）は「如何なる危機に直面しても，弾力性のあるしなやかな強さ（強
靭さ）によって，致命傷を受けることなく，被害を最小化し，迅速に回復する
社会，経済及び環境システムの能力」と定義されている（気候変動に関する政府
間パネル，2016）。

2016年7月に横浜で行われた「持続可能なアジア太平洋フォーラム（ISAP: International Forum for Sustainable Asia and the Pacific）」では，2030年とそれ以降の持続可能な社会構築とそのための主要なステークホルダーの協働が議論となった。特に，SDGsを含む「持続可能な開発のための2030アジェンダ」と2020年以降の新たな気候変動枠組みの「パリ協定」の活用について話し合われた。今後も，東南アジアにおいても気候変動への取り組みが進むことが考えられる。アジアにおける気候変動の影響として観測されているものにおいて経済活動に影響するものとして考えられるものは，河川の増水，食料生産への影響，水資源の劣化がある。アジアにおける気候変動の影響として観測されているものではないが，脱炭素・低炭素エネルギー源への化石燃料からの転換，省エネルギー活動も考えられる（気候変動に関する政府間パネル，2016）。気候変動が，特定の原材料の品質及び入手可能性が変化すること，生物多様性が劣化すること等，特に国際的なサプライチェーンに影響を与えることが指摘されている（Business for Social Responsibility, 2015）ため，サプライチェーンにおける気候変動レジリエンスが重要となってくる。ここにも気候変動に関わる環境ビジネスの展開が見られる。

第4節　企業における環境対応の変化と環境経営の展開

　環境問題への対応の変化に企業はどのように対応してきたのか，さらには，環境問題への取り組みが，企業に新たな利潤をもたらすこととなってきたのかについてみてみることとする。まずは，環境問題が，「企業に対してどの様な影響を与えているのか」「利潤追求を目的とする企業がなぜ環境に対して配慮する必要があるのか」について考察してみたい。そして，環境問題解決への取り組みの過程が，企業の利潤追求の過程そのものとなってきたことについて述べることとする。

　経営者や企業構成員の環境に対する意識の高まりにより，企業は，従来の効

第17章　企業と環境ビジネス　341

率至上主義を始めとして，ストック軽視とフロー重視といった企業主体の「企業価値中心の経済活動」から，社会全体の利益を考慮した社会主体の「社会価値中心の経済活動」に変わっていった。この背景には，今日の環境問題の主因が，産業革命以後に始まった，大量生産や大量消費をよしとする考え方に対する反省がある。また，企業が社会に与える影響が増したことに伴い，企業の社会的責任が増大してきたことも，その背景にあるといえる。

　SDGsやパリ協定といった環境保全や持続可能性の政策が制度化されてきたこと，国際的にグリーン・コンシューマーやNGOといったグリーン・パワーが台頭してきたことから，地球的規模におよぶ法律の制定や，先進国各国の環境関連の法整備が強化されてきている状況にある。このような世界的環境重視の状況下において，どの企業においても，環境問題への配慮が不足しているようなイメージを消費者に与えるならば，広く彼らに対して，「環境に敵対する企業」というイメージを定着させることになるだろう。企業のマーケットを狭くするだけでなく，社員の労働意欲の低下を招き，これからの企業にとってもっとも必要な，環境問題に関して敏感で優れた感性を持つ有能な人材の放出を意味することになるといえる。さらに，投資においても，ESG投資が本格化してきていること，気候変動に関連し投資家による化石燃料産業への投資撤退（ダイベストメント：Divestment）という現象が起きつつあることからも環境保全や持続可能性への対応が企業にとり重要な課題となっていることがわかる。

　プラスティック廃棄物に関する規制にみるように，欧米では，環境保全に対する商品や企業に関する情報が，直接，消費生活に反映されることが多くなってきている。また，環境保護に賛同する抗議行動が急速に大衆化することや，一部の人々の商品ボイコットや企業に向けたデモ攻勢などが集団行動に結びついて，大きな消費者パワーになるケースも増えてきている。それは，企業生命にかかわる事態となることも，最近では珍しくなくなってきた。地球環境問題の深刻化や「環境」を意識した企業内のステークホルダーばかりではなく，現在，一般の消費者の関心もまた，「企業が環境問題にどう対処しているか」に

向けられている。企業が生み出す製品そのものの価値ではなく，環境問題に対する企業の経営姿勢そのものが，消費者の消費行動に大きな影響を与えているのである。これは，環境問題を再優先に考える消費者の企業への反逆といっていい。

　企業の環境対応は，1）没対応（Nonactive），2）受動的対応（Reactive），3）積極的対応（Proactive），と変化してきた。1960年代70年代初期まで，多くの企業は，政府による規制を避けるかまたは逃れようと試みていた。これは，政府による規制が厳格ではなく，また適用範囲が狭かったため企業は規制を無視するか，あるいは没対応の状態を保つことができたのである。しかし，1972年の「国連人間環境会議」を経て，環境破壊の進展が国際社会に共通の課題として明らかにされた。各国政府はその対策として環境に関する規制を法制化し，さらにはその基準をより高いものとし，適用範囲も拡大し，罰則も厳格なものへと整備した。企業は環境規制を無視することができなくなり，環境に関する規制への対応が急務となった。しかし，その対応は，その場限りで規制の条件を最小限で充当するものに過ぎなかった。なぜなら，企業においては，環境保全活動は経済活動および経営活動と対立するものとして捉えられていたからである。すなわち効率性追求を重視する企業にとって，環境問題への対応とは非能率的であり，できれば回避したいコストを意味していた。そのため，企業は政府の規制に対して仕方なくその場限りの対応をし，できる限り環境対応に当てるコストを最小限に抑制するように対応していた。1980年代には，汚染の管理および環境の浄化を求める公衆および政府からの要求が高まったことにより，北米や西欧の企業は，規制に従うことを求められた。しかし，多くの企業は規制に従うためのコストを最小限にするべきであると見なしていた。1980年代中後期を通じ，多くの巨大企業の経営者は廃棄物の削減が経費の節約になることを悟り始めた。公衆および政府からの要求は，多くの企業を規制に従うことを越える戦略へと押しやり始めたのである。1980年代中期の環境法による厳しい規制への対策，80年代後半の廃棄物削減への取り組みに対する経験を通

じて，企業は環境対策が利潤に繋がることを認識した。その結果，企業は，規制にただ従うだけではなく，環境問題への対応を戦略的な要因として位置づけることになった。すなわち，環境保全活動が競争優位性を維持するための重要な要素であると企業経営者が認識し始めるようになってきた。1980年代後半になると，企業はTQM（Total Quality Management：総合的品質管理）主導では環境保全と市場指向の双方を満たす環境経営をどのように行うかを予測できなくなった。1990年代の初めまでに，廃棄物最小化のためのプログラムはアメリカを本拠地とする多国籍企業の多くによって採用され始めた。環境経営の展開に成功した企業では，環境基準に適合するための自主的な内部監査を行い，企業の環境責任の範囲を拡大し良心的な努力を示すことにより政府からの圧力を回避している。

　政府による法規制の強化，ステークホルダーの環境意識の高揚，新規環境関連市場の増大というたゆまない経営環境の変化の下では，環境問題への応急処置的で受動的な対応では，長期的に収益性を維持することが困難であると考えられる。収益性を維持するためには，企業は環境問題の予防を目的とした管理プログラムに投資する必要がある。このような投資に失敗すると，競争他社に比べて不利な状態になる。例えば，急激な人口増加による資源・環境面からの圧力や温暖効果ガス削減目標の設定に対処することができず，収益を悪化させ競争力を失う可能性がある。したがって，競争優位性を獲得・維持し，さらには企業を弱体化させる問題を回避するためには，その問題が顕在化する以前の段階から積極的な対応を行う必要がある。前もって新たな制度や規制に対応することにより，一時的には国際競争力が低下するかもしれない。しかし，環境問題は国際的な相互作用のため，他国でもいずれ同じような規制が行われることになる。その際にはこうした環境問題に対処するための技術が競争優位をもたらすことになるであろう。

　ウェルフォード（R. Welford, 1960年～）の提唱する企業環境経営には，

ISO14000シリーズに対応するための技術効率の追求，環境に影響を与えない
ためのTQMに基づく管理，製造から消費（揺りかごから墓場）まで製品に関わ
る全行程における環境負荷を把握するライフ・サイクル・アセスメント（LCA:
Life Cycle Assessment）による管理の3点が含まれている。このモデルは，
ISO14000シリーズの基準を満たすために，グリーンな意思決定のための枠組
みに基づいた行動を示している。

　環境マネジメント・システム（EMS:Environmental Management System）は，組
織内部においてそれを実行するフレームワークを企業に提供するように発展し
続けている。また，これらはTQMの規則に基礎を持つものである。TQMに
基づいたEMSにより，組織における環境保全活動の焦点は組織の外部へ，す
なわち顧客満足を含んだ業績評価へと移行することになった。組織の業績は，
消費者が受け取った商品，サービスによって最終的な判断が下される。そし
て，環境マネジメント・システムとTQMシステムを結ぶ重要なつながりは，
両者とも組織全体のコミットメントを通じて実行される持続的なサイクルを達
成しようとすることである。EMSを実施するためには，組織の内部外部とも
含んだ製造プロセスの各々の段階で，環境（品質の代わりに）に対処するTQM
アプローチという鏡が必要である。すなわち，システムに有効なコミットメン
ト，プランニング，リーダーシップ，コミュニケーション，組織，コントロー
ル，成功へのモニタリングが必要である，とウェルフォード（1996）は述べて
いる。

　堀内・向井（2006）の見解にもとづけば，この環境経営は，市場における競
争優位獲得に向けた競争重視の経営である「戦略的環境経営」に過ぎなく，従
来の競争戦略のパラダイムの延長でしかない。持続可能な社会が構築されるた
めには，持続可能性を企業倫理に据えた理念重視の経営である「理念的環境経
営」が重要であり，そのような企業が現れてくると思われる。また，宇沢の提
示した「社会的共通資本（Social Common Capital／Social Overhead Capital）」の概
念についてもみてみることとする。宇沢（2000）は「社会的共通資本」を「一

つの国ないし特定の地域にすむすべての人々が，豊かな生活を営み，すぐれた文化を展開し，人間的に魅力ある社会を持続的，安定的に維持することを可能にするような社会的装置」と定義している。社会的共通資本とは，社会全体にとっての共通の資産であり社会的に管理され運営されるものであるといえる。つまり，企業は企業活動を行っていくかぎり「社会的費用」を発生させ，また，「社会的共通資本」を用いて活動を行っているため，社会に対しての責任が生ずると考えられる。ここに，企業がその社会的費用を負担し社会的責任をはたし，環境経営を志向する一つの根拠があるといえる。

第5節　おわりに

　持続可能な社会においては，持続可能な生産活動をしている製品・サービスが，生産性が高く，効率がよく，コストも安くならなければならない。そのためには，政策や制度設計，消費者の環境意識からの働きかけも重要であるが，企業が環境ビジネスによって，市場を通じて持続可能な社会を作り上げていくことも必要である。企業，市民，行政が連携し協働しながら持続可能な社会の構築を，ともに希求していくための企業の重要な活動の一つが「環境ビジネス」であるといえる。

【注】

（1）経済協力開発機構：Organisation for Economic Cooperation and Development
（2）環境省は，地球環境保全，公害の防止，自然環境の保護及び整備その他の環境の保全（良好な環境の創出を含む。以下単に「環境の保全」という。）を図ることを任務とする。
（3）サイバー空間（仮想空間）とフィジカル空間（現実空間）を高度に融合させたシステムにより，経済発展と社会的課題の解決を両立する，人間中心の社会（Society）のことをいう。狩猟社会（Society 1.0），農耕社会（Society 2.0），工業社会（Society 3.0），情報社会（Society 4.0）に続く，新たな社会を指すもので，第5期科学技術基本計画に

おいて我が国が目指すべき未来社会の姿として初めて提唱された。（内閣府「Society 5.0」より）

【参考文献】

宇沢弘文（2000）『社会的共通資本』岩波新書。

環境産業市場規模検討会（2018）「環境産業の市場規模・雇用規模等に関する報告書」http://www.env.go.jp/policy/keizai_portal/B_industry/b_houkoku3.pdf，2018年10月20日閲覧。

環境省資料「OECDによる環境ビジネスの分類」http://www.env.go.jp/press/file_view.php?serial=4626&hou_id=4132，2018年10月20日閲覧。

環境省（2012）「環境産業分類の改訂について」http://www.env.go.jp/policy/keizai_portal/B_industry/1-1.bunruikaitei.pdf，2018年10月20日閲覧。

気候変動に関する政府間パネル著，文科省・経産省・気象庁・環境省翻訳（2016）「気候変動2014—影響・適応・脆弱性—政策決定者向け要約」http://www.env.go.jp/earth/ipcc/5th_pdf/ar5_syr_spmj.pdf，2017年5月10日閲覧。

気候変動に関する政府間パネル著，文科省・経産省・気象庁・環境省翻訳（2017）「気候変動2014 統合報告書 本文」http://www.env.go.jp/earth/ipcc/5th_pdf/ar5_syr_longer.pdf，2017年4月10日閲覧。

鶴田佳史（2017）「ステークホルダビリティの理論的展開に向けて」『日本近代學研究』韓国日本近代学会，第58号，349～361ページ。

内閣府「Society 5.0」http://www8.cao.go.jp/cstp/society5_0/index.html，2018年10月22日閲覧。

堀内行蔵・向井常雄（2006）『実践環境経営論　—戦略論的アプローチ—』東洋経済新報社。

Business for Social Responsibility（2015）*Business Action for Climate-Resilient Supply Chains -A Practical Framework from Identifying Priorities to Evaluating Impact-*, https://www.bsr.org/reports/BSR_Report_Climate_Resilient_Supply_Chains.pdf，2017年5月10日閲覧。

OECD（1999）*The Environmental Goods and Services Industry*, Bernan Assoc.

Welford, R., Edt.（1996）*Corporate Environmental Management*, Earthscan Publications.

索　引

A-Z

AA1000 ･････････････････････ 44

BELOW50 ･････････････････ 243

BOP ビジネス ･･･････････ 12, 26

CDP ･････････････････ 43, 44, 48

CEO（最高経営責任者）･･･････ 82

CO$_2$削減 ････････････････････ 310

CSR ･･･････････ 116, 181, 212

　――消極論 ･････････････ 7, 27

　――積極論 ･････････････ 7, 28

　――の定義 ･････････････････ 6

　――ピラミッド ･･････････ 29

　――報告書 ･･･････ 10, 35, 39

CSV ･････････････････････ 12, 26

DⅡ ･････････････････ 157, 158

EMS ･･･････････････････････ 293

EP100 ･･･････････････････ 242

ERISA 法 ･･････････････････ 15

ESG ････････････････････････ 117

　――投資 ･･････ 11, 36, 47, 59, 67,
92, 103, 117, 208, 321

EU ･････････････････ 6, 13, 41

　――法 ･･･････････････････ 51

EV100 ･･･････････････････ 243

GPIF（年金積立金管理運用独立行
政法人）･･････････････････ 103

GRI ･･････････････ 17, 25, 39, 44

GRIF ･･････････････････････ 47

ICCR ･･････････････････････ 25

IIRC ･･･････････････････････ 42

IR 活動 ････････････････････ 46

ISO9000 ･･････････････････ 36

ISO14001 ･･････････ 36, 44, 287

ISO26000 ･･････ 6, 36, 44, 46

NGO ･･･････････････････････ 10

NPO ･･･････････････････････ 10

OECD ･････････････････････ 334

　――多国籍企業ガイドライン
･･････････････････････ 44, 51

OJT ･･･････････････････････ 296

PBR（株価純資産倍率）･････････ 95

PRI ････････････････ 11, 44, 48

RE100 ･････････････ 241, 326

SA8000 ･････････････････････ 44

SDGs ････ 5, 12, 59, 62, 67, 122, 287, 333

Society 5.0 ･･･････････････ 338

SOX 法 ････････････････････ 159

SRI ････････････････ 10, 25, 117

The Climate Group ･･････････ 241

WE MEAN BUSINESS ･･･････････ 244

WE MEAN BUSINESS COALITION
･･･････････････････････････ 241

ア

アカウンタビリティ …………10, 258
アジェンダ21 …………………………230
アッカーマン ……………………………24
アメリカにおける社会貢献活動……54
安定株主……………………77, 78, 96
　　　　工作 ……………………………59
委員会設置会社 ………………82, 83
イシイ ……………………………………294
意思決定有用性 …………………259
石田梅岩 …………………171, 172
イーストマン・コダック …………22
イールズ……………………………………22
インスペクション・パネル ………231
インテグリティ ……………………208
　　　　・アプローチ ………209
　　　　・マネジメント …………218
エコ効率性 ……………………………291
エシックス・オフィサー ……………144
江戸時代の商業道徳……169, 170,
　184, 185
エプスタイン ……………………………23
エルキントン ………………12, 25
エンゲージメント ……………10, 126
エンド・オブ・パイプ型 ……………283
エンフォースメント……35, 39〜41, 44
エンロン ……………155, 159, 163
　　　　事件 ………………98, 110
近江商人 ……………56, 170, 171
大元方（おおもとかた）…………172
岡本大輔……………………………………32

押込（おしこめ）………………………172
汚染回避型対応 ……………………283
温室効果ガス ………………………261
オンブズマン制 ……………………144

カ

海外腐敗防止法 ……………………154
家訓 ……………………………………179
カーニー（Mark Carney）………238
カーネギー ……………………………21
カネボウ粉飾決算事件 …………194
株式会社 ………………………………173
株式相互所有 ………85, 96, 106, 107
株式相互持合い ……77, 88, 96, 174, 184
株主総会……73, 74, 76〜78, 84, 85,
　87, 88, 92
株主優待制度 ………………………60
カーボンプライシング ……………312
環境会計 ………………………………257
環境監査 ………………………………257
環境経営 …………………………………8
　　　　戦略 ……………280, 288
環境と開発に関するリオ宣言……229
環境マネジメント・システム……344
環境問題 ………………………………225
諫言（かんげん）………………………172
監査委員会 ……………………82, 84
監査等委員 ……………………83, 84
監査等委員会 ………………………83
　　　　設置会社…74, 83, 84, 90,
　91, 110

監査法人のガバナンス・コード
………………………………94, 105
監査役………………74, 78, 79, 88
———会………………………82
———設置会社……74, 76, 80, 82
～84, 90, 91, 110
間接排出………………………265
機関投資家……10, 59, 85, 87～89, 94,
96, 100～103, 107
企業改革法……………………15
企業行動憲章…133, 138, 143, 144, 182
企業市民…………………53, 55
企業人権ベンチマーク…………48
企業統治（コーポレート・ガバナンス）
………………………………73
「企業と社会」論………………23
企業の社会的責任…………169, 212
企業評価論………………………31
企業不祥事………………………190
企業目標…………………………259
企業倫理…………………7, 23
———委員会………………145
———教育……………135, 137
———綱領…………………139
———（の）制度化…134～138,
141, 144～146, 182～184
気候関連財務情報開示タスクフォー
ス（TCFD）………………323
気候行動サミット………………245
気候変動…………………237, 303
———適応…………………328

———に関する政府間パネル（IPCC）
の第5次評価報告書（2014年）…238
———の経済学……………237
———枠組み条約（UNFCCC）…230
寄付……………………55, 63, 64
キャロル……………………29, 30
キャンペーンGM………………22
京都議定書………………279, 303
京都メカニズム…………………315
金融規制改革法……………15, 41
金融商品取引法…………………205
クラマー……………………12, 26
グリーン・コンシューマリズム…289
グリーンピース……………48, 49
グリーンボンド…………………321
グローバルリスク報告書………238
経営者支配………………………22
経営戦略…………………………281
経営理念……………………56, 281
経済的責任………………………213
経団連企業行動憲章……………143
公益通報者保護法………………205
公害…………………174, 175, 286
国際標準化機構（ISO）…………293
国際フェアトレード認証ラベル……44
国際フェアトレード・ラベル機構…26
国連環境開発会議（リオサミット）
………………………………229
国連グローバル・コンパクト…11,
14, 44, 51, 232

国連持続可能な開発委員会（UNC-
SD）‥‥‥‥‥‥‥‥‥‥‥230
国連責任投資原則‥‥‥‥‥‥‥‥44
国連人間環境会議‥‥‥‥‥‥‥226
国連ビジネスと人権に関する指導原則
‥‥‥‥‥‥‥‥‥‥‥‥‥‥‥48
個人主義‥‥‥‥‥‥‥‥‥‥‥‥54
コーズ・プロモーション‥‥‥‥‥34
コーズ・リレイテッド・マーケティ
ング‥‥‥‥‥‥‥‥‥‥‥‥‥34
コトラーとリー‥‥‥‥‥‥‥‥‥34
コーポレート・ガバナンス‥‥7, 22,
25, 42, 74, 82, 85, 91, 92, 94, 95, 97,
98, 100, 103, 106, 112
───・コード‥‥‥42, 85, 87, 89,
90, 92, 94, 96～98, 106
コンシューマリズム‥‥‥‥‥‥154
コンプライアンス‥‥‥30, 112, 133,
182, 184, 192
───・アプローチ‥‥‥‥‥209
───委員会‥‥‥‥‥‥‥‥144
───・オフィサー‥‥‥144, 205
───・マネジメント‥‥‥‥205
コンプライ・オア・エクスプレイン
‥‥‥‥‥‥‥‥‥‥‥‥‥98, 99

サ

再生可能エネルギー‥‥‥‥309, 326
財閥解体‥‥‥‥‥‥‥‥‥‥174
財務報告‥‥‥‥‥‥‥‥‥‥261
サステナビリティ・レポート‥10, 39

サーベンス・オクスレー法‥‥155, 159
三方よし‥‥‥‥‥16, 56, 170, 171
シェルドン‥‥‥‥‥‥‥‥‥21
自主プログラム‥‥‥‥‥‥63, 65
市場の規律‥‥‥‥‥‥‥‥95, 96
慈善‥‥‥‥‥‥‥‥‥‥‥‥54
───団体‥‥‥‥‥‥‥‥‥55
自然の生態系サービス‥‥‥‥‥234
持続可能性‥‥‥‥‥‥‥‥‥169
持続可能な開発‥‥‥‥‥225, 228
───のためのビジネス会議
（World Business Council for Sus-
tainable Development：WBCSD）
‥‥‥‥‥‥‥‥‥‥‥‥‥230
持続可能な開発目標（Sustainable
Development Goals：SDGs）‥‥58,
279, 232
───推進本部‥‥‥‥‥‥248
執行役‥‥‥‥‥‥‥‥‥‥82, 84
執行役員‥‥‥‥‥‥‥‥‥‥81
───制‥‥‥‥‥‥‥‥‥‥81
児童労働‥‥‥‥‥‥‥‥‥‥10
シナジー効果‥‥‥‥‥‥‥‥68
渋沢栄一‥‥‥‥‥‥‥‥‥173
資本主義‥‥‥‥‥‥‥‥‥173
指名委員会‥‥‥‥‥82, 84, 90, 91
───等設置会社‥‥74, 83, 84,
91, 110
社外監査役‥‥‥‥‥‥79, 82, 88
社会貢献的責任‥‥‥‥‥‥‥213
社会責任投資‥‥‥‥‥‥‥‥10

索　引　351

社会的共通資本……………………344

社会的コーズ………………………34

社会的責任の「ピラミッド・モデル」
………………………………212

社会的な公器………………………173

社外取締役…74, 75, 80〜82, 87, 88,
90〜92

社外役員……………………………88

社長会………………………………174

ジャパン SDGs アワード…………249

終身雇用……………………………174

集団的（collective）エンゲージメ
ント…………………………48

循環型社会構築……………………232

「遵守か説明か」（comply or explain）
の原則………………………17

「遵守せよ，さもなくば説明せよ」
（comply or explain）…………85, 97

諸国産物廻し………………………170

所有と経営の分離…………………22

シール談合事件……………………197

スターン（Nicholas Stern）………237

スチュワードシップ・コード…42,
85, 88, 92, 94, 96, 101〜104, 106, 107

ステークホルダー……53, 56〜58,
169, 175, 176, 184

──・エンゲージメント…14,
36, 46, 292

首藤惠・竹原均……………………32

ストックホルム会議………………226

ストロング（Maurice Strong）…227

政策保有株…………………………85

生態系サービス……………………234

成長の限界…………………………227

正統性………………………………258

生物多様性条約（CBD）…………230

責任投資原則（Principles for Re-
sponsible Investment, 略称 PRI）
………………………………11, 59

世間………………………………56, 170

セン（Amartya Sen）……………229

仙台パワーステーション…………292

専門経営者…………………………55

戦略報告書…………………………40

ソーシャル・マーケティング……34

ソーシャルメディア………………49

ソフトロー……12, 35, 85, 92, 98, 105

タ

ダイアローグ………………………10

第 5 次環境基本計画………………250

第三者認証………………………36, 44

ダイバーシティ……………………41

代表執行役…………………………82

代表取締役………………………74, 76, 84

ダイベストメント…………313, 341

タイレノール事件…………………215

ダウ・ケミカル……………………22

脱炭素………………………………310

──経営による企業価値向上促
進プログラム………………245

ダブルストーン……………………294

炭素クレジット……………………318
地域循環共生圏…………………250
地球温暖化………………………237
地球環境ファシリティ（Global Environmental Facility Trust Fund：GEF）………………………230
長寿企業…………………176, 183
直接排出…………………………265
デイビスとブルームストロム………28
デイリー（Gretchen C. Daily）……234
敵対的企業買収…………………95, 96
丁稚奉公…………………………171
デュー・ディリジェンス……………41
統合報告……………………17, 42
投資撤退…………………………341
独立社外監査役…………………79
独立社外取締役…………89, 99, 100
独立役員…………………………80
ドッド・フランク法………………155
都鄙問答…………………………171
取締役…………78, 84, 87, 88, 91
―――会…73〜76, 80, 81, 89, 90, 92
トリプル・ボトム・ライン…12, 25, 293

ナ

ナイキ……………………………10
内部告発（whistle blowing）…135, 145
内部通報制度……………………147
成田空港官製談合事件……………198
日本的経営……………174, 181, 185

人間開発…………………………228
―――報告書…………………229
ネスレ……………………………48
ネットゼロ（Net-Zero）…………242
年功序列…………………………174
ノードハウス……………………237
のれん分け………………………172

ハ

排出権……………………………318
バウアー…………………………24
ハック（Mahbub ul Haq）………229
ハードロー…………………85, 98
パーム油…………………………48
パリ協定……………………279, 303
バーリとミーンズ………………22
番頭………………………………172
非営利団体………………………240
非財務情報………………………42
ビジネスと人権に関する指導原則
…………………………6, 11, 45
非政府機関………………………240
貧困削減…………………………231
フィランソロフィー………5, 21, 213
フェアトレード…………………26
不易流行…………………………180
フォレスト・トラスト……………49
福沢諭吉…………………………173
福利厚生…………………………174
プラハラード……………………26
フリードマン……………………28

索　引　353

フリーマン······················24
プリンシプル・ベース·············102
　　──・アプローチ·········97, 98
ブルントランド委員会報告書······228
プロダクト・スチュワードシップ···284
紛争鉱物開示規制·············15, 41
別家·····························172
ヘルプライン·····················205
防衛産業イニシアティブ······157, 201
報酬委員会···············82, 84, 90, 91
法的責任·························213
法令違反·························109
ボーエン··························22
ポーター·······················12, 26
ホットライン·····················144
ホライズンの悲劇を打破する······238
ボランティア·················63, 66
　　──休暇制度·················66

マ

マクガイヤ·······················23
マッチング・ギフト·········60, 64, 65
マテリアリティ····················14
マネジメント・サイクル···········281
身の丈経営·······················179
ミレニアム開発目標（MDGs）·····231
ミレニアム生態系サービス評価···235
メセナ·························5, 66
モチベーション···················65

ヤ

約束草案（Intended Nationally De-
termined Contributions：INDC）
······························246
雪印食品牛肉偽装事件·············199
良き企業市民·····················30
予防型·····························284

ラ

ラルフ・ネーダー··················154
リサイクル·······················285
リーマンショック·············169, 179
倫理委員会（ethics committee）
························135, 147
倫理オフィス·····················144
倫理教育·························147
倫理担当委員（ethics officer）·····135
倫理的責任·······················213
倫理文化·························185
倫理ヘルプライン·················145
倫理ホットライン·················145
ルール・ベース・アプローチ·······97
レジリアンス·····················244
レポーティング・システム·········147
連邦量刑ガイドライン······15, 138,
　　145, 157, 158, 161, 202
ロックフェラー·············21, 153
ロビー活動·······················51
ローマクラブ·····················227

ワ

1％（ワンパーセント）クラブ

・・・・・・・・・・・・・・・・・・・・・・・・・・・・・57, 58

《編著者紹介》

佐久間信夫（さくま・のぶお）担当：第5章，第6章，第8章
　明治大学大学院商学研究科博士課程修了
　現職　創価大学名誉教授，博士（経済学）
　専攻　経営学，企業論

主要著書
『企業集団研究の方法』文眞堂，1996年（共編著），『企業支配と企業統治』白桃書房，2003年，『企業統治構造の国際比較』ミネルヴァ書房，2003年（編著），『経営戦略論』創成社，2004年（編著），『コーポレート・ガバナンスの国際比較』税務経理協会，2007年（編著），『現代中小企業経営要論』創成社，2015年（共編著），『多国籍企業の理論と戦略』学文社，2015年（編著），『コーポレート・ガバナンス改革の国際比較』ミネルヴァ書房，2017年（編著），『地方創生のビジョンと戦略』創成社，2017年（共編著）など。

田中信弘（たなか・のぶひろ）担当：第1章，第2章，第3章
　慶應義塾大学大学院商学研究科博士課程単位取得退学
　現職　杏林大学総合政策学部教授
　専攻　経営学，企業論，財務管理論

主要著書
『新版・ストーリーで学ぶマネジメント─組織・社会編』文眞堂，2019年（共編著），『コーポレート・ガバナンス改革の国際比較』ミネルヴァ書房，2017年（共著），『よくわかる企業論（第2版）』ミネルヴァ書房，2016年（共著），「ソフトローとしてのCSR国際規格の有効性に関する分析フレームワーク試論─CDPによるエンフォースメントとエンゲージメントの検討」『日本経営倫理学会誌』第24号，2016年，『三方よしに学ぶ，人に好かれる会社』サンライズ出版，2015年（共著）など。

2019年7月20日　初版発行　　　　　　　　　　略称－CSR

［改訂版］CSR 経営要論

編著者	佐久間信夫
	田中　信弘
発行者	塚田尚寛

発行所　東京都文京区
　　　　春日2-13-1　　　株式会社　創成社

電　話 03（3868）3867　　　ＦＡＸ 03（5802）6802
出版部 03（3868）3857　　　ＦＡＸ 03（5802）6801
http://www.books-sosei.com　　　振　替 00150-9-191261

定価はカバーに表示してあります。

©2019 Nobuo Sakuma, Nobuhiro Tanaka　　組版：亜細亜印刷　印刷：エーヴィスシステムズ
ISBN978-4-7944-2551-5 C3034　　　　　　製本：宮製本所
Printed in Japan　　　　　　　　　　　　落丁・乱丁本はお取り替えいたします。

───────── 経 営 選 書 ─────────

Ｃ Ｓ Ｒ 経 営 要 論	佐久間　信　夫 田　中　信　弘	編著	3,200 円
現 代 国 際 経 営 要 論	佐久間　信　夫	編著	2,800 円
現 代 経 営 組 織 要 論	佐久間　信　夫 小　原　久美子	編著	2,800 円
現 代 中 小 企 業 経 営 要 論	佐久間　信　夫 井　上　善　博	編著	2,900 円
現 代 経 営 学 要 論	佐久間　信　夫 三　浦　庸　男	編著	2,700 円
現 代 経 営 管 理 要 論	佐久間　信　夫 犬　塚　正　智	編著	2,600 円
現 代 経 営 戦 略 要 論	佐久間　信　夫 芦　澤　成　光	編著	2,600 円
現 代 企 業 要 論	佐久間　信　夫 鈴　木　岩　行	編著	2,700 円
経 営 学 原 理	佐久間　信　夫	編著	2,700 円
経営情報システムとビジネスプロセス管理	大　場　允　晶 藤　川　裕　晃	編著	2,500 円
東 北 地 方 と 自 動 車 産 業 ―トヨタ国内第3の拠点をめぐって―	折　橋　伸　哉 目　代　武　史 村　山　貴　俊	編著	3,600 円
おもてなしの経営学［実践編］ ―宮城のおかみが語るサービス経営の極意―	東北学院大学経営学部 おもてなし研究チーム みやぎ おかみ会	編著 協力	1,600 円
おもてなしの経営学［理論編］ ― 旅館経営への複合的アプローチ ―	東北学院大学経営学部 おもてなし研究チーム	著	1,600 円
おもてなしの経営学［震災編］ ―東日本大震災下で輝いたおもてなしの心―	東北学院大学経営学部 おもてなし研究チーム みやぎ おかみ会	編著 協力	1,600 円

（本体価格）

───────── 創 成 社 ─────────